KB196629

승무원, 눈부신 비행

BEGINNER SERIES 11

승무원, 눈부신 비행

글 우은빈

I am a Cabin Crew

승무원을 꿈꾸는 이들을 위한
직업 공감 이야기

크루

CONTENTS

Part 2
승무원이 되고 싶은 사람들

Part 3
승무원의 현실

Part 4
승무원으로 산다는 것

HL8070

PROLOGUE

"네가 승무원을 한다고? 별로 안 어울리는데. 그리고 승무원으로 일하는 거 너무 힘들지 않나?" 과거의 나는 혹시나 이런 소리를 들을까 싶어 지레 겁을 먹었다. 겨우 결심한 마음이 쉽게 흔들릴까 두려웠다. 그래서 승무원 준비를 시작했을 때, 주변 그 누구에게도 말하지 못했다. 혼자서 조용하게, 하지만 치열하게 준비할 뿐이었다. 홀로 준비하는 게 쉽지만은 않았다. 비전공자였던 내게는 뭐라도 물어볼 수 있는 전 · 현직 승무원 지인이 단 한 명도 없었다. 당시 집안 형편이 어려워 과외나 학원에 다닐 여유조차 없었다. 카페 아르바이트를 하며 모은 돈으로 강남역 지하상가에서 구두와 면접복을 샀다. 단벌 신세로 20번이 넘는 면접에 임했다.

하지만 그 시간이 마냥 힘들었던 건 아니다. 객실승무원 직무의 특성을 공부하면 할수록 그 일에 매혹되었다. 나는 설레는 마음이었다. 그 흔한 교환학생이나 어학연수로 해외에 한 번도 나가보지 못했기에 승무원이 되어 세계 곳곳을 누빌 상상만 해도 짜릿했다. 면접 준비로 이미지와 목소리, 태도를 다듬으며 나라는 사람의 개성이 어떤 모양일지도 그때 처음 생각해 보았다. 그 과정에서 나는 알게 되었다. 승무원이 된다면 나는 분명 눈부시게 빛나는 삶을, 최대한 오랜 시간 만끽할 것임을 말이다. 8전 9기 끝에 승무원이 된 나는 그렇게 10년 가까이 비행을 했다. 잊고 싶지 않은 기억들은 쓰고 그렸다. 혹시나 소중한 순간을 잊어버릴까 걱정이 되어 비행을 마치고 호텔 방 침대에서 졸린 눈을 문질러가며 꾸역꾸역 메모부터 한 기억이다.

이 책을 쓰며 지난 기록들을 들춰보았다. 슬며시 미소 짓기도 하고 새삼 가슴이 뭉클해지기도 했다. 그러다 혼자 고개를 끄덕이며 작게 읊조렸다. "승무원으로 비행할 수 있었던 시간은 역시, 최고였어." 사실 승무원이 된 후에도 집안 사정은 좀처럼 나아지지 않아 가끔은 숨이 막혔다. 막막한 심정이다가도 비행하러 나간 도시에서 숨을 쉴 수 있었다. 이를테면 방콕의 루프트탑에서 수박주스를 마시거나 뉴욕의 소호 거리를 거닐면서 말이다. 꽤 많은 월급은 집안 살림에 보탬이 됐다. 내 돈 주고는 가보지 않았을, 어쩌면 갈 수 없었을 도시들까지 일부러 부지런히 돌아다녔다. 덕분에 팍팍하게 일한다는 기분보다는 늘 조금은 들뜬 가슴으로 비행에 임했다. 개인적으로는 힘든 시기이기도 했지만, 비행하던 시절은 내 삶의 가장 빛나던 시기였고 황홀했던 순간이기도 하다.

"When everything seems to be going against you,
remember that aircraft take-off against the wind, not with it.
모든 것이 당신에게 불리하게 돌아가고 있을 때,
항공기는 바람을 거슬러 이륙한다는 것을 기억하라."

자동차 왕으로 불리는 미국의 자동차 회사 '포드 Ford'의 창설자 헨리 포드의 명언이다. 이 책을 집어 든 당신도 내가 미처 알 수 없는 이유로 승무원이라는 직업에 빠져들었을 것이다. 까닭이 뭐가 되었던 이 책을 읽으며 딱 하나만큼은 책임지고 싶었다. 그건 바로 '든든한 마음'이다. 나와 함께 잠시 승무원이 되어 유쾌하면서도 뭉클한 하나의 비행을 마음껏 누리면 좋겠다. 이제 바람을 거슬러 이륙하는 항공기에 올라탈 때다. 혼자서 꿈을 꾸던 시절, 나는 조금 외로웠지만, 당신만큼은 이 책의 이야기와 함께 쓸쓸하지 않길 바란다.

I am a cabin crew

Part 1 하늘 위의 승무원

1 승무원의 세계

"손님, 식사 준비해드리겠습니다. 오늘 기내식으로는 일식인 흰살생선 덮밥과 양식인 라자냐가 준비되어 있습니다. 어떤 것으로 하시겠…."

"아, 됐어요!"

창가 쪽에 혼자서 앉아있던 중년의 여성 승객이 대뜸 목소리를 높여 말했다. 그는 날파리를 쫓아내듯 나를 향해 손사래까지 세게 쳤다. 뉴욕에서 일본으로 돌아오는 13시간의 비행이었고, 이륙 후 식사 서비스를 막 시작한 참이었다. 평소라면 정말 식사를 안 하실 건지 한 번 더 여쭤봤을 거다. 또는 가벼운 간식이라도 요깃거리로 제공했을 수도 있다. 하지만 내가 무어라 다시 입을 떼기도 전에 그는 고개를 창가로 돌리며 차갑게만 보이는 옆모습을 내비쳤다. 나 역시 더는 묻지 않고, 그대로 그를 지나쳐 다음 줄의 승객에게로 향했다.

"기내식 준비해 드리겠습니다!"

첫 번째 기내식 서비스를 마치고 객실 조명을 어둡게 조정했다. 순식간에 어두워진 기내에서 승객들은 잠을 자거나 영화를 보거나 리딩라이트를 켜고 책을 읽거나 옆자리에 앉은 사람과 조곤조곤 대화를 나누었다. 그래서 유독 눈에 띄었을까. 조금 전 내게 소리를 지르다시피 했던 승객은 아무것도 하지 않고 있었다. 깜깜한 기내에서 그저 멍하니, 그 어떤 것에도 초점을 맞추지 않은 채 앉아있었다. 창가 쪽에 앉은 그의 옆으로 이어진 두 좌석은 공석으로 텅 비어있었다. 그 모습이 무료하게만 보였다. 재밌는 영화라도 추천해 드릴까 생각했지만, 그에게는 먼저 다가가고 싶지 않았다. 날카로운 목소리로 쏘아댔던 그의 모습을 떠올리며 고개를 살짝 젓고는 지루해 보이는 그를 무시했다. 그리고 잠이나 자러 크루 벙크객실의 상부(천장), 또는 객실 하부(화물칸 구역)에 설치돼있는 승무원 전용 휴게실. 장거리 비행에서 승무원들이 팀을 나누어 교대로 쉬는 곳로 올라갔다.

휴식을 취한 이후 두 번째 식사 서비스를 시작했다. 창문 덮개를 들어 올리고 기내 조명을 밝게 만들자 승객들도 눈을 비비며 하나둘 일어났다. 탑승할 때에 비해 부스스해진 머리와 피로한 기색이 역력한 얼굴들이었다. 정신없이 기내식을 배부하다 보니 아까 본 그 승객의 순서가 되었다. 나는 숨을 가볍게 들이마신 뒤 호기로운 마음으로 그에게 다가섰다.

"손님, 식사하시…."

그는 이번에도 인상을 강하게 찌푸리며 말했다.

"글쎄, 안 먹는다니까요!"

이쯤 되면 아무리 친절한 승무원이더라도 미소를 잃기 마련이다. 내 표정도 굳어졌다. 안 먹으면 안 먹는 거지, 배고플 승객을 위해 일하고 있는 승무원을 왜 굳이 무안하게 만드는 건지 이해할 수 없었다. 더는 묻고 싶지도, 말을 걸고 싶지도 않았다. 하지만 나는 그에게 마지막으로 한 번 더 확인해야 했다. 그는 첫 번째 식사도 하지 않았고, 두 번째 식사도 하지 않겠다고 말했다. 내가 지켜본 바로는 그 외의 시간에도 물 한 모금 마시지 않았다.

"손님, 실례합니다만… 탑승한 이후 아무것도 드시지 않아 걱정되어서요. 혹시 몸이 편찮으신 건가요? 기내식이 부담된다면 간단한 간식거리라도 제가…."

"글쎄! 됐다니까요!"

각오는 했지만, 생각보다 더 날이 선 모습에 한껏 기가 죽었다. 나는 숙인 허리를 다시 들어 올리지도 못한 채 머뭇댔다. 그와 나 사이로 몇 초간 침묵이 돌았다. 그제야 고개를 돌려 내 안색을 살핀 그가 나지막이 말했다.

"그게 아니라, 제가 지금… 하, 제가 지금 남편이 너무 보고 싶어서, 힘들어서 그래요."

착륙까지는 3시간 남짓으로 얼마 남지 않은 시간이었다. 비행공포증을 가진 승객이 홀로 탑승해서 비행 내내 불안한 마음이었던 건가 싶은 생각이 순간 들었다. 조금은 풀어진 마음으로 입을 뗐다.

"곧 도착할 겁니다. 그럼 남편분 보실 수 있을 거예요."

내 말에 그는 슬며시 미소를 지었다. 쓸쓸한 듯 고단해 보이는 미소였다.

"제 남편은… 지금, 화물칸에 있어요."

화물칸에는 승객의 수하물, 반려동물, 화물 등이 실린다. 남편이 화물칸에 있다는 소리에 나는 직감했다. 최소한 남편의 유골이나 시신이 든 관이 화물칸에 있음을 말이다. 그의 경우에는 후자였다. 그는 남편의 시신과 함께 비행기에 탑승해 장례를 치르기 위해 모국으로 돌아가는 길인 것이다. 그 심정이 어떨지, 감히 짐작도 되지 않았다.

내 비행 인생은 그 승객을 만나기 전후로 나뉜다고 해도 과언이 아니다. 그날 이후로 승무원으로서 승객을 바라보는 나의 태도는 완전히 뒤바뀌었기 때문이다. 기내에는 여행의 설렘과 즐거움을 가지고 탑승하는 승객들만 있는 게 아니었다. 비극적이거나 슬픈 사연으로 힘겹게 탑승하는 승객들도 있었다. 이전에 비행할 때는 승객들을 밝은 웃음으로 응대하면서도 반응이 오지 않으면 속으로는 내심 서운하고 속상했다.

'내가 이렇게 환하게 웃으면서 서비스하는데, 왜 같이 웃어주시질 않지?'

'열 시간을 넘게 모시고 왔는데, 내릴 때 감사하다는 말 한마디 안 해주시네.'

'왜 저렇게 퉁명스럽게만 말하는 거야?'

그런데 그 승객을 만난 뒤 그게 아닐 수도 있겠다는 것을 알게 되었다. 실제로 그저 무례하기만 한 사람도 있겠지만, 차마 웃을 수 없는 상황의 사람도 있다는 것을 이해하게 되었다. 승객들은 제각각 다른 감정과 사연, 불가피한 사정을 가지고 긴 시간 동안 광활한 하늘을 가로지른다.

승무원은 계속해서 승객의 식사를 점검할 수밖에 없다. 만약 승객의 사연을 알고 있었다면, 나는 남편을 화물칸에 싣고 탑승했던 그 승객에게 억지스럽고 환한 웃음이 아니라 그저 담담한 얼굴을 내비쳤을 수도 있다. 한 번쯤은 조심스럽게 따뜻한 차를 가져다드렸을 수도 있다. 하지만 당시의 나는 그렇게 하지 못했다. 나는 그 후로 불편하고 무심하게 보이는 승객에게 한 번 더 다가가 물을 수밖에 없었다. 괜찮으시냐고. 필요한 건 없으시냐고. 그러고 보니 드라마나 예능에서 승무원 역할을 따라 할 때도 꼭 이렇게 말하곤 한다. "손님, 필요한 거 있으십니까?" 어쩌면 이 한 마디로 승객에게 더 잘해보고자 하는 승무원의 마음이 다 표현되는 것도 같다.

Q1
승무원의 일과는 어떻게 되나요?

직장인이 회사로 출근하듯 승무원도 비행 스케줄에 따라 출근을 한다. 다만, 승무원의 출근 시간은 비행 출발시간에 따라 달라지기에 회사원처럼 일정하지 않다. 이른 새벽 4시부터 집을 나서거나, 남들이 자려고 침대에 누울 무렵 짐을 챙겨 밤 9시에 공항으로 향하기도 한다. 항공사에서는 승무원의 출근을 쇼업Show-up이라는 용어로 일컫는다. 쇼업 시간, 즉 출근하는 시간은 비행 출발시간을 기준으로 하여 2~3시간 전으로 설정되는데, 국내선과 국제선에 따라 다르고 항공사와 공항에 따라서도 조금씩 달라진다. 쇼업 시간이 언제가 되든 승무원은 절대 늦어선 안 된다. 비행 출발시간은 항공사와 고객과의 약속이며 더 넓은 차원에선 공항과 항공사의 약속이다. 게이트를 차지하고 있는 비행기의 출발이 지연될 경우, 해당 게이트를 사용해야 하는 다음 항공사의 비행 역시 지연되기 마련이다. 다른 문제도 아닌 승무원의 지각 때문에 비행 스케줄이 늦춰질 수는 없다. 그래서 승무원들은 혹시 모를 상황을 대비하여 늘 집에서 일찍 나선다.

회사에 쇼업을 한 후에는 개별적으로 객실 브리핑을 준비한다. 항공사의 최신 지시/공지사항과 그날 비행에서 맡은 자신의 업무Duty와 항공기의 기종, 장비, 시스템 등을 객실 브리핑 참석 전에 확인한다. 객실 사무장이 주관하는 객실 브리핑에는 해당 비행에 탑승하는 모든 승무원이 참석해야 한다. 회사 내에 마련되어 있는 브리핑 데스크에서 실시하지만, 경우에 따라 공항이나 기내에서 진행할 때도 있다. 객실 브리핑에서는 안전 및 서비스에 관련한 전반적인 내용을 다룬다. 이착륙 시 승무원의 근무 위치를 지정하고, 비상 상황이 발생했을 때의 행동 절차 및 비상 탈출 절차를 확인한다. 승객 또는 승무원 안전에 영향을 줄 수 있는 보안 사항을 공유하며, 항공기의 비상구 및 비상 장비 위치와 작동 방법도 함께 맞춰본다. 예상 탑승객 수와 특별 주의를 요하는 승객 정보를 확인하고, 그날 비행의 서비스 절차 및 방법까지 의논한다. 객실 브리핑을 마치면 운항승무원, 즉 기장님들이 주관하는 합동 브리핑에 참석한다. 합동 브리핑에서는 계획된 비행시간과 고도, 비행 중 기체가 흔들리는 정도와 그 시기를 공유받는다. 목적지의 기상과 승객 및 화물 상황에 대한 정보도 알 수 있으며, 조종실 출입 절차를 비롯해 기장과 승무원 사이의 협조할 사항까지 파악한다.

모든 브리핑을 마친 뒤 공항으로 이동해 항공기에 탑승한 승무원들은 재빠르게 흩어져 움직인다. 기내에서는 각자 자신이 담당한 구역의 비상 장비와 보안 점검으로 분주하다. 장거리 비행에 만석이라면 탑재된 기내식과 서비스 물품이 많아 확인할 부분도 늘어난다. 신속하지만 정확하게 모든 점검을 마치고 나면, 이윽고 승객 탑승이 시작된다. 유니폼 밑으로 땀이 차오를 만큼 정신이 없었더라도, 한껏 여유로운 웃음을 지어 보이며 승객들을 맞이한다. 항공기의 문이 닫히고 비행기가 이륙하는 순간에는 승무원들도 좌석에 앉는다. 그리고 비장한 마음을 다진다. 진짜 비행이 시작되었기 때문이다. 승무원들은 하늘에서 기내식 제공과 면세품 판매를 하는 와중에도 가장 중요한 기내 안전과 보안을 빈틈없이 챙긴다. 갑작스럽게 기체가 크게 흔들릴 경우를 대비하여 좌석벨트는 항시 착용하도록 하며 비상구와 갤리, 화장실을 포함한 객실 전체를 주기적으로 확인한다. 흡연이나 만취 행동으로 기내 안전에 위해를 가하거나 승객과 승무원의 안전을 저해하는 승객은 조기에 발견하고 조치하기 위함이다. 조종실 주변도 계속 보안을 유지한다.

목적지에 도착 후 모든 승객이 내리고 난 뒤에는 보안 점검을 한 번 더 실시한다. 남아있는 승객은 없는지, 누군가 기내에 폭발물이나 수상한 물건을 놓고 내리진 않았는지 확인하는 절차다. 실제로 2019년 토론토 공항에 도착한 에어캐나다 항공기에서 한 승객이 잠을 자다가 내리지 못했던 사건이 있다. 승객이 눈을 떴을 땐 항공기는 이미 차

고지에 주기되어 있었고, 전력이 차단된 상태라 캄캄했으며 문도 모두 닫혀있었다. 그는 기내 손전등을 사용해 잠금장치를 풀고 문을 열어 지나가는 수하물 운반차에 도움을 요청해 구조되었지만, 한동안 트라우마에 시달렸다고 한다. 때로는 이렇게 일어나지 않을 것 같은 황당한 일도 생기는 법이다. 어린아이는 몸집이 작아 좌석에 앉아있으면 잘 보이지 않기 때문에 승무원은 비행기에서 내리는 마지막 순간까지도 기내 구석구석을 유의해서 살펴봐야 한다. 마침내 하기까지 한 승무원들은 디브리핑Debriefing을 가진다. 그날 비행에서 아쉬웠던 서비스나 미흡했던 절차를 공유하며, 다음 비행은 더 나은 비행이 될 수 있도록 정리하고 돌아보는 시간이다. 회사에 보고할 사항이 있는 경우엔 추후 리포트를 작성하기도 한다. 그런 다음엔 '드디어 비행 끝이다!'라고 외치고 싶어진다. 하지만 다음 비행의 기종이나 노선별 특징과 서비스가 생소할 수 있으므로 쉬는 날 미리 공부해야 한다. 이처럼 승무원은 비행 전후로도 많은 준비와 시간을 쏟는다.

해외에서 어여쁜 모습으로 사진 찍을 생각에 신이 나거나 하늘하늘한 원피스를 담은 캐리어를 끌고 다니며 여행하는 즐거움을 느낄 때도 있지만, 원피스를 입은 몸을 가만히 보면 엉망이다. 좁은 기내에서 빠르게 움직인 탓에 여기저기 부딪혀서 생긴 멍 자국과 언제 긁혔는지도 모를 생채기, 깨진 손톱은 기본이다. 승객들 앞에서 우아한 손짓으로 안전 점검을 하고 기내식을 제공하지만, 수백 번 쪼그렸다가 일어서며 무릎과 허리는 부서지는 느낌이다. 흔들리는 기내에서 가볍고 재바르게 걸어 다니는 것 같지만, 몇 시간 내내 서 있다 보니 구두를 신은 발이 퉁퉁 부어 저릴 정도다. 발바닥에 땀도 차서 비행을 마치고 가죽 구두를 벗을 때마다 냄새가 난다. 처음에는 훅 올라오는 구린내에 어떻게 나한테서 이런 냄새가 날 수 있는지 의아했지만, 그것도 곧 익숙해진다. 수고스럽지 않은 직업이 어디 있겠는가. 승무원으로서 이 모든 업무를, 업무마다 지켜야 할 규정과 단계를 10년 가까이 매일 같이 비행하면서도 무엇 하나 허투루 다루지 않았다. 귀찮다거나 '이 정도면 괜찮겠지'라고 안일하게 생각하며 대충 넘어가지도 않았다. 아마도 나의 일이 승객의 안전, 나아가 목숨과도 직결되어 있다는 감각 때문일 것이다.

하늘 위 기내라는 특별한 공간을 온전히 책임지는 객실승무원. 기내의 분위기와 공기와 온도는 우리가 어떻게 만들어나가느냐에 따라 결정된다. 안정적이고 따뜻할 수도 있고, 불안하고 편안하지 않을 수도 있다. 자신의 비행에 탑승한 승객만큼은 기내에서 내릴 때 미소 짓게 하고 싶다는 바람으로, "고맙습니다, 덕분에 편안하게 왔어요."라는 감사 인사 하나로, 비행 내내 쌓인 긴장과 피로가 풀린다. 이런 뿌듯함을 얻고 싶은 게 승무원들의 마음이다. 당연한 말이지만, 똑같이 반복되는 하루가 없듯 똑같이 반복되는 비행도 없다. 그래서일까. 아무리 지난 비행이 힘들었어도 다음 비행을 가기 위해 캐리어를 싸기 시작하면 또 다른 기대심이 스멀스멀 피어오른다. 새로 만나게 될 승객들과 동료와 낯선 도시를 떠올리며, 이번 비행은 좀 괜찮겠지, 하고. 다른 누구도 아닌 바로 내가 더 나은 비행으로 만들기 위해 힘써야지, 하고.

Q2
기내에서 승무원의 역할은 무엇인가요?

항공안전법 제2조 17항에서는 객실승무원을 "항공기에 탑승하여 비상시 승객을 탈출시키는 등 승객의 안전을 위한 업무를 수행하는 사람"이라고 정의하고 있다. 이 문장만 보면 미소를 띤 친절한 승무원의 모습보다 엄격하고 무서운 표정으로 무장한 경호원의 모습이 떠오른다. 서비스, 미소, 상냥 같은 단어는 찾아볼 수 없다. 객실승무원의 기본 업무는 승객의 안전한 비행을 보장하는 것이기 때문이다. 서비스는 그 이후의 문제다.

기내식 서비스나 면세품 판매를 이어갈 때는 나긋나긋하고 부드러운 승무원의 모습을 유지하지만, 기내 안전에 위협이 된다고 판단이 드는 경우 순식간에 단호하고 분명한 태도로 돌변하는 게 객실승무원이다. 흡연하거나 술을 마시며 다른 승객에게 위해를 가할 경우, 승무원은 해당 승객에게 경고하며 주의를 준다. 이는 법적으로도 명시되어 있는 사항이다. 항공보안법 제23조 승객의 협조 의무에 따르면 항공기 내에 있는 승객은 항공기와 승객의 안전한 운항과 여행을 위하여 다음과 같은 행위를 해서는 안 된다.

① 폭언, 고성방가 등 소란행위
② 흡연
③ 술을 마시거나 약물을 복용하고 다른 사람에게 위해를 주는 행위
④ 다른 사람에게 성적(性的) 수치심을 일으키는 행위
⑤ 전자기기를 사용하는 행위
⑥ 기장의 승낙 없이 조종실 출입을 기도하는 행위
⑦ 기장의 업무를 위계 또는 위력으로써 방해하는 행위

〈출처 : 항공보안법 제23조 승객의 협조 의무〉

하지만 계속 문제 행동을 하는 경우 기내에 탑재된 수갑이나 밧줄로 좌석에서 움직이지 못하게 포박할 수 있고, 착륙 후 경찰에 인계해 체포할 수도 있다. 항공기내보안요원인 승무원에게는 기내에서 공공의 안전을 지켜 낼 의무가 있다. 사법경찰관리라는 직책이 주어지므로 승객을 무력으로 제압하는 것이 가능하다. 실제로 비행 중 흡연을 시도한 것으로 의심되는 승객이 있었다. 연기가 센서에 감지되어 화장실 쓰레기통까지 샅샅이 뒤졌지만, 담뱃재나 담배꽁초 같은 증거물은 찾을 수 없었다. 나와 동료는 해당 승객에게 항공보안법을 위반할 경우 법적으로 처벌받을 수 있다는 사실을 알려드리며 1차 경고를 가했다. 곧바로 기내에서의 흡연은 금지되어 있다는 안내방송도 했다. 그럼에도 불구하고 승객이 화장실을 이용할 때마다 센서가 작동했으며, 담배 냄새 또한 명확하게 났다. 객실사무장은 이와 같은 사실을 기장에게 보고했다. 해당 승객은 도착지에서 경찰에 인계되어 조사를 받았다.

기내에서의 흡연은 화재로 이어지기 쉽고, 화재가 발생하면 하늘 위 시속 800~900km로 날아가는 비행기의 특성상 치명적일 수밖에 없다. 따라서 승무원은 기내 안전에 위험이 될 일을 일삼거나 다른 승객들에게 불안감을 조성하는 행위를 하는 승객에게만큼은 매우 삼엄하게 대처한다. 웃으며 승객을 응대하는 순간에도 혹시 모를 위험 요소를 생각하고 간파한다. 지금 당장은 따뜻한 모습으로 서비스를 제공하지만, 안전에 반하는 상황이 생겼을 경우 누구보다 냉철한 태도로 항공기와 승객의 안전을 위해 행동해야 하는 것이 승무원이다.

Q3
국내 항공사와 외국 항공사의 가장 큰 차이는 무엇인가요?

시차로 인한 수면 부족으로 눈꺼풀이 무거운데도 꾸역꾸역 웃으며 진상 승객을 응대해야 하는 승무원들이 겪는 고충이야 대개 비슷하겠지만, 외국 항공사의 승무원이 국내 항공사의 승무원보다 분명하게 힘든 점이 하나 더 있다. 바로 쉽게 떨치려야 떨칠 수 없는 향수병이다. 국내 항공사의 승무원은 근무지가 서울이다. 대구나 부산을 근무지로 삼는 지방 베이스 승무원으로 일할 수도 있다. 지역 차이가 있을 뿐 기본적으로 거주지가 국내이기 때문에 가족이나 친구들과 멀어지지 않을 수 있고, 음식이나 환경도 크게 바뀌지 않는다.

반면 외국 항공사는 거주지 자체가 해외다. 중동 항공사인 에미레이트, 카타르, 에티하드 항공은 두바이, 도하, 아부다비와 같이 중동에서 살아야 한다. 중동의 여름 날씨는 평균 40도에서 50도까지 육박하기에 3분 이상 걷기도 어려우며, 미세먼지와 모래바람이 굉장히 심한 편이다. 그렇다 보니 환기도 제대로 할 수 없어 기관지 상태가 쉽게 악화된다. 또 유럽과 마찬가지로 중동도 석회수이기에 생활하는데 번거로움이 크다. 수돗물로 음식을 할 수가 없어 생수를 매번 사서 사용하거나 씻을 때도 샤워기에 필터를 설치해서 씻어야 한다. 게다가 중동 무슬림 국가에서는 여성의 지위가 낮고, 외국인 여성에 대한 지위는 더 낮다. 그렇기에 아시아인 여성으로서는 중동에서 살며 인종 및 성적 차별을 받을 수밖에 없다. 하지만 중동 항공사에서 근무한 지인의 이야기를 들어보면 항공사 내에서는 워낙 전 세계 다양한 국적의 승무원들이 모여있기에 특별히 차별받는다는 느낌은 없었다고 한다.

중국 동방항공 같은 경우에는 상해, 캐세이 퍼시픽은 홍콩, 베트남 항공은 하노이 또는 호치민, 타이 항공은 방콕, 싱가포르 항공은 싱가포르를 근무지로 삼는다. 동양권 항공사들은 중동 항공사보다는 한국과 비슷한 환경과 문화권이기에 적응하기 쉬울 것이다. 승무원이 되어 비행을 만끽하는 삶은 물론 행복하지만, 때때로 비행을 마치고 한국의 집이 아닌 해외에서 혼자 지내는 숙소로 돌아갈 때면 외로운 마음이 왈칵 차오른다고 한다. 한국에서 거주 가능한 외국 항공사들도 있다. 내가 근무했던 일본 항공사 ANA를 비롯하여 네덜란드 항공사 KLM, 핀란드 항공사 핀에어 등의 외국 항공사는 국내에서 생활하며 비행을 이어간다. 나의 경우엔 ANA 항공 합격 후 초기 교육을 받는 3개월 동안만 일본 도쿄에서 지냈다. 교육을 마친 뒤에는 한국으로 돌아와 비행을 시작했다. 일본으로 출근한 다음,

일본에서 다른 나라로 비행을 다녀와 한국으로 퇴근하는 방식이다.

함께 근무하는 동료들의 국적도 차이가 난다. 국내 항공사는 한국인 동료들과 비행하며, 노선에 따라 해당 노선의 국적을 가진 외국인 승무원이 1~2명 정도 탑승한다. 대한항공을 타고 방콕으로 여행을 간 적이 있는데, 이코노미 클래스에 태국인 승무원이 딱 1명 있었다. 한국인들 사이에서 조금 쓸쓸하게 보이는 모습에 동병상련을 느꼈다. 나 역시 미주 비행을 떠나는 일본 항공기의 기내에서는 단 1명의 한국인 승무원이었기 때문이다. 같이 비행하는 모든 승무원과 기장이 일본인이었다. 승객들도 한일 노선을 제외하곤 일본인 승객이 가장 큰 비중을 차지했다. 10시간이 넘는 시간 동안 한국어를 전혀 쓰지 못하고 일본어와 영어로만 소통해야 한다는 것에 종종 답답함을 느끼기도 했다. 하지만 그런 상황 덕분에 나는 무엇보다 일본어 실력을 빠르게 키울 수 있었다. 일하면서 제2외국어까지 배우고 단련하는 일석이조 업무환경이었다. 중동 항공사는 다양한 국적의 승무원들이 모여 영어로 소통하며 비행하기에 영어 하나만큼은 통달할 수 있겠다. 중국항공사에선 자연스럽게 중국어를 체득할 테니, 언어 공부에 욕심 있는 친구라면 외국 항공사에서 근무하는 것을 추천한다.

나는 외국 항공사와 국내 항공사 두 곳에서 모두 일해본 경험이 행운이었다고 느낀다. 23살부터 한국인 승무원으로 일본항공사에서 6년 넘게 근무하며 다른 나라의 언어와 문화를 익힌 덕분에, 이전보다 넓은 마음과 관점을 가질 수 있었다. 그간의 경력을 바탕으로 국내 항공사에 이직한 이후로는 객실사무장으로서 더 많은 기회와 경험을 만들어냈다. 직접 매뉴얼을 제작 및 수정하고, 승객들을 위한 이벤트를 기획해 실현했으며 안전 교관이 되어 신입 승무원들을 가르쳤다. 비행뿐만 아니라 안전과 서비스 부문에서 승무원으로서 터득한 나의 가치와 깨달음을 조금이라도 기여할 수 있었던 값진 시간이었다고 생각한다. 이렇게 젊은 시절 외국 항공사에서 일하며 해외 경험을 쌓은 다음 국내 항공사의 신입 및 경력직 승무원 채용으로 한국에 다시 들어오는 경우도 많다. 외국 항공사와 국내 항공사의 차이를 몸소 느끼며 외국 항공사의 강점과 그들로부터 배울 점을 가지고 와서 적용한다면, 국내 항공사의 객실 서비스 발전에도 도움이 될 것이다. 승무원으로 비행한 경력이 있으면 다른 항공사로 이직하기에도 훨씬 유리하니, 일단 도전부터 해보길 바란다.

Q4
기내직, 지상직, 대기 근무는 어떻게 다른가요?

가끔 객실승무원과 지상 직원을 혼동할 때가 있다. 객실승무원은 여객기 객실 내에서 고객 서비스 업무를 하며 비상시 승객을 탈출시키는 등 승객의 안전을 위한 업무를 수행하는 사람이다. 이 책에서 전반적으로 다루고 있는 내용이 객실승무원의 업무와 자격 요건, 준비 방법 등이다.

객실승무원에게는 비행 업무Flight Duty와 동시에 대기 업무Standby Duty 스케줄도 있다. 대기 근무는 '스탠바이Standby'라는 용어로 부른다. 불가피한 사정으로 비행업무를 수행할 수 없게 되는 승무원이 발생할 경우를 대비해, 대기 인력을 확보해두는 것이다. 여객기에 탑승해야 하는 승무원의 최소 인원이 법적으로 정해져 있기 때문이다. 좌석 50석 당 최소 1명의 승무원이 반드시 탑승해야 한다. 따라서 피치 못할 사정으로 제때 출근하지 못하는 승무원이 나타나더라도, 항공사에서는 바로 대기 근무 중인 승무원을 호출해 비행 스케줄을 소화한다. 회사나 공항에서 대기해야 하는 스탠바이는 실제 비행을 나가는 것처럼 짐을 꾸리고 유니폼을 착용한다. 당장 비행에 불리더라도 무리 없이 나갈 수 있도록 만반의 준비를 하는 것이다. 집에서 대기하는 스탠바이는 회사로부터 오는 연락을 놓치지 않도록 핸드폰을 수시로 확인해야 한다.

지상 직원은 공항에서 근무하며 승객들의 예약 및 발권, 체크인 카운터 관리, 특수 고객 서비스, 보안 검색 등을 담당한다. 항공기 내부가 아니라 공항인 지상에서 승객이 비행기에 탑승할 때까지의 모든 업무를 지원한다. 지상직은 항공사에서 직접 채용하거나 항공사의 자회사에서 채용한다. 또는 외주업체 지상 조업사를 통해 지상직으로 고용될 수도 있다. 지상직은 크게 체크인 카운터, 탑승 게이트, 수하물, 항공사 라운지, 예약 담당으로 나눌 수 있다. 체크인 카운터에서 근무하는 지상직은 승객의 탑승 티켓 발권 및 수하물 수속을 돕는다. 환불 서비스 또는 마일리지 사용 역시 체크인 카운터에서 가능하다.

탑승 게이트에서는 해당 편 승객의 탑승권 확인 절차를 밟고, 기내 탑승을 위한 안내 서비스를 제공한다. 항공기 출발 시간대에는 많은 승객이 몰려 매우 바쁘지만, 항공기가 정시에 출발할 수 있도록 관계 기관 및 기내 승무원들과의 업무 협조를 신속하게 해내야 한다. 장애인 또는 거동이 불편한 승객에게는 휠체어 및 기타 서비스를 제공한다. 수하물 담당 지상 직원은 승객과 승무원의 수하물 연착, 분실, 파손 문제 발생 시 신고 및 보상 서비스를 제공한다.

항공사 라운지에서 근무하는 지상직은 시설 및 편의 서비스를 관리하며 일등석과 비즈니스 클래스 고객의 용무를 지원한다. 라운지에서 간단한 식사나 스낵, 음료도 제공한다. 예약 담당 지상직은 전화로 연결된 고객의 항공 일정 예약과 안내를 돕는다. 항공 일정의 변경 및 취소 업무 또한 지원하며, 예약이나 환불에 관련해 불만이 있는 고객도 응대한다. 특별 기내식을 요청하거나 유아 동반 승객, 몸이 불편한 승객을 위한 각종 서비스의 예약 업무 또한 도맡는다. 이처럼 지상직과 객실승무원의 업무 자체는 명확히 구분되어 있지만, 유기적으로 연결된 부분이 많기에 서로 협조하여 안전한 비행을 만들어나간다.

Q5
승무원으로서 비행이 아닌 다른 업무도 볼 수 있나요?

객실승무원으로 입사를 하면 처음에는 무조건 비행업무를 해야 한다. 연차가 쌓이고 업무가 숙달되면 비행이 아닌 다른 업무를 할 기회가 생긴다. 바로 교관이다. 교관은 크게 서비스 교관, 안전 · 보안 교관, 방송 교관으로 나뉜다. 서비스 교관은 승무원의 기본자세와 매너를 익히게 하고, 객실 서비스의 절차 및 방법을 가르친다. 안전 교관은 기내 안전의 전반적인 사항을 교육한다. 객실승무원으로서 연속 2년 이상의 승무 경력 또는 1,500시간 이상의 비행시간을 보유해야만 안전 교관이 될 수 있다. 항공안전법 규정, 항공기 설비 및 장비, 비상 대응 절차 등의 교육 및 훈련을 담당한다. 객실승무원에게 가장 중요한 안전 업무를 철저히 가르쳐야 하기에 카리스마 넘치는 면모도 필요하다. 보안 교관은 사무장 또는 객실승무원으로 2년 이상의 경력을 갖춘 자여야 한다. 항공보안뿐만 아니라 테러 사태 및 불법 행위로 기내에서 위협 상황이 발생할 경우를 대비해 대처 역량을 강화하는 훈련을 도맡는다. 방송 교관은 기내 방송의 정확성과 전달력을 높이기 위해 승무원들의 발성 및 발음을 바로잡는다.

교관이 되면 사무실로 출퇴근을 하며 각종 행정 업무와 함께 교육을 진행한다. 교관을 모집한다는 사내 공고가 뜨면 지원할 수 있다. 인사고과가 우수해야 하며, 회사에서 제시한 주제로 강의안을 준비해서 시강을 진행한 다음 높은 점수에 들어 뽑혀야만 한다. 그렇게 교관이 된다고 해서 비행을 아예 하지 않는 것은 아니고, 객실승무원 자격 유지를 위해 한 달에 한두 번꼴로 비행을 이어나간다. 이외에도 사무실에서 각종 행정 업무를 보며 객실승무원의 업무를 지원하는 행정 승무원으로 전환이 가능한 항공사도 있다. 행정 승무원 역시 일정 기간 비행을 수행한 이후 사내 모집 공고로 지원하여 발탁되는 식이다.

나는 승무원뿐만 아니라 안전 교관으로서도 근무하며 신입 및 경력 승무원의 훈련을 담당했다. 항공안전법에 의거 항공기 비상시 필요한 조치를 할 수 있는 지식과 능력을 가르치는 일은 보람되었다. 비행을 시작한다는 기대감 하나로 눈빛이 초롱초롱한 훈련생들 앞에 설 때면, 비행을 향한 더 큰 열정과 에너지를 얻기도 했다. 그런 그들에게 하나라도 잘못 가르치면 안 된다는 생각에 비행할 때보다 더 열심히 공부했던 것 같다. 혹시나 질문을 받았을 때도 내가 모르면 안 되니 정말 말 그대로 걸어 다니는 매뉴얼이 될 정도로 배우고 익혔다.

그 이후에는 행정 승무원이 되어 사무실에서 근무를 이어 나갔다. 행정 승무원은 천재지변으로 인한 비행 지연 및 결항일 때 운항통제실과 의견을 나눈다. 운항통제실은 항공기의 안전한 운항을 관리하는 곳으로, 항공기 운항 관련 제반 사항을 결정하고 관리하는 항공사의 핵심 부서다. 항공기 위치와 운항 정보, 기상, 공항 상태 등 비행기 이륙부터 착륙까지 모든 상황을 실시간으로 볼 수 있다. 나는 행정 승무원으로 일하며 회사 행사 및 이벤트를 앞두고서는 마케팅팀과 적극적으로 소통하였고, 항공보안 이슈가 발생했을 때는 항공보안팀과 긴밀하게 교류하며 승무원들의 보안 상황 의식을 증진했다. 하나의 안전한 비행을 위해 얼마나 많은 유관 부서가 힘을 모으는지 실감했다. 객실승무원으로서도 하나의 비행을 띄우기 위해 애쓴 수많은 직원의 노고를 잊지 않아야 한다는 것을 새삼 깨달을 수 있었다. 비행과 항공 산업에 대한 거시적인 시각을 갖게 된 시간이기도 했다.

2 승무원의 일상

여느 때처럼 회사 사무실 브리핑 데스크에서 탑승 승객 정보를 확인했다. 이코노미 클래스 앞 좌석에는 노부부가 예약돼 있었다. 할머니 승객이 수술을 받은 지 얼마 안 되어서 몸 상태가 좋지 않다는 정보가 함께 올라와 있었다. 승객은 휠체어를 타고 비행기 문 앞까지 실려 올 예정이었다. 나이는 일흔다섯이었다. 그 외 다른 승객의 특이사항은 없었다.

지상 직원이 미는 휠체어에 앉아있는 할머니 승객을 비행기 문앞에서 만났다. 할아버지는 그 옆에서 속도를 맞춰 어정어정 걸어왔다. 할머니는 휠체어가 멈췄는데도 스스로 일어나지 못했다. 브리핑 데스크에서 살펴본 정보대로 몸 상태가 좋지 않아 보였다. 부축하려고 몸을 굽히니 할아버지가 손사래 치며 돌연 내 앞을 막아섰다. 할아버지는 두 손으로 할머니 어깨를 감싼 채로 들어 올렸다. 할아버지에게 기대며 할머니가 힘겹게 일어섰다. 그렇게 그들은 마주 보며 선 채로 비행기에 올랐다. 할아버지는 할머니 앞에서 어깨를 붙잡고 걷느라 뒷걸음질로 걸었다. 조금

위태로워 보였지만 내가 끼어들 틈은 없어 보였다. 그들은 한발 한발 박자를 맞춰가며 느리게 걸었다. 나는 몇 걸음 뒤에서 따라 걸을 뿐이었다. 지정 좌석까지 다다른 할아버지는 할머니를 안쪽에 앉혔다. 담요도 손수 펴서 할머니 무릎 위로 올렸다.

할아버지는 가방에서 페트병에 담긴 물과 휴지를 꺼내더니 휴지에 물을 듬뿍 묻혀 축축해진 휴지를 마스크 안쪽에 올려놓고 할머니에게 씌웠다. 건조한 기내에서 쉽게 헐어버리는 콧구멍에 습기를 주려는 것 같았다. 할머니는 마스크를 쓴 채 어깨를 축 늘어뜨리더니 눈을 지그시 감았다. 미주 노선으로 이제 열두 시간의 비행을 해야 하는데 벌써 지쳐 보였다. 모든 승객의 탑승이 완료된 후 항공기 문이 닫혔다. 비행기는 귓전을 울리는 엔진 소리와 함께 이륙했다. 나는 이코노미 좌석과 마주 보는 승무원 좌석에 앉았기에 노부부 승객을 바라볼 수 있었다. 기체가 떠오르기 시작하자 할아버지는 한쪽 손을 뻗어 할머니 손 위에 얹었다. 할머니는 살짝 고개를 틀어 할아버지를 쳐다보더니 슬며시 웃고는 다시 눈을 감았다. 할머니의 작은 몸이 많이 말라서 납작하게까지 보였다. 누구보다도 그에게 질기고 긴 비행이 될 터였다.

이륙 후 기내식 서비스를 마친 나는 휴식하기 위해 크루 벙크에 올라갔다. 피로했는지 눕자마자 눈꺼풀이 스르르

감겼다. 두 시간을 십 분처럼 잘 수 있었다. 크루 벙크에서 내려와 첫 번째 근무팀에게 두 시간 동안의 기내 상황을 보고받았다. 술을 많이 마신 승객과 복통을 호소하는 승객의 좌석 번호를 받아 적었다. 할머니 승객은 별 탈 없다고 했다. 동료는 이따금 할아버지가 할머니의 팔이나 다리를 주물러준다고 덧붙여 말했다. 옆에 있는 다른 동료도 할아버지가 지극정성이라며 입을 모았다. 다들 할아버지 승객의 다정한 모습을 훔쳐보고 있었던 모양이었다. 쉬는 시간이 끝나 첫 번째 근무팀과 교대할 차례였다. 동료들을 보낸 나는 두 시간 만에 나온 기내를 직접 살피기 위해 나섰다. 대부분 승객이 담요를 뒤집어쓴 채 자고 있었다. 노부부 승객은 이륙할 때와 똑같은 모습이었다. 할아버지가 한 손을 뻗어 할머니 손 위에 포개놓은 모습, 바라보는 것만으로 따뜻한 마음을 가지게 해주는 모습이었다. 할아버지가 할머니를 세상과 연결해 주는 것만 같았다. 하지만 나에게는 삼백 명의 승객이 더 있었기에 그 모습을 오래 보지는 못하고 비행시간을 정신없이 채웠다.

어느덧 착륙 한 시간 전이 되었다. 나는 노부부에게 도착지 공항에서도 휠체어가 준비된다는 지침을 알리러 갔다. 가까이 다가가서 보니 할아버지가 잠든 할머니 머리 위로 손가락을 흔들고 있었다. 페트병을 기울여 손끝에 물을 묻히고서 탁탁 털어내는 모습이었다. 그 모습을 지켜보다가 몸을 낮추어 말을 걸었다.

"실례합니다. 도착지 공항에서도 지상 직원이 휠체어를 준비해 드릴 겁니다. 제가 안내해 드릴 테니 앉아서 기다리고 계세요. 아셨죠?"

그는 물 묻은 손을 닦으며 말없이 고개를 끄덕였다. 나는 끝내 참지 못하고 물었다.

"그런데… 할머니한테 물을 조금씩 뿌리시던데요. 왜 그러신 거예요?"

"아아, 별거 아니여. 비행기가 너무 건조해서. 할멈이 바싹바싹 말라가는 것 같아서 말이지."

나는 풋, 하고 웃음을 터뜨렸다. 할아버지는 시든 꽃에 물 주듯이 할머니에게 물을 흩뿌리고 있던 거였다. 웃는 나를 보더니 할아버지도 빙긋 웃어 보였다.

비행기는 큰 흔들림 없이 착륙했다. 두 분은 이번에도 마주 선 채로 걸어나갔다. 할아버지는 이제 제법 능숙한 뒷걸음질을 선보였다. 나는 그보다 조금 더 뒤에 서서 할아버지의 작은 가방 하나만 거들었다. 그렇게 항공기 문 앞까지 이르렀는데도 휠체어가 아직 오지 않아 기다려야 했다. 조용히 기다리는 시간이 멋쩍은 나는 할머니에게 괜한 말을 덧붙였다.

"할머니, 편안한 비행 되셨는지 모르겠어요. 저희는 부족했지만 두 분이 워낙 도타우셔서 다행이었어요. 할아버지가… 할머니를 많이 사랑한다고 느꼈어요. 할머니 주무시는 동안 내내 팔다리를 주무르고 머리도 가만가만 쓰다듬으시더라고요. 저희 승무원들이 다 부러워했어요. 오늘 목적지까지 안녕히 돌아가세요."

할머니는 할아버지가 그랬던 것처럼 나지막이 웃었다. 애잔함이 묻어 나오는 가녀린 웃음이었다. 괜한 말을 했나 싶어 빨리 그 자리를 피하고 싶은 마음이 들 때쯤 탑승교 끝에서 지상 직원이 휠체어를 끌고 오는 모습이 보였다.

할머니는 풀썩 소리를 내며 휠체어에 앉았다. 마지막 인사로 안녕히 가시라는 말씀을 드리고 돌아서려는데 할아버지가 손짓으로 나를 불렀다. 한 걸음 다가서자 할아버지는 더 가까이 와보라는 듯 계속해서 손을 앞뒤로 흔들었다. 나는 더욱 가까이 다가갔다. 할아버지 키가 나보다 작아 허리를 살짝 숙여야 했다. 그러자 할아버지가 손으로 입을 어설프게 가리며 말했다.

"내가… 평생 사랑한다는 말 한마디를 못 해봤는데, 오늘 대신 말해줘서 고마워요."

나는 허리를 일으켜 세워 할아버지를 내려다보았다. 할아버지는 활짝 웃고 있었다. 나는 아무런 말도 하지 못하고 그저 따라 웃었다.

호텔로 가는 셔틀버스에 앉자 긴장이 풀렸는지 몸이 맥없이 처졌다. 나는 차창에 머리를 기댔다. 차창 밖의 풍경이 어지럽게 흔들렸다. 그 아득한 풍경 속에서 머릿속이 물렁

해지는 기분이 들었다. 할아버지는 할머니에게 사랑한다는 말을 한마디도 못 해봤다고 말했지만, 할머니는 사랑한다는 그의 외침을 매 순간 듣고 있었을 게 분명하다. 사랑한다고 말하지 않더라도 얼굴, 음성, 숨소리, 발소리, 눈빛으로, 할아버지는 온몸으로 사랑한다고 외치고 있었다. 나는 그날 비행에서 그런 사랑을 보았다.

Q1
승무원이라는 직업의 매력은 무엇인가요?

지난주에는 파리 에펠탑 앞에서 기념사진을 찍었고, 이번 주에는 뉴욕 브로드웨이에서 뮤지컬을 봤다. 다음주에는 방콕에서 마사지와 네일아트를 저렴하게 받을 계획이다. 돈이 많아서 이 나라 저 나라로 여행 다니는 중은 아니고, 이게 바로 보통 승무원의 일하는 스케줄임과 동시에 일상인 모습이다. 그리고 바로 이 모습 때문에 일반 직장인들이 승무원의 일을 부러워한다. 사무직일 경우 매일 같은 장소로 출근해서 일하기 마련이다. 대개의 직장인은 오전 9시부터 오후 6시까지 근무하고, 주말을 껴서 휴가를 낸 다음 해외여행을 간다. 일 년에 한두 번, 많게는 서너 번 갈 수도 있겠다. 승무원은 항공기가 근무하는 장소이자, 비행 자체가 일이기 때문에 공항으로 출근하고 비행을 하며 해외로 나간다.

직장인 친구들과 만나서 밥을 먹고 커피를 마시다 헤어질 때쯤이 되면 누구 한 명은 꼭 이렇게 물었다.
"내일은 비행 어디로 가?"
"뉴욕."
그런 뒤에는 누가 먼저랄 것도 없이 내가 이 직업을 가졌음에 감사해야 할 부분들을 마구 읊어주었다.
"야, 진짜 좋겠다. 나는 언제 뉴욕 한번 가보냐."
"뉴욕 길거리에서 감자튀김만 먹어도 행복할 것 같아."
"이번에는 뭐 할 거야? 지난번에 센트럴파크에서 자전거 탔는데, 끝이 없어서 너무 힘들었다며."

"힘들긴. 재 그냥 인스타그램에 자랑한 거지. 나는 센트럴 파크 바라지도 않는다. 집 앞 공원이라도 가서 햇살 좀 맞자. 사무실 형광등 아래서 다크서클만 짙어진다."
그리고 마지막에는 이구동성으로 외친다.
"부럽다!"
그럴 때마다 말하고 싶다. 밤에 잘 시간에 꾸역꾸역 일어나서 출근하러 나간다고. 시차에 기압 차까지 더해지면 몸은 붓고 속은 더부룩한데 흔들리는 기내에서 앉아 있지도 못한다고. 비행 내내 승객들 응대하느라 바쁘다고 말이다. 하지만 이 모든 부분을 차치하고라도 한 달에 몇 번씩이나 다른 나라를 방문할 수 있다는 건 분명 부러워할 만한 일임을 알기에 조용히 입을 다문다. 목적지에 따라 다르긴 하지만 몇백씩이나 하는 비행기 표에 내 돈 한 푼 들어가지도 않는다는 것은 정말 매력적이긴 하다. 기내에서 노동을 하기에 오히려 돈을 받는다. 해외 체류지에선 현지에서 사용하라는 명목으로 식비 및 경비를 제공하는 퍼듐Perdium: 해외에서 체류하는 동안의 체류비까지 나온다.

뉴욕은 승무원이 되어 처음 장거리 비행으로 가게 된 도시이다. 마침 동기 언니랑 뉴욕에서 체류하는 날짜가 하루 겹쳐 함께 다운타운으로 나갔다. 타임스퀘어 역에서 내려 출구를 빠져나오자 새해 카운트다운할 때 TV로만 보던 타임스퀘어의 풍경이 휘황찬란하게 눈앞에 펼쳐져 서로를 마주 보며 소리를 질렀다. 그리고 전철에서 들었던, 뉴욕을 예찬하는 내용의 신나는 노래를 불렀다. "Now you're in New York~! These streets will make you feel brand new~ Big lights will inspire you~!"

우리는 가게에 들어서고 소품을 구경하거나 뭔가를 입으로 넣을 때마다 멋있다, 좋다, 예쁘다, 신난다, 맛있다, 재밌다 등 온갖 감탄사를 서로를 향해 쏟아내며 정신없이 웃었다. 덕분에 돌아오는 비행이 힘들었지만, 속으로는 빨리 또 뉴욕 비행이 나왔으면 좋겠다고 바랐다. 그 뒤로 한 달 안에 뉴욕 비행만 세 번을 간 적도 있다. 본의 아니게 뉴요커가 되어버려 뉴욕의 거리 구석구석을 돌아다녔다. 아무리 그래도 그렇지 어떻게 뉴욕만 한 달에 3번을 갈 수 있느냐고, 동남아 비행이나 가고 싶다고 친구들이 있는 단체 채팅방에서 아쉬운 소리를 하려다가 또 약 올리냐는 소리를 들을 것만 같아 침묵했던 기억이 난다.

Q2
평균적인 연봉은 어느 정도인가요?

승무원의 연봉은 높다고 알려져 있다. 항공사 내규에 따라 조금씩 다르지만, 국내 항공사 신입 승무원들의 초봉은 대략 3400만 원 이상부터 4000만 원 초반 정도다. 대학 졸업 신입 평균 연봉인 3000~3200만 원 보다 높은 편이다. 어떻게 해서 높은 연봉을 받는지 승무원의 급여가 책정되는 방식을 살펴보자. 먼저 기본급은 호봉급, 차량비, 통근 보조비대중교통으로 통근하는 비용, 객실 보안수당, 근속수당으로 구성되어 있다. 승무원의 연봉이 높은 이유는 이 기본급보단 비행 수당 덕분이다. 비행 수당은 한 달 비행한 시간에 비행 수당을 곱해 책정되며, 야간이나 휴일에 비행하면 추가 수당이 붙는다. 따라서 한 달에 비행을 몇 시간 했느냐가 중요하다. 비행시간이 많으면 월급도 당연히 높고, 비행시간이 적으면 월급도 낮아질 수밖에 없는 구조다. 비행시간이 많은 경우에는 연장 비행 수당까지 붙는다.

급여 외에 지급되는 것으로는 성과급과 안전장려금, 경영성과급, 퍼듐, Landing Charge 등이 있다. 성과급은 성과급 대상자에게 지급되는데, 과장급 이하는 호봉제, 차장급 이상은 연봉제로 받는다. 안전장려금은 국토부에서 정해준 안전 기준을 충족할 시 비용이 지급된다. 경영성과금은 회사가 흑자일 경우 흑자가 난 것만큼 직원들에게 보너스로 나온다. 퍼듐은 해외 체류 시 현지에서 사용 가능한 생활비로 도시마다 다르다. Landing Charge는 국내선에서 착륙 횟수에 따라 내어주는 비용이다. 이처럼 승무원은 연봉뿐만 아니라 추가로 지급되는 수당이 많다. 기본급은 다른 직장인들과 비슷한 수준이겠지만, 여기에 각종 여러 수당이 붙어 실제로 받는 급여는 상대적으로 많아지는 것이다. LCC 항공사 같은 경우 FSC 항공사보다 초봉이 낮은 듯하지만, 진급의 주기가 빠르기에 연봉 인상의 폭도 빠르다는 장점이 있다.

높은 연봉을 받으며 남들은 1년에 한 번 갈까 말까 한 해외여행을 수시로 다닌다는 점에서 승무원이란 직종은 선망의 대상이 될 만하다. 나는 비행해서 받은 월급으로 내가 꼭 사고 싶은 것만 살 수 있던 점도 좋았다. 일반 직장에 다니면 회사에 출근할 때 어느 정도 구색을 갖춰서 입어야 하기에 옷을 여러 벌 살 수밖에 없기 때문이다. 매일 무슨 옷을 입어야 할지 고민이 될 테고, 옷 스타일에 맞춰 때로는 가방도 다르게 메고 싶을 것이다. 승무원은 유니폼 덕분에 그럴 걱정이 없다. 10년 동안 출근하면서 옷 걱정을 해본 적은 단 한 번도 없었다. 쇼핑할 때 회사에 입고 갈 만한 비즈니스 캐주얼을 일부러 살 필요가 없으므로 온전히 내 취향의 옷을 구매할 수 있다. 유니폼을 입고 회사에서 지급한 가방과 캐리어로 출근하니 불필요한 소비를 줄일 수 있었다고 말하는 건 동료들도 마찬가지였다. 꼭 필요한 소비만 하며 차곡차곡 월급을 모아 목돈을 마련하거나 재테크를 살뜰하게 해내는 동료 승무원도 많았다.

Q3
승무원의 복지 중 가장 좋은 것은 무엇인가요?

하루만 쉬는 날이 있어도 일본으로 당일치기 여행을 다녀왔다. 동기들과는 휴무를 맞춰 파리나 프라하에서 놀다 왔다. 그토록 쉽고 자유롭게 여행을 다녀올 수 있었던 까닭은 바로 승무원의 복지 중 하나인 항공권 직원 할인을 받을 수 있기 때문이었다. 이 복지 덕분에 외향적이고 여행을 좋아하는 승무원들은 쉬는 날에도 여행을 떠난다. 재직 중인 항공사가 아니더라도 다른 항공사의 티켓까지 할인이 가능하다. 직계가족도 복지 혜택의 대상이다. 할인율은 항공사나 비행시간에 따라 책정하는 방식이 조금씩 다르지만 80~90%나 된다. 장거리일수록 더 많은 할인을 받는데, 몇백만 원이나 나가는 항공료를 몇십만 원으로 대폭 축소해 이용할 수 있으니 세상에 이렇게 짜릿한 복지가 또 있을까 싶다.

퇴사 후에도 재직연수를 고려하여 일정 기간 동안 할인 티켓을 제공하는 항공사가 있는 반면, 그만두자마자 할인 대상자에서 제외하는 항공사도 있다. 나의 경우엔 후자였다. 그래서 퇴사 후 신혼여행으로 하와이를 갈 때는 제값을 내고 갔다. 당연한 건데도 전에는 할인을 받을 수 있는 부분이었다고 생각하니 그렇게 아까울 수가 없었다. 재직 중 결혼한다면, 신혼여행 티켓은 90% 이상 할인을 받을 수 있으며 항공사에 따라 비즈니스석까지 제공하는 경우도 있다. 카타르, 에미레이트, 에티하드와 같은 중동 항공사 승무원들에겐 버디 티켓이 제공된다. 버디 티켓이란 항공사 직원의 지인이 사용할 수 있는 할인 티켓이다. 50~90% 할인된 가격에 항공권 예약을 할 수 있다. 가족이 받을 수 있는 할인 티켓은 별도로 있다.

이외에도 항공사마다 지원하는 복지 혜택이 다르지만, 주거 안정을 위한 제도가 마련되어 있어 직원 아파트를 제공하거나 주택 구입 자금 및 전세 자금을 지원해주기도 한다. 대한항공의 경우, 사원 아파트로 입주할 수 있는 대상의 폭이 매우 넓은 편으로 인천 검단을 비롯해 부산, 김해, 제주에 있는 사택에 입주가 가능하다. 뿐만 아니라 직원의 학비 지원과 자녀 학자금 또는 산전 · 육아휴직이나 육아 보육비 등 다양한 복지가 마련되어 있다.

이러한 복지는 다른 대기업도 많이 제공하는 것이기에 나는 뭐니 뭐니 해도 항공사의 제일가는 복지가 할인 티켓이라고 생각한다. 승무원에게 비행과 여행은 엄연히 다르기 때문이다. 비행은 일하면서 가는 것이기에 피로하고, 목적지에 도착한 후에도 돌아갈 비행 걱정에 컨디션 관리를 하느라 마음껏 놀 수가 없다. 그런데 여행은 부담이 없다. 여행지에서 과한 일정 때문에 잠을 잘 자지 못하더라도 돌아가는 비행에서 푹 자면 되기 때문이다. 승무원을 꿈꾸는 독자들이 언젠가 멋지게 비행을 하면서도, 때로는 할인 티켓으로 편안하게 앉아 여행하는 묘미까지 만끽하길 바란다.

Q4
화려한 직업
이면의 모습은 어떤가요?

여행하면 빼놓을 수 없는 게 숙소다. 승무원은 비행으로 해외에서 체류할 때 4~5성급 호텔에 머문다. 덕분에 호캉스가 한창 인기였을 때도 나는 그다지 호기심이 생기지 않았다. 비행하는 오랜 시간 동안 호텔에서 묵는 게 일이자 일상이었기 때문이다. 회사에서 승무원이 좋은 호텔에서 숙박할 수 있게 제공하는 이유로는 크게 두 가지가 있다. 첫째는 항공사의 품위 유지다. 항공사의 이미지를 대표하는 유니폼을 입은 승무원들이 허름하고 누추한 숙소에 드나든다면, 그 항공사의 이미지 또한 격하될 수 있기 때문이다. 둘째는 보안 문제다. 회사는 낯선 타지에서 지낼 승무원의 안전을 보장하기 위해 보안이 철저한 호텔을 지정한다. 승무원은 지정된 호텔에서만 머물러야 한다. 대부분의 항공사가 1인 1실을 제공하지만, 회사 경영 차원에서 비용 절감을 위해 2인 1실을 배정하는 경우도 있다. 내가 근무했던 일본 항공사는 1인 1실이었고, 장거리 비행 같은 경우 2박 3일의 휴식 시간이 주어졌기에 호텔에서 온전히 나만의 시간을 만끽할 수 있었다.

혼자서 방을 쓴다는 게 안락하고 편하기도 하지만, 때로는 무섭기도 했다. 외부인의 침입 우려를 배제할 수 없기 때문이다. 사건 사고는 때와 장소를 가리지 않고 발생하기에 아무리 좋은 호텔이더라도 긴장을 늦출 수는 없다. 얼마 전에도 한 미국 승무원이 호텔에서 안심하고 자는 방법을 영상으로 공유해 폭발적인 인기를 끌었다. 그는 외출할 땐 호텔 방문을 완전히 닫았는지 거듭 확인하고, 방을 나갈 땐 마치 사람이 있는 것처럼 텔레비전 소리를 켜둔다고 했다. 뿐만 아니라 수건을 걸쇠에 덮은 채로 잠가서 걸쇠를 풀기 어렵게 만들어 문이 강제로 열리지 않도록 하는 방법을 알려주었다. 문에 탈부착하는 문 경보기 구매도 추천했으며, 룸서비스를 요청한 적이 없는데 누군가 방문을 두드리면서 호텔 직원이라고 말한다면 호텔 안내데스크에 연락해서 진상을 파악할 것을 권했다. 낯선 곳에서 혼자 머물 때 외부인이 침입한다는 생각만으로도 두렵기 때문에, 이러한 내용을 담은 영상이 높은 조회수를 기록하며 많은 사람의 관심을 받을 수 있었다고 생각한다.

실제로 잠잘 때 불을 끄지 못해 조명을 다 켠 채 잠든다는 동료도 여럿 있었다. 그러면 숙면에 방해가 되지 않느냐는 내 물음에, '불을 끄면 무서워서 아예 잠을 못 잔다'는 대답이 돌아왔다. 나의 경우엔 배정받은 방에 처음으로 들어설 때, 혹시나 누군가 방 안에 숨어있을지도 모른단 생각으로 오싹할 때가 있었다. 항간에 떠돌아다니는 승무원 호텔 괴담 때문이었다. 침대 밑으로 물건을 떨어트려 주우려고 몸을 숙이자 침대 밑에 눈 뜨고 죽어있는 시체와 눈이 마주쳤다는 이야기, 자려고 하는데 자꾸 부스럭거리는 소리가 나서 이곳저곳 뒤지다가 장롱 안에 숨어서 훔쳐보던 사람을 발견한 이야기 등 소름 끼치는 호텔 괴담은 무수히 많았다. 유튜브에 '승무원 호텔 괴담' 키워드로 검색하면

전 · 현직 승무원들이 전해주는 이야기를 들을 수 있다.

그래서 나는 옆방을 쓰는 동료와 함께 문을 열어둔 채로 침대 밑과 장롱, 욕실의 커튼 뒤까지 샅샅이 확인한 다음 "이상 없음!"을 외치고 각자의 방문을 닫았다. 매번 아무도 없었지만, 몸을 낮춰 침대 밑을 실눈으로 들여다보거나 용기 내어 장롱을 확 열어젖힐 때마다 번번이 소름이 끼쳤다. 우스꽝스러운 모습처럼 보일 수도 있겠지만, 우리는 진지하게 무서웠고 그래서 늘 조심했다. 방심하려고 할 때마다 사건 사고는 코앞까지 들이닥쳤다. 한 동료는 누군가 노크를 하며 룸서비스라고 해서 방문에 붙어있는 렌즈 구멍으로 문 너머를 살폈다. 호텔 직원처럼 흰 셔츠와 검은색 조끼를 입고 있는 모습에 별다른 의심 없이 문을 열어주었다. 그런데 문을 열자마자 스니커즈를 신고 청바지를 입고 있는 모습을 발견하였다. 동료는 그가 호텔 직원이 아님을 직감하여 바로 문을 닫고 걸쇠를 걸어 잠근 다음 호텔 안내 데스크에 연락했다. 호텔 직원과 경찰이 그를 연행했고, 그가 호텔 근처에서 지내던 노숙자임을 밝혀냈다. 만약 동료가 문을 조금만 늦게 닫았더라면, 그 노숙자가 조금만 더 빠르게 문틈 사이를 비집고 들어왔더라면 어떻게 됐을지 상상조차 하고 싶지 않다.

나의 경우엔 비행에서 만난 한 승객이 호텔까지 쫓아온 적도 있다. 호텔 안내데스크에서 체크인을 하고 방으로 올라가려는데 뒤에서 누군가가 내 이름을 불러 돌아보니 기내에서 만났던 외국인 승객이었다. 비행을 마치면 승무원들끼리 크루 버스를 타고 호텔로 다 같이 이동한다. 그 승객은 하기 후에 승무원들이 나오길 기다리고 있다가 버스를 쫓아 호텔까지 따라온 것이었다. 그는 다짜고짜 내게 현지 관광을 시켜주겠다며 함께 나갈 것을 권했다. 심상치 않음을 판단한 순간, 그날 비행의 사무장이 막아서며 나를 먼저 방으로 올려보냈다. 방에 들어와 두근거리는 마음을 가라앉히고 있는데 사무장에게서 전화가 왔다. "호텔 직원들에게 은빈 씨 방 호수는 절대 아무에게도 알려주지 말라고 각별하게 부탁했으니까 걱정하지 말고요. 혹시 어디 외출할 일 있으면 나가기 전후로 제게 메시지 하나씩만 남겨주세요." 이처럼 승무원들에게 호텔은 때때로 불안한 장소가 된다. 그렇기에 회사는 더더욱 엄격한 보안 시스템을 갖춘 숙소를 제공하기 위해 힘쓰며, 승무원 역시 회사에서 지정해 준 곳에서만 지내며 동료들 가까이에 머문다.

업무 매뉴얼에는 항공사마다 조금씩 다르긴 하지만 호텔 보안 사항과 관련된 부분도 마련되어 있다. '동료 승무원의 방과 격리된 방에 배정받지 않도록 한다, 누군가 보고 있거나 따라온다는 느낌이 들면 방에 들어가지 않는다, 방 내부의 점검은 승무원 2명이 2인 1조가 되어 서로의 방을 확인해 주는 형식을 취한다, 모든 승무원은 방에 들어가면 즉시 출입문을 잠그도록 한다, 출입문 및 발코니의 잠금장치가 정상 작동하는지 점검하고 고장 상태일 경우 다른 방의 배정을 요청한다, 외출 시에는 사무장에게 행선지 · 연락처 · 용무 등을 알려야 한다' 등과 같은 규정이 있다. 승무원들은 이런 규정에 따라 주의를 기울인다.

안전을 확보한 뒤에는 호텔 생활을 즐길 수 있다. 나는 산뜻하고 시원한 향의 아로마오일을 가지고 다니며 호텔 침구에 한두 방울 뿌린 다음 잠을 청하기도 했다. 익숙한 향으로 안정감을 찾는 나만의 방법이었다. 호텔 부대시설인 수영장과 헬스장도 자주 이용했다. 호텔마다 시설의 분위기가 달라 비교해 보는 재미에 구경하듯 가벼운 마음으로 갈 수 있었다. 호텔에 따라서 특색 있는 어메니티 역시 챙기는 재미가 쏠쏠했다. 시각으로 잠 못 드는 밤이면 한국의 시간으로는 아침이나 낮, 고요한 호텔 방에서 온전히 나만의 시간을 보낼 수 있는 것도 좋았다. 우리는 누구의 방해도 받지 않으며 사각거리는 흰 이불 위에서 모두 저마다의 방식으로 호텔 라이프를 만끽했다. 아이스크림이나 과자를 침대 위에서 와그작 씹어 먹으며 밀린 드라마를 보거나, 연인과 시시콜콜한 통화를 밤새 하다 뒹굴뒹굴 침대 위를 구르며 음악을 들었다. 똑같은 일도 호텔 방 안에서 하면 은밀한 즐거움이 더해지는 듯했다.

Q5
특히 만족하는 부분은 무엇인가요?

고소한 원두 냄새가 가득한 카페 창가로 포근한 아침 햇살이 더해진다. 카페는 한적하고 단 한 명의 손님도 없다. 원두를 내리는 소리와 함께 가사 없는 은은한 재즈 음악이 공간을 가득 채운다. 통이 큰 바지와 티셔츠를 입고 민얼굴로 편안해 보이는 여자는 창가에 자리를 잡고 앉았다. 앞에는 달콤하면서도 씁쓸한 맛이 일품인 커피 한 잔이 놓여있다. 월요일 오전 11시, 모두가 학교나 회사에 있을 시간에 팔자 좋게 카페에서 여유로운 시간을 보내는 여자의 모습. 그게 바로… 나였다! 승무원으로 근무하는 동안 나는 종종 평일 한산한 카페 풍경을 배경으로 한 주인공이 될 수 있었다.

승무원으로 일하면 낮과 밤의 경계가 없어지고, 스케줄 근무를 하기에 요일 개념도 사라진다. 계절과 계절을 넘나들며 시차 때문에 하루를 더 늦거나 빠르게 다른 날짜 속에서 살기도 한다. 그래서 해외에서 한국으로 돌아오는 비행을 할 때면 세관신고서를 작성하는데 날짜 칸에서 자주 멈칫하게 된다. 승무원들도 동료들과 함께 오늘이 며칠인지 서로 물어보기 바쁘다. 하루는 한 선배가 "오늘 며칠이지?"라고 물어 "2일이요."라고 대답을 하니, 더한 질문이 돌아왔다. "5월?" 선배님, 그건 좀 심하지 않나요? 그때는 이미 5월에서 6월로 넘어온 시점이었다.

하늘을 고도의 스피드로 날아가는 비행기에서 일하기에 그런 걸까. 시간은 늘 대책 없이 흘러만 갔다. 장거리 비행 하나를 다녀오면 며칠이 훌쩍 지나있었다. 출국할 때는 분명 더웠는데, 다시 한국에 돌아오면 선선한 아침 바람으로 가을이 코앞까지 다가온 것을 실감하기도 했다. 그렇게 비행 몇 번만 다녀와도 한 달, 두 달이 금세 지나갔다. 기내에서는 수십, 수백 명의 얼굴을 마주하며 에너지를 쏟아내기 바빴다. 웃는 얼굴을 유지하며, "어떤 음료를 드시겠습니까~?"라는 멘트를 한 비행에서 300번 넘게 반복했다. 조금이라도 비행이 지연되거나 불편하면 소리부터 내지르는 승객에게 머리를 숙였다. 나라는 사람의 주관이나 개성을 드러내기보다는 항공사의 승무원으로서 정제된 모습을 유지해야만 했다.

그래서 쉬는 날에는 철저하게 혼자서 충전할 시간이 꼭 필요했다. 일부러 시간을 천천히 보내고 싶었다. 카페 창문 바깥으로 바쁘게 돌아가는 세상을 잠시 모른 척하고, 속수무책으로 흘러만 가는 시간을 잠시 잡아두고 싶다는 마음으로 비행 일기를 썼다. 그것도 아니면 그저 머리에서 마구 떠오르다 흩어지는 생각을 조금이라도 끄적이며 시간을 보냈다. 그런다고 시간이 천천히 흐르는 것도 아니고, 잠깐이라도 잡아둘 수 있는 것도 아니었지만 적어도 소란스럽던 마음만큼은 차분하게 만들 수 있었다. 지난 비행을 더듬으며 일기장 한 페이지를 채우면 하늘에서 흩어졌던 시간이 내 손으로 다시 쏙 들어오는 기분이었다. 그렇게 하나의 비행을 매듭지으며 나를 더 선명하고 또렷하게 채웠다. 그럼 다시 가뿐한 마음으로 비행하러 갈 힘이 났다.

다른 승무원 동료들은 평일에 쉬게 되면, 평소 가보고 싶었지만 줄이 너무 길어 엄두를 내지 못했던 맛집이나 쇼핑몰에 가곤 했다. 어디든 주말보다 평일 오후가 한산하기 때문이다. 한 번은 나를 포함해 동기 세 명의 쉬는 날이 월요일로 겹친 적이 있었다. 우리는 여의도 백화점 지하에 있는 국숫집에서 점심을 먹기로 했다. 나와 동기들은 국수나 후루룩 먹고 카페에 갈 생각에 운동복 차림으로 편하게 나왔다가 조금 당황했다. 금융권의 메카인 여의도의 평일 점심이라 그런지 흰 셔츠와 까만 재킷을 걸친 직장인들로 북적댔기 때문이다. 면치기를 하며 급하게 국수를 삼키는 그들과 달리 우리는 숟가락에 국물과 면발을 올려 느긋하게 국수를 먹었다. 한 손에 커피를 든 채로 회사로 급히 향하는 사람들의 모습을 뒤로하며, 카페에서 가장 넓고 안락한 자리에 앉아 커피를 홀짝였다. 그리고 각자 다음 비행 스케줄을 공유했다. "일본 가? 호텔 근처 돈까츠 집 진짜 맛있어, 이번에 거기 가봐. 너는 방콕 가네? 내가 마사지 완전 끝내주는 곳 찾아냈잖아. 나 1시간 받는 거로 시작했다가 2시간 더 받았어. 네일 집도 알려줄까?" 유독 한가롭게 느껴지던 그 날, 우리는 승무원이란 직업을, 비행이라는 일을 더욱 사랑하게 되었다.

3 승무원의 자격

중년의 여성 승객은 항공기에 탑승할 때 아이 두 명과 함께였다. 둘 다 남자아이였는데 큰 애는 초등학생 저학년으로 보였고, 작은 아이는 아직 유치원생인 것 같았다. 아이들은 비행기에 타자마자 동그란 눈을 이리저리 굴리며 좌석 위에서 방방 뛰어댔다. 리모컨도 마구 눌러 승무원 호출 버튼이 잘못 눌리기 일쑤였다. 우리는 이륙 전부터 아이들의 호출로 몇 번이나 왔다 갔다 해야 했다. 호출 버튼은 비상 상황이나 꼭 필요한 일이 있을 때만 눌러달라고 으름장을 놓듯 말해도 소용없었다. 아이 엄마는 그럴 때마다 연신 고개를 주억거리며 죄송하다고 했다. 그는 유독 활달해 보이는 아이들을 챙기느라 조금 피곤해 보였다. 나는 그런 그에게 용기 내어 말했다.

"아이들이 좋아하는 애니메이션 영화 많으니까요, 이륙하면 영화부터 틀어주세요. 언제든지 필요하신 거 있으면 부르시고요. 저희 다 아이라면 사족을 못 쓰니까요. 아이들이 너무… 귀엽네요!"

엄마 승객은 나를 힐긋 보며 소리 없이 웃었다. 시애틀에서 출발해 도쿄로 향하는 비행기였다. 서비스하는 동안 아이들은 영화를 보느라 밥도 먹는 둥 마는 둥 했다. 그 곁에 앉은 엄마 승객은 얼마간 밥을 먹는가 싶더니 종이학 접기 삼매경이었다. 모든 서비스가 끝날 때쯤 그의 테이블에는 종이학이 수북이 쌓여있었다. 서비스를 시작하며 지켜보니, 어쩌다 작은 아이가 칭얼거리기 시작하면 큰 아이가 달래주었다. 큰 아이는 울상인 작은 아이를 데리고 갤리에와 사과 주스를 얻어서 갔고, 화장실 앞에서 기다려주는 의젓함도 보여주었다. 듬직한 형의 모습이 귀엽기도 하고 기특하기도 해서 지나갈 때마다 머리를 쓰다듬어주었다. 와중에도 엄마 승객은 연신 종이학만 접어댔다. 좌석 아래 놓인 작은 손가방에서 형형색색의 색종이가 끊임없이 흘러나왔다. 나는 그때까지만 해도 종이접기를 좋아하는 사람일 것이라고 생각했다. 아이들은 아이들대로 잘 놀았기에 크게 개의치 않았다.

기내식 서비스를 마친 후 기내 조명을 끄자, 승객들은 옆 좌석의 일행과 조용히 담소를 나누거나 멍하니 영화를 보기 시작했다. 그것도 아니면 대부분 담요를 덮어쓰고 잠을 청했다. 나는 기내를 한 바퀴 둘러본 후 갤리로 돌아와 커피를 마시며 비행 관련 메모와 서류를 작성하기 시작했다. 한참을 끄적거리고 있는데 큰 아이가 갤리로 빼꼼히 얼굴을 들이밀며 오렌지 주스를 달라고 외쳤다. 나는 주스를 컵에 따르며 문득 생각난 듯이 물었다.

"아! 그런데 엄마가 무척이나 열심히 종이학을 접고 계시던데. 엄마가 종이접기 좋아해요?"
아이는 엄마를 대신해 결의에 찬 듯 말했다.
"음. 좋아하는 건 아닌데… 종이학 천 마리 접어야 한댔어요. 어제부터 계속 접고 계세요."
나는 아이에게 가까이 다가가 오렌지 주스를 내밀며 반사적으로 물었다.
"왜요?"
아이는 천진하게 대답했다.
"누나는 그것도 몰라요? 종이학 천 마리 접으면 소원이 이루어진 대잖아요. 할머니가 아프셔서 보러 가는 길인데, 엄마는 할머니 아프지 말라고 종이학 접는 거예요."

나는 무어라 바로 말을 잇지 못했고, 아이는 주스를 받아들고 허리를 숙이며 감사하다고 말한 뒤 좌석으로 돌아갔다. 나는 그제야 승객이 비행 내내 종이학 접기에 질기도록 매진하던 이유를 알게 됐다. 그는 병상에 있는 어머니를 위해 종이학을 접고 있던 것이었다. 그는 오늘 이 비행에서 종이학 천 마리를 다 접을 생각인 걸까. 접을 수 있을까. 나는 끄적이던 메모를 정리하고 기내로 나섰다. 소등된 어두운 기내에서도 그는 여전히 종이학을 접고 있었다. 그 모습을 보고 있자니 나는 알 수 없는 낭패감에 휩싸인 듯 몸에서 잔뜩 힘이 빠졌다.

서둘러 갤리로 돌아와 따뜻한 물에 홍차를 진하게 우려낸 다음 그에게 다가갔다.

"저… 이것 좀 드셔보세요. 따뜻한 홍차에요. 몸의 긴장이 좀 풀어지실 거예요."

그는 내 거동을 살피며 홍차를 건네받았다.

"고마워요. 잘 마실게요."

"아니에요. 아이들이 영어도 곧잘 하던데, 시애틀에서 사시나 봐요."

"네. 애들 아빠가 미국인이에요. 아이들 낳고서는 시애틀로 와서 살고 있어요."

지척에 살아도 먹고살기 바빠 자주 보지 못하는 게 가족인데, 비행기로 10시간이 넘게 걸리는 곳에 있는 부모의 병중 소식은 얼마나 아득하게 느껴질지 가늠하기 어려웠다. 나는 그에게 필요한 것이 있으면 언제든지 부르라는 식상한 말만 남기고 돌아섰다.

갤리로 돌아오니 삼삼오오 모여있던 동료 승무원들이 물었다. "종이학 접던 승객이랑 얘기하던데, 무슨 일 있었어?" 나는 동료들에게 그의 사연을 털어놓았다. 이야기가 끝나자마자 동료들 모두는 각 클래스로 흩어졌다. 퍼스트 클래스와 비즈니스 클래스, 이코노미 클래스에 어린이 승객들을 위한 비행 기념품으로 탑재된 색종이를 전부 꺼내오기 위해서였다. 우리는 누가 먼저랄 것도 없이 색종이를 나누어 들고는 종이학을 접기 시작했다. 비즈니스 클래스와 퍼스트 클래스 승무원들까지도 이야기를 전해 듣고 종이학 접기에 동참했다. 클래스는 다르지만, 모두가 각자 맡은 클래스에서 종이학을 접었다. 색종이가 모자라자 비행 준비물로 챙겨 다니는 메모지와 종이를 사용해 접기도 했다. 그렇게 14명의 승무원이 착륙 직전까지 접은 종이학이 한아름 모였다. 나와 이코노미 클래스 사무장은 착륙 사인이 울리기 전, 종이학이 그득히 담긴 봉투를 승객에게 주저하며 내밀었다.
"저… 저희도 어머니를 위한 마음을 담아 종이학을 접었어요. 같이 기도드릴게요. 예정 시간보다 한 시간 더 일찍 도착해서 다행이에요. 긴 비행이었을 텐데, 수고하셨습니다…."

그는 봉투 끝까지 빼곡히 담겨 금방이라도 한두 마리가 떨어져 버릴 것 같은 종이학들을 잔잔한 눈빛으로 내려다보았다. 쉽게 말을 잇진 못하던 승객은 결국 고개를 떨어뜨리며 우리를 바라보지도 못한 채 두 손으로 얼굴을 부여잡고는, 아주 작게 말했다.
"고맙습니다… 정말 고맙습니다…."
파리한 얼굴을 파묻은 가느다란 손가락 사이로 눈물이 총총히 배어 나왔다. 옆에 앉은 아이들은 종이학이 담긴 봉투를 내려다보며 연신 "우와, 많다! 우와~!"를 외쳤다. 나는 더 무슨 말을 해야 할지 몰랐고, 한마디라도 더 하려다가 괜히 눈물이 날 것만 같아 고개를 돌렸다. 고개를 돌리고 바라본 동료의 눈에는 이미 눈물이 한 움큼 고여 있었다.

이내 곧 착륙 사인을 알리는 소리가 기내에 울렸고, 우리는 착륙 준비를 하기 위해 각자 맡은 구역으로 돌아갔다. 좌석 위 수납함을 꾹꾹 눌러가며 승객들의 좌석 벨트, 수하물, 테이블, 발 받침, 팔걸이 등을 점검하면서도 속에서 뜨거운 기운이 자꾸만 차올랐다. 이러다가는 영문도 모르는 승객들 앞에서 울어버릴 것 같아 서둘러 안전 점검을 마쳤다. 이후 나 역시 착륙을 위해 승무원 좌석에 착석했다. 털썩 주저앉아 고개를 돌려 하늘을 내려다보니, 도쿄 지상의 풍경이 몽글몽글한 구름 아래로 넓게 펼쳐져 있었다. 구름 아래 어딘가에 있을 승객의 어머니가 조금만 더 기다려주길 바라는 마음이 들었다.

Q1
승무원이 반드시 갖춰야 할 자질이 있을까요?

기내에 탑승하는 순간부터 승객은 필요한 모든 것을 승무원에게 요청해야 한다. 물 한 잔조차 승무원이 제공해 주어야만 마실 수 있다. 배가 고프거나 몸 상태가 좋지 않거나 하품을 하다가 턱이 빠져도 승무원에게 의지할 수밖에 없다. 그런데 뭔가 부탁을 하기 위해 지나가는 승무원의 얼굴을 봤는데, 승무원이 인상을 찌푸리고 있거나 눈빛이 차갑거나 매서우면 어떨까? 쉽게 말을 걸기 어려울 것이다. 그래서 승무원은 승객들이 다가서기 편안한 이미지와 인상을 갖추어야 한다. 승무원들이 늘 웃는 얼굴을 유지하는 이유는 이처럼 단순히 친절한 서비스인의 면모만을 부각하기 위함이 아니라 언제든지 도움을 요청해도 좋다는 무언의 신호인 것이다. 특히 거동이 불편하거나 장애가 있는 고객, 고령의 고객이 비행 중 어떤 불편함을 겪게 된다면 이들을 침묵하지 않게 하기 위해 더욱 준비된 자세를 갖추어야 한다. 승무원은 교통약자인 승객의 불편함을 편안함으로 바꿔드려야 하는 책임이 있다.

승무원 준비생이던 시절에는 웃는 인상의 얼굴을 만들기

위해 길을 걸어 다닐 때도 웃었다. 그냥 웃으면서 다니면 이상한 사람처럼 보일 테니 핸드폰을 귀에 갖다 대고 누군가와 전화하는 척했다. "아, 진짜? 대박이다~ 꺄하하하! 알지 그럼~ 꺄르르~!" 그러다 막상 진짜 전화가 걸려오면 갑자기 진지한 표정으로 받는 게 혼자서 웃기기도 했지만, 그렇게 시도 때도 없이 웃으며 얼굴 근육을 단련시켰다. 방 한쪽 벽면에는 눈웃음이 끝내주는 연예인들 사진을 잔뜩 붙여두고 비슷하게 웃어보며 연습했다. 그런데도 눈웃음이 쉽게 생기지 않아 처음에는 눈을 거의 감다시피 하며 웃어 보였다. 덕분에 지금은 종종 눈웃음이 예쁘다는 소리를 듣게 되었다.

승무원은 안정적인 목소리와 분명하게 말하는 화법도 갖추어야 한다. 기체가 심하게 흔들리거나 번개를 맞거나 기내에서 타는 냄새가 나거나 산소마스크가 오작동으로 떨어지기라도 하면 승객들은 당황한 기색으로 일제히 승무원을 바라본다. 승무원이 즉각 조치할 것을 기대하는 눈빛이다. 도대체 이 비행이 지금 안전한 게 맞느냐고 대놓고 물어보는 승객도 있다. 그런데 이때 승무원이 승객과 같이 우왕좌왕하며 작은 목소리로 "어… 그게… 그러게요… 잠시만요?"라고 대답하면 어떻게 될까. 승객들의 불안감은 더욱 커질 것이다. 난기류로 비행기가 좌우상하로 마구 흔들리며 모두의 혼을 쏙 빼놓을 때도 승무원의 안내방송은 흔들림이 없다.

"손님 여러분, 현재 기류가 좋지 않아 비행기가 많이 흔들리고 있지만, 안전 운항에는 영향이 없습니다. 안전을 위해 좌석벨트를 다시 한번 확인해 주시기 바랍니다."
선명한 음성과 또박또박한 발음으로 승객들을 단번에 안심시킬 수 있어야 한다. 기내는 생각보다 엔진 소음으로 가득해서 전달력 있는 목소리를 갖추는 게 중요하다. 화법도 흐릿하지 않고 뚜렷하게 구사해야 한다. "손님, 테이블 좀 제자리로… 가방 좀 위로…" 이렇게 불분명하게 말하면 자신감이 없어 보이고 설득력도 떨어진다. 어떤 승객도 말 한마디 제대로 할 수 없는 승무원의 지시를 따르고 싶진 않을 것이다. 하나의 안전한 비행을 만들기 위해선 승객들의 협조가 필수적이다. 승객들이 믿고 따를 수 있게끔 승무원은 분명히 말하며 믿음직한 모습을 보여줘야 한다.

그러기 위해서는 말을 할 때 서술어까지 분명하게 끝맺는 습관을 들여야 한다. 승무원 직업 특강으로 중고등학교나 대학교에 나가면 꽤 많은 학생이 "질문이 있는데… 승무원이 되고 싶은데… 키는 어느 정도…?"라고 말한다. 대부분 질문을 할 때도 어미까지 깔끔하게 완결 지어 말하지 못해 듣는 사람으로 하여금 답답한 마음이 들게 한다. 타고난 키는 바꿀 수 없지만, 말하는 방식은 바꿀 수 있다. 우리가 주목해야 할 부분은 바꿀 수 없는 부분이 아니라 바꿀 수 있는 부분이다. 게다가 예전에는 키 제한이 있었지만, 현재 모든 국내 항공사가 키 제한을 폐지했다. 바꿀 수 있는 부분에 집중하며, 면접관들에게 승무원으로서 적합한 면모를 갖춘 지원자임을 보여주는 것이 관건이다. 같은 맥락으로 승무원은 기내에서 늘 안정된 눈빛과 곧은 자세를 유지해야 한다. 두려운 눈빛을 가진, 손끝이 떨리는, 제 몸 하나 제대로 가누지 못하는 승무원을 신뢰하긴 어렵다. 비상 상황이 발생하면 승무원은 순식간에 목소리를 높여야 한다. 리더십을 발휘해 승객들을 이끌어서 탈출시키는 것이다. 목숨이 왔다 갔다 하는 긴박한 상황에서 승객들이 승무원을 전적으로 믿고 따르게 하려면, 기내에서 서비스할 때도 반듯한 모습을 보여줘야 한다.

2017년 10월 호주에서 출발해 발리로 향하던 에어아시아 항공편이 6km 급강하하는 사고가 있었다. 기내에 산소마스크가 떨어지며 경보음이 울리자 탑승객들은 극도의 공포감을 느꼈고, 나중에라도 문자 메시지가 전송될 수 있다는 생각에 가족들에게 마지막 인사를 남기기 시작했다. 승무원으로서 내가 주목한 부분은 따로 있었다. 한 승객은 사고 이후 인터뷰에서 이렇게 말했다. "비명을 지르고 눈물을 흘리는 승무원들 때문에 공포감이 더 커졌습니다. 그들로부터 어떠한 위안도 받지 못했습니다." 승무원을 신뢰하지 못한 승객들은 브레이스 포지션Brace position: 생존 가능성을 높이기 위해 취하는 자세로 승객 특성이나 좌석에 따라 다르다을 취하라는 안내를 받았음에도 불안한 마음이 앞서 산소마스크에 얼굴을 파묻고 울며 가족들과 작별 인사를 나누었다.

이 사건에서 보듯이, 감정적으로 대처하는 승무원의 지시에는 순응하기 어렵다. 그렇다면 승객들이 승무원을 믿고 따르게 하려면 어떻게 해야 할까. 간단하다. 비상 상황에서도 침착하고 정확하게 말하는 것이다. 비상 상황에서만 그래야 할까? 아니다. 비행의 시작부터 승객들에게 승무원이 하는 말과 그로 인해 형성될 이미지는 이 승무원을 믿어도 될지 아닐지를 결정하는 데 영향을 미칠 것이다. 요약하자면, 승객들에게 신뢰감을 주기 위한 승무원의 미소와 목소리와 화법과 눈빛과 자세 이 모든 게 하나의 안전한 비행과 신속한 탈출을 위해서 필요하다는 것이다. 다른 사람들에겐 승무원이 서비스직으로서 단정한 태도와 미소 띤 얼굴을 갖춘 것으로 보이겠지만, 승무원이 되려는, 승무원을 만나고 경험하는 사람이라면 이제 알아야 한다. 모든 행동의 이면에 안전이 자리하고 있음을 말이다.

Q2
필수적으로 갖춰야 할 학위나 자격증이 있을까요?

승무원이 되기 위해 반드시 졸업해야 하는 학과나 갖춰야 할 자격증은 없다. 항공서비스학과 역시 승무원 직무를 미리 배우고 체험한다는 점에서 유리할 뿐, 채용 때 가점이 부여되는 건 아니다. 지원 자격인 어학 점수만 요건에 충족된다면 누구나 다 지원은 할 수 있다. 그래서 승무원 채용엔 늘 지원자가 많고, 경쟁률이 높다. 그렇다면 항공사 승무원 면접에서는 무엇이 중요할까? 바로 경험이다. 경험에서 우러나오는 지원자의 가치관과 답변이 귀중하다. 이력서 및 자기소개서와 면접 질문은 모두 지원자의 경험에 초점이 맞춰져 있다. 그래서 나는 무엇보다 서비스직 아르바이트를 꼭 해보길 권한다. 학교생활만으로는 대답하기 어려운 질문들이 많다. 단순히 면접을 잘 보기 위함이 아니더라도 실제로 고객을 응대하면서 자신이 서비스 직무에 잘 맞는지도 알아보는 작업은 유용하다. 승무원이 안전요원임은 맞지만, 비상 상황이 발생하지 않는 대부분의 시간 동안에는 서비스를 제공하기 때문이다.

내가 지도했던 한 수강생은 온라인 쇼핑몰에서 바지를 샀는데, 택배로 자필 카드를 함께 받아 다시 구매하고 싶어지는 마음이 들었다고 한다. 카드에는 유의해야 할 세탁법과 예쁘게 입으시길 바란다는 메시지가 귀여운 글씨체로 간단히 적혀있었다. 수기로 쓴 글씨에 마음이 움직인 수강생은 카페에서 아르바이트할 때 이를 적용해 보았다. 아침 출근길에 지치고 피곤한 얼굴로 커피를 주문하는 직장인들을 위해 컵 홀더나 뚜껑 위로 가벼운 미소('v')나 밝게 웃는(^O^) 이모티콘을 그려서 제공한 것이다. 여유가 있을 땐 '오늘도 빠샤!'와 같이 호기로운 메시지도 적었다. 하루는 깜빡하고 그냥 드리자 한 손님이 먼저 "오늘은 왜 안 적어주세요? 기대했는데!"라고 말한 것이다. 그는 끄적끄적 쓰는 손글씨에 담긴 다정함이 그렇게 또 이어진다는 것을 알게 되었다.

최고의/최악의 서비스란 무엇인가요?

서비스를 정의해 보세요.

승무원 면접에서 자주 나오는 서비스 관련 빈출 문제다. 단순한 질문 같지만, 서비스 경험이 있는 지원자와 없는 지원자의 답변은 천지 차이일 것이다. 답변을 말할 때의 자신감과 진정성도 차이가 날 수밖에 없다. 머리로 짐작하고 말하는 것과 몸으로 살아낸 다음 이야기하는 것은 차원이 다른 일이기 때문이다. 승무원 면접에서 진솔한 답변으로 면접관의 눈길을 끌기 위해선 먼저 온몸으로 경험하고,

그 과정에서 얻게 된 자신만의 깨달음과 인사이트를 구체적으로 전달할 수 있어야 한다. 서류 합격을 위해 높은 어학 성적도 필요하지만, 서류 이후에는 면접에서 당락이 결정되는 만큼 미리 아르바이트하며 자신만의 경험을 쌓아 나가고 정리하는 시간을 가지길 바란다.

봉사활동 역시 중요하다. 승무원을 하기 전에 과연 내가 얼마만큼의 희생정신이 있는 사람인지, 타인을 도우며 얻는 감정과 보람이 어느 정도로 크게 와닿는지 미리 알아보는 게 좋다. 봉사활동을 통해 만나게 된 대상 집단에 대한 이해와 각별한 애정을 키우고, 다른 사람의 입장과 상황을 고려하는 관점을 갖출 수도 있다. 면접 답변에서 활용할 수 있음은 물론이다. 예를 들어, 지역아동센터의 아이들을 위한 교육 봉사로 아이들과 쉽게 어울리게 되었다면 기내에서 유 · 소아 담당 승무원으로 활약할 자신이 있다고 말할 수 있겠다. 요양원이나 독거노인을 위한 봉사활동을 토대로 노인분들을 깊이 이해하게 되어 기내에 탑승하는 고령의 승객들을 살뜰히 챙길 수 있다고 말할 수도 있겠다. 시각장애인에게 녹음 도서를 제공하는 낭독 봉사로 또박또박한 발음과 발성을 갖추게 되어 승객들과 원활한 소통을 이뤄내는 승무원이 되겠다고 말해도 좋겠다. 언어적 소통뿐만 아니라 비언어적인 요소까지 고려하여 풍부한 표정과 적극적인 바디 제스처를 구사하겠다고 말하면 금상첨화다.

남을 직접적으로 도운 경험이 없다면 그에 관련된 질문도 쉽게 풀어나가기 힘들 것이다. 승무원으로 일한다는 건 기본적으로 나 자신보다 타인의 안위를 우선해야 하기 때문이다. 공항에서 캐리어를 끌며 허리를 꼿꼿하게 세운 채 파워워킹을 하는 그 잠깐의 시간 외에는 기내에서 허리를 굽히고 머리를 숙이며 승객들을 위해 온갖 허드렛일을 다 하는 게 승무원이다. 소통이 아예 불가한 외국인 승객, 손길이 많이 가는 유 · 소아 승객, 기압 차에 유의하며 건강 상태를 잘 챙겨야 하는 고령의 승객, 거동이 불편한 승객, 장애인 승객, 엎친 데 덮친 격으로 갑자기 누가 쓰러지기라도 한다면?

승무원은 기내에 탑승한 승객들을 고루 헤아리며, 기내에서 발생하는 모든 일을 제한된 자원으로 해결해 내야 한다. 뿐만 아니라 비정상상황이 발생했을 시에는 승객들을 먼저 탈출 및 대피시키고, 신체적으로 혼자서 탈출하기 어려운 장애인 승객을 도우며, 기내에 아무도 남지 않았는지 확인한 다음에서야 마지막으로 탈출해야 한다. 이타심보다 이기심이 앞선다면, 타인을 돕고 싶다는 마음과 희생정신이 없다면 결코 해내기 어려운 일이다. 이 부분을 잘 이해하고 서비스 마인드 및 안전 의식을 발휘할 수 있는 경험과 봉사활동을 이어 나갈 수 있다면, 나만의 이야기와 경험을 토대로 답변하는 것은 어렵지 않을 것이다.

Q3
승무원이 되려면 제2외국어 구사 능력은 필수인가요?

국내 항공사의 객실승무원 채용 공고에는 제2외국어일본어, 중국어 능통자를 우대한다는 사항이 있다. 제2외국어가 필수는 아니지만, 조금이라도 구사할 줄 안다면 분명 다른 지원자들보다 경쟁력을 가진다는 말이다. 기내에는 한국어도 영어도 하지 못하는 승객들이 있다. 승무원은 그들과도 소통을 이뤄내야 한다. 여러 국적의 승객을 응대한다고 해서 모든 언어를 공부해야 하는 것은 아니지만, 일본어와 중국어는 입사 후에도 익혀야 하는 언어다. 우리나라와 근접한 만큼 일본과 중국 노선이 많기 때문이다. 나는 일본 항공사에서 근무하며 자연스럽게 일본어를 구사하게 되었지만, 중국어와 다른 외국어는 하지 못했다. 언어로 겪었던 어려움은 비행하던 시절에 남긴 일기에도 고스란히 남아있다.

2017. 06. 02
오늘 맡은 서비스 구역에 베트남 아저씨 승객이 있었는데, 영어를 하나도 하지 못했다. 기내식으로 일식 또는 양식,

둘 중에 무엇을 드실지 여쭈니 배시시 웃기만 했다. 메뉴 사진을 보여드리며 선택을 도와드렸고, 음료는 무엇으로 마실지 여쭈니 그저 웃기만 하셔서 일일이 음료병을 들어 올려 보여준 다음 고르게 했다.

세관신고서도 아예 작성하지 못하기에 여권을 보며 대신 써드렸는데, 주소란에서 막혔다. 주머니에서 메모지를 꺼내 숙소 침대에서 자는 모습을 그림으로 그렸다. 겨우 알아들은 그가 무어라 얘기했지만 이젠 내가 베트남어를 이해할 수 없었다. 결국은 다른 베트남인 중 영어를 구사할 수 있는 승객의 도움을 받아 해결했다.

늘 승객들에게 도움을 준다고 생각했지만, 이렇게 지난 일기를 보면 승객들로부터 받은 도움의 순간도 꽤 많아 금세 마음이 따끈하게 달궈지는 기분이다. 그렇다고 매번 승객들의 도움을 받을 순 없기에 언젠가부터 나는 비행 전에 외국어로 된 카드를 준비했다. 인도네시아의 자카르타로 비행을 갈 때면 인도네시아어로 쓴 카드를 챙겼다.

〈Mau makan dan minum apa? 식사와 음료는 무엇으로 하시겠습니까?〉, 〈Ada yang bisa kubantu? 필요하신 것이 있습니까?〉

질문과 함께 선택 사항까지 마련하여 서비스 중에 활용했다. 탑승 및 하기 인사도 그들의 언어로 전하기 위해 비행 전에 인사법을 익혔다. 외국인 승객은 자신의 국적 항공사가 아니라 외국 항공사를 선택하고 탑승한 입장이므로 크게 환대하며 감사하는 마음을 표현하고 싶었다.

지금 당장 가지고 있는 제2외국어 성적이 없더라도 외국인 승객을 향한 자세나 앞으로 노력하겠다는 의지를 면접에서 보여주는 것도 방법이다. 곧 있을 어학 시험을 접수했다거나, 회화 스터디에 참여하고 있음을 밝히며 자신의 노력을 객관적으로 표현하는 것이다.

질문 : 영어 말고 할 줄 아는 외국어 없으세요?

답변 : 기내에서 만나는 모든 고객에게 감사한 마음을 표현하기 위해 10가지의 외국어로 인사법을 익혔습니다. 특히 외국인 승객분들은 항공사의 귀한 존재인 만큼, 감사 인사를 모국어로 전달 드리고 싶은 마음이 크게 들었습니다.(진짜로 10개 국어의 인사말 보여주기) 이처럼 저는 입사 후에도 승객들에게 적극적으로 다가서는 승무원이 되기 위해 언어 공부를 끊임없이 하겠습니다.

외국어는 아니지만, 승무원이 갖추고 있으면 좋을 언어로는 '손으로 의미를 전달하는 수화'도 있다. 나는 승무원 면접 컨설팅을 진행하며 수강생들과 같이 봉사활동에 참여한 적이 있다. 유튜버 위라클과 유니세프 한국위원회, 기부 플랫폼 체리와 함께하는 일명 '기적의 걷기 챌린지'에 안전 스탭으로 참여한 봉사활동이었다. 참여를 원하는 시민들이 한강 공원에 모여 11km를 걷는 챌린지였는데, 1걸음 당 1원의 기부금이 쌓여 우크라이나 전쟁 피해 아동에게 도움을 줄 수 있는 가슴 벅찬 행사였다. 우리는 안전 스탭으로서 경로를 안내하고, 충돌 사고가 일어나지 않게 뿔뿔이 흩어져 그날 모인 수백 명의 시민을 안전하게 이끌었다. 한 수강생은 청각장애인과 팀을 이루었는데, 정신없는 현장에서 소통의 어려움을 느꼈다고 한다. 아무리 입모양을 크게 하며 발음까지 또박또박한다고 해도 자신의 말이 온전히 전달되었는지 확신하기 어려웠다는 것이다. 승무원이 꿈인 그는 기내에서 언어로도 소통이 불가한 승객과 마주할 모습을 상상했고, 그날 이후로 혼자 유튜브를 통해 수화를 독학했다. 덕분에 이력서를 작성할 때 '특기'란에 수화를 적을 수 있었으며, 면접에서 수화와 관련된 질문도 받아 그날의 경험을 얘기 해 끝내 합격까지 해냈다.

나는 그 수강생이 바라던 항공사에 합격한 이유가 단순히 수화를 잘해서라고 생각하지는 않는다. 기내에서 만날 승객들의 모습을 또렷하게 떠올리며, 빈틈없이 챙겨드리고 싶었던 진심까지 면접관들에게 전달되었기 때문이라고 생각한다. 승무원 취업을 위해 준비하는 과정에서는 영어와 제2외국어 성적 취득이 하나의 스펙 쌓기처럼 여겨져 부담일 수도 있다. 하지만 이를 단순히 한 줄 스펙이라고만 생각하지 말고, 승무원으로서 승객을 따뜻한 마음으로 맞이하며 이끌어가기 위함이라고 생각하면 어떨까. 그러면 더욱 부지런하게 마음을 담아 공부할 수 있지 않을까? 언젠가는 기내에서 만날 언어장애 승객을 떠올리며 난생처음 수화 공부를 시작했던 그 학생처럼 말이다.

Q4
실제 비행 시 영어 등 외국어를 자주 사용하나요?

승무원의 임무로서 비상 상황이 발생했을 때, 모든 승객을 한 명도 빼놓지 않고 탈출시켜야 하는 만큼 세계 공용어인 영어 능력은 필수다. 비상 착륙이나 비상 착수 시, 승무원은 승객들에게 큰 목소리를 내어 짧고 간결한 구호로 승객들의 안전한 탈출을 유도한다. 기체 소음과 승객들의 동요로 기내는 혼돈 그 자체일 것이기 때문에 110dB에서 120dB 정도로 고함에 가까운 '샤우팅'을 내지른다. 안전 훈련을 받을 때도 '샤우팅'은 중요하게 다뤄진다. 따라서 승무원들은 실제 상황인 것처럼 목이 쉴 정도로 소리를 지른다. 만약 강이나 바다 위로 비상 착수를 할 때는 승객들에게 탈출 지시를 내린다. 큰 목소리로 이 문장을 '샤우팅' 하듯 한국어-영어 순으로 복창한다.

벨트 풀어! Release seatbelt!
구명복 입어! Get your life vest!
일어나! Get up! 나와! Get out!

승객들이 탈출 가능한 문 앞에선 이렇게 외친다.

탈출구 정상! Good exit!
이쪽으로! Come this way!
짐 버려! Leave everything!

한국어로는 반말, 영어로는 명령어로 승객들을 향해 분명하고도 정확하게 소리를 지른다. 이렇게 반말 및 명령어로 지시를 내리는 까닭은 1분 1초가 급박한 비상 상황에서 탈출을 더욱 신속하고 효율적으로 하기 위함이다. 미국 연방항공청(FAA)과 국토교통부 고시인 운항기술기준은 여객기 사고 때 모든 승객과 승무원을 90초 이내에 탈출시켜야 한다고 권고하고 있다. 존댓말로 차분하게 탈출을 유도하는 것보다 긴박하게 반말로 탈출을 이끌었을 때 탈출 시간을 줄일 수 있기에 대부분의 항공사가 반말과 명령어로 지시한다.

기내에는 당연히 한국인뿐만 아니라 다국적의 외국인 승객이 있기에 위급한 상황에서 모든 승객을 통솔하기 위해 영어를 할 줄 알아야 한다. 따라서 객실승무직에 지원하기 위해 공인 어학 성적은 필수적이다. 국내의 대부분 항공사는 지원 자격으로 어학 점수를 명시해 놓고 있다. 항공사에서 요구하는 일정 점수 이상의 토익과 토스, OPIC 성적이 있어야만 지원이 가능하다. 지원 자격은 항공사마다 다르다. 토익 550~600 이상, 토스와 오픽은 IM 이상으로 이는 최소한의 기준일뿐 어학 점수는 높을수록 유리하다.

서류 합격을 하면 면접에서 영어로 질문과 답변이 이뤄지기도 하고, 영어 면접 전형이 아예 따로 있는 항공사도 있다. 영어로 답변을 하지 못한다고 해서 무조건 떨어지는 것은 아니다. 하지만 영어 면접을 잘 못 봤다는 생각에 스스로 위축이 되어 한국어 면접에서조차 평정심을 잃을 수도 있다. 자신감을 가지고 임해야 하는 면접에서 이는 치명적이다. 운 좋게 영어 질문을 받지 않거나 쉬운 질문을 받았더라도, 영어를 못하면 승무원으로서 비행할 때 난처한 상황을 겪게 될 수밖에 없다.

위에서 언급한 비상 상황이 아니더라도 영어는 기내에서 무리 없이 승객들에게 서비스를 제공하고 소통을 이어나갈 수 있는 수준이어야 한다. 국제선 비행의 경우뿐만 아니라 국내선 비행에도 외국인 승객이 많이 탑승하기 때문이다. 탑승할 때부터 좌석 위치를 묻는 외국인에게 제대로 된 말 한마디 못한다면 비행의 처음부터 꼬이기 마련이고, 다른 동료와 승객들을 보기에도 남부끄러울 것이다. 승객이 아프거나 불편한 부분을 얘기하는데, 승객의 요구를 들어줘야 하는 승무원이 요구 사항조차 제대로 파악할 수 없다면 결국 승객들로부터 신뢰 또한 얻지 못할 것이다.

이처럼 영어는 승무원의 업무에서 절대적으로 필요한 능력이다. 입사한 후에도 진급을 위해서는 높은 영어 성적이 요구된다. 승무원이 되어서 순조로운 비행을 이어나가기 위해, 한국인뿐만 아니라 외국인을 포함한 모든 승객의 안전을 보장하기 위해, 지금부터라도 영어 공부는 치열하게 하길 바란다.

Q5
가장 보람을 느낄 때는 언제인가요?

승객들에게 도움이 되었을 때, 그래서 고맙다는 말을 들을 때 가장 보람을 느낀다. 비행하며 승객을 도울 일은 너무나 많다. 책을 읽다 잠든 승객의 머리 위 리딩라이트를 살짝 끄면서 편히 주무시기를 바란다. 아픈 승객에게 약을 드린 다음 열을 체크하고 누울 곳을 마련해 지속적으로 상태를 살핀다. 긴 비행시간으로 아이를 돌보느라 지친 보호자 승객을 위해 잠시 아이를 맡아 갤리를 구경시켜주거나 놀아주며 보호자가 편히 식사할 수 있게 만든다. 기내에서 승객들의 식사와 수면과 건강 상태는 오롯이 승무원의 몫이다. 이럴 땐 내가 꼭 승객들의 '왕엄마'가 된 기분이다. 그렇게 장거리 비행을 마쳤을 때, "덕분에 편안하게 잘 왔습니다!" 라는 소리까지 들을 때면 십수 시간 뜬눈으로 밤을 새우며 쌓인 피로도 가볍게 날아가는 기분이다.

직접 고맙다는 말을 듣지 않더라도 남몰래 챙기며 내심 뿌듯함을 느낄 때도 있다. 하루는 팔 한쪽이 없는 승객이 탑승한 적 있다. 인사를 건넬 때까지만 해도 몰랐다. 그에게서 재킷을 건네받으면서 알았다. 승객은 파란 셔츠를 입고 있었는데 왼쪽 팔의 셔츠 아랫부분이 상당히 헐거워 보였다. 팔꿈치 아래로 팔이 없다는 걸 그제야 알 수 있었다. 서비스를 시작하기 전까지 그를 틈틈이 살펴보았다. 그는 정장을 멀끔하게 갖춰 입은 성인 남자였다. 가방에서 책과 노트북을 꺼내 능숙하게 다루는 모습으로 미루어 보아 한 손으로 생활하는 게 그에게는 편안한 일상처럼 몸에 익어

보였다. 그런 그에게 오히려 지나친 도움이나 관심은 불편할 수 있다고 생각했다. 나는 그의 팔이 없는 게 보이더라도, 팔이 있는 것처럼 바라보고 서비스를 하기로 마음먹었다.

노골적으로 주의를 기울이지는 않았지만 그가 눈치챌 수 없는 선에서 힘을 보탰다. 기내식 메뉴 설명과 함께 메뉴 선택 사항을 물을 때에는 자연스럽게 좌석 옆 테이블에 위치한 헤드폰을 집어 꼬인 줄을 풀면서 대화를 나눴다. 메뉴 선택 사항을 모두 듣고 나면 기내 영화로 재밌는 것이 많으니 한번 살펴보라고 말하면서 헤드폰을 건넸다. 왠지 한 손으로는 짜증스러울 만큼 엉킨 헤드폰 줄을 풀기 버거울 것 같아서 한 행동이었다. 그가 페트병 물이나 음료를 요구하면 뚜껑을 살짝 한 번 비튼 후 제공해서 한 손으로도 쉽게 열 수 있도록 했다. 스낵 서비스로 우동을 드리기 전에는 간장 소스와 고춧가루 소스 가장자리를 조금 뜯어서 그가 짜내기만 하면 될 수 있게 준비했다. 그의 앞에서 또는 뒤에서 최소한으로 도움 줘야 하는 것을 매번 생각했다. 그가 요구하지도 않았는데 불필요하거나 과한 도움을 받고 있다는 기분이 들게 하고 싶지 않았기 때문이다. 때로는 이렇게 승객의 입장과 상황을 파악해 오히려 절제된 서비스를 할 줄도 알아야 한다.

그는 열두 시간 비행 내내 도와달라는 말을 한 번도 하지 않았다. 그가 한 손으로 능숙하게 일을 해결한 것인지

나의 은근한 도움이 뒷받침돼서인지는 알 수 없다. 보이더라도 보이지 않는 척, 보이지 않더라도 보이는 척. 그 모호한 경계선에서 중심을 잡고 한쪽으로 휘청거리지 않으려 애쓴 비행이었다. 그렇게 승무원의 시선으로 세상을 보니 세상이 달라 보였다. 내가 아닌 다른 사람을 먼저 알아보게 되었다. 나로만 가득 찬 뻔한 세상이 아니라 다른 사람의 바탕과 이야기로 내 안을 채울 수 있게 되었다. 나를 새롭게 형성해 주는 승객들을 만날 때, 이전보다 더 나은 내 모습을 만날 때, 나는 무엇보다 기뻤다.

TIP.

승무원과 밀접한 직업들

운항관리사

기상 등 운항 관련 정보를 수집 및 분석해 항공기 운항 전 비행 계획서를 작성하고, 비행 중인 항공기의 운항 상태를 감시하여 필요한 정보를 기장에게 제공한다. 비행의 안전성, 경제성, 신속성을 위하여 기상정보를 분석 및 평가하며, 비행의 안전을 위한 잠재적 위험을 판단하고 안전성 확보를 위한 업무를 수행한다.

운항/객실승무원 스케줄러

운항 승무원과 객실승무원의 스케줄 생산 및 운영을 진행하며, 이들의 비행 자격과 비행 관련한 모든 기록을 관리한다.

지상직 직원

발권, 탑승 수속, 수하물, 라운지 서비스 등 공항에서 고객 접점 업무를 수행하는 직무이다. 승객 탑승 및 하기 시에 승객 정보와 특성을 교류하기 위해 지상 직원과의 소통은 필수적이다.

항공교통관제사

항공기의 안전한 이착륙을 돕기 위하여 조종사에게 기상, 풍속 등의 정보를 제공하고 항공교통을 지휘한다. 해당 항공기의 이착륙 활주로, 예정 시간, 순서 등을 배정하여 항공기를 유도하고 이착륙을 허가한다. 비상 상황 발생 시에는 관련 기관에 연락을 취하고 비상 착륙 방법 및 비상활주로에 대해 안내한다.

항공기 스케줄러

어느 노선에 취항하고 항공기를 배치해야 효율성을 높일 수 있을지 데이터를 분석해 계획을 세우고 운항 허가를 받는 업무를 담당한다.

항공정비사

항공기의 안전 유지를 위하여 비행 중 또는 지상에서 발견한 결함을 수정하고 예상되는 결함을 사전에 제거하여 항공기를 항상 최적의 상태로 유지하는 직업이다. 승무원은 비행 중 발생한 기체 결함을 항공정비사에게 전달한다. 정비사는 항공사의 전체 항공기 기령 및 상태에 맞는 정비를 하고, 실시간으로 항공기의 정비 상태를 확인한다.

항공기 지상조업

공항을 이용하여 출발 및 도착하는 모든 항공기의 운항을 위하여 지상에서 필요로 하는 제반 지원을 마련하는 일이다. 기내식과 각종 기내 물품을 탑재하며, 객실 청소를 도맡는다. 객실승무원은 지상조업과의 소통을 통해 비행에 필요한 물품이 충분히 실렸는지 확인하고, 기내 청결 상태를 살핀다.

I am a cabin crew

Part 2 승무원이 되고 싶은 사람들

1 승무원의 길

승무원 면접 합격 발표 날에는 케이크 한 판을 사 와서 내 옆에 고이 두고 확인했다. 합격한다면 그대로 케이크를 들고 거실로 나가 가족들과 축하 파티를 할 생각이었다. 혹여 떨어진대도 달콤한 케이크는 울적한 기분을 달래기 위한 효과적인 장치라고 생각했다. 승무원 면접 전까지는 그래도 체중 관리해보겠다고 케이크를 멀리했으니까, 떨어진 마당에 가릴 건 없었다. 합격자 조회 화면에서 조마조마한 심정으로 아이디와 비밀번호를 입력하고 나면 "죄송합니다, 우은빈님은 합격자 명단에 없습니다."로 시작하는 문구가 튀어나왔다. 혹시 전산 담당자의 실수는 아닐까. 면접관이 나와 옆의 지원자를 헷갈려서 점수를 잘못 준 것은 아닐까. 불신 가득한 마음으로 몇 번이고 다시 확인해봐도 결과는 불합격이었다.

'불합격'이라는 말에서 짝사랑하는 이에게 거절당한 기분을 느꼈다. 이럴 거면 면접관은 그때 왜 내 답변에 웃어줬으며, 승무원이 되면 제일 먼저 무엇을 하고 싶은지는 대체 왜 물어봤는지 따지고 싶었다. 하지만 그럴 수 없는 일

개 승무원 지망자인 나는 방문을 닫아놓고 꺼이꺼이 울기 시작했다. 속상하고 서운한 데다가 억울하기까지 한 심정에 눈물이 그야말로 빗물처럼 흘러내렸다. 좀처럼 열리지 않는 방문에 엄마와 아빠는 딸이 공채에서 떨어졌음을 직감했다. 내 눈치를 보느라 노크도 하지 못하셨다. 그렇게 울다가 지치면 그제야 옆에 놓인 케이크가 눈에 들어왔다. 불합격 문구가 보이는 화면 앞에서 케이크 한 판을 놓고 우적우적 먹기 시작했다. 그렇게 승무원 면접에서만 여덟 번을 떨어졌으니, 케이크도 총 여덟 판을 해치운 셈이다.

그러나 그 후에는 비행이 너무나 익숙해졌고, 비행을 책임지는 객실사무장으로도 일했다. 가끔은 내가 그리던 승무원의 모습으로 잘 해내고 있는 것인지 자신이 없었다. 요즘도 카페에서 커피와 함께 케이크 한 조각을 곁들여 먹는 것을 즐긴다. 승무원 동료들과 각자 지난 비행 에피소드를 풀어놓으며 웃다가 한 입씩 먹기 바쁘다. 문득 케이크를 고르다 조각 케이크 옆에 한 판짜리 케이크를 보면 그때 생각이 난다. 혼자 울면서도 케이크 한 판을 꾸역꾸역 입으로 밀어 넣던, 그러면서도 포기할 수 없어 울음을 그치고 기어코 내일 있을 모의 면접 스터디 모임을 다시 신청하던 그때의 모습 말이다.

Q1
승무원이 되는 데 걸리는 시간은 몇 년 정도인가요?

"너는 얼마나 준비했었어?"
"난 한 번에 합격했어. 한두 달 정도 준비했나? 그냥 운이 좋았던 것 같아."

승무원이 된 후 동기나 선후배와 대화를 나누다 보면 내 기준에서는 이렇게 한 번에 합격했다는 사람이 가장 못마땅했다. 어떻게 한 번에, 그것도 그렇게 짧은 시간을 준비해서 승무원이 될 수 있을까? 2024년 기준 항공사의 객실 승무원 채용 공고 응시자격을 보면 다음과 같다. 공인 어학성적 소지자로 TOEIC 600점 이상항공사마다 기준 점수는 조금씩 다름, TOEIC Speaking LVL IM, OPIc LVL IM 이상, 우대사항으로 외국어 능력중국어와 일본어 우수자를 대우한다.

지원 자격인 어학 점수만 요건에 충족된다면 누구나 지원은 할 수 있다. 혹시나 하는 마음으로 지원했다가 덜컥 서류 합격이 돼서 그때부터 면접을 준비하고 합격해 비행하는 동료들도 종종 볼 수 있었다. 물론 그들 역시 서류전형부터 최종 합격까지 짧게는 1~2달, 길게는 3~4달의 시간 동안 치열하게 준비했겠지만, '한 번에' 됐다는 사실 자체가 내 마음을 불편하게 했다. 나도 내가 한 번에 될 줄 알았지만, 보기 좋게 1차 면접에서부터 탈락했기 때문이다. 이후 여덟 번의 낙방 끝에 아홉 번째 지원에 합격해 비행을 시작했다. 준비했던 총 기간은 10개월 정도다.

10개월이란 준비 기간은 한 번에 합격한 사람에겐 긴 시간으로, 몇 년을 준비한 사람에게는 짧은 시간으로 여겨질 것이다. 나는 이 10개월의 준비 시간 동안 하루하루를 성실하고 촘촘하게 채웠다. 항공사별로 노트와 스크랩북을 마련해 기업 분석한 내용을 빼곡하게 정리했고, 기출문제 및 예상 문제를 뽑아 1인 2역으로 묻고 답하는 연습을 했다. 면접 스터디 3~4개를 동시에 병행하며, 스터디를 하러 갈 땐 면접복과 9cm 구두를 챙겨 화장실에서 갈아입고 모의 면접에 임했다. 면접용 화장을 연습하기 위해 매일 풀메이크업을 했다. 어린아이처럼 말끝을 질질 끄는 습관을 버리기 위해 매일 아침 아나운서로 빙의해 원고 리딩 및 낭독을 연습했다. 치아가 보이게 활짝 웃는 연습도 시도 때도 없이 했다.

그렇게 준비하는 과정에서 국내 항공사뿐만 아니라 외국 항공사에도 지원해 보자는 생각을 가지게 됐다. 외국 항공사를 고려하게 된 계기는 국내의 저비용 항공사보다 압도적으로 큰 규모 때문이었다. 규모가 크니 비행 노선도 훨씬 많고 다양했다. 승무원 준비생 시절엔 비행으로 가장 먼 곳까지 날아가 보고 싶은 마음이 강했다. 일하면서 외국어를 사용할 수밖에 없는 강제적인 환경도 좋았다. 나는 '지금 당장', '굳이' 필요하지도 않은데, 자기계발 차원에서 외국어 공부를 하는 성향은 아니었다. 물론 언어를 배워두면, 여행할 때 도움이 될 뿐만 아니라 살아가면서 더 많은 기회를 잡을 수도 있다는 것을 알았다. 하지만 언제 갈지 모르는 여행과 어떻게 다가올지 모를 기회 때문에 미리 외국어 공부를 하기는 힘들었다. 그런데 외국 항공사에서 근무한다면, 일하는 동안 반드시 외국어를 써야 하니 공부할 수밖에 없을 거라고 생각했다. 그럼 자연스레 나의 능력치도 오를 것이라 믿었다.

그 시기 나의 모든 시간은 객실승무원이란 직업을 향해 있었다. 대학교 3학년 11월 겨울부터 시작했던 취업 준비는 4학년 8월 여름에 마침표를 찍었다. 입사는 3개월 뒤였다. 다행히 졸업 전에 합격해서 가벼운 마음으로 남은 학교생활을 즐길 수 있었다. 하지만 주변에는 졸업하고도 몇 년의 세월을 흘려보내고 객실승무직에 도전하는 사람들도 꽤 많았다. 20대 초반부터 승무원이 되기 위해 도전했지만 연이은 불합격 결과를 얻고 다른 직업을 전전하며 결국 다시 돌아온다거나, 또는 직장생활을 하면서 채용이 뜰 때마다 지원하는 식으로 말이다. 실제로 신입 승무원 합격자 중에는 30대 초중반의 합격생도 있다. 많은 건 아니지만, 소수로라도 30대 합격자가 분명 존재한다는 사실은 채용 가능성이 아예 없지는 않다는 것을 증명한다.

"10년을 기다렸습니다." 면접관인 나보다 나이가 훨씬 많았음에도 후배로 입사한 동료가 최종 면접에서 첫 문장으로 뱉은 말이다. 심지어 단호한 어조였다. 30대 초반이었던 후배는 20살 때부터 항공학과를 전공하며 승무원이 되고 싶었지만, 합격이라는 두 글자가 쉽게 손에 쥐어지지 않았다. 생활을 위해 다른 일을 하면서도 늘 가슴 한구석에 승무원이란 직업을 품고 살았다고 한다. 그래서 돌고 돌아 재도전을 하였고, 지금까지 경험한 모든 것이 결국 승무원이 되기 위함이었다고 생각한다며 간절한 속마음을 면접에서 허심탄회하게 밝혔다. 그는 그렇게 10년 만에 승무원이 되었고, 여전히 즐겁게 비행하는 삶을 만끽하고 있다. 최근 한 신생 항공사에서도 39살 지원자를 신입 승무원으로 채용해 화제가 된 적이 있다. 나이와 상관없이 비행을 향한 열정을 이어나가는 후배들의 모습은 내게도 긍정적인 자극이 되었다.

이후 나는 승무원이라는 꿈에 도전하는 사람들을 응원하고 싶은 마음에 면접 코칭을 시작했다. 그렇게 시작한 일이 다양한 연령대의 수강생과 인연을 맺을 수 있도록 도와주었다. 이제 막 승무원 준비를 시작하며 두려움보다 설레는 마음이 앞서는 친구가 있었고, 계속되는 서류 탈락으로 면접 기회조차 얻지 못해 자신감이 많이 떨어진 친구가 있었다. 서류 포함 면접까지 총 19번의 불합격을 하고 나를 찾아온 친구도 있었고, 6년 내내 채용이 뜰 때마다 지원하는 친구, 다니던 회사를 그만두고 승무원 준비에만 전념하는 친구도 있었다. 이렇게 승무원이란 목표 하나만을 바라보며 열렬히 도전하는 친구들을 마주할 때마다 나는 부끄러울 수밖에 없었다. 10개월 동안 8전 9기로 노력하다가 승무원이란 직업을 갖게 되었다며 오로지 내가 힘들었던 시간만 생각했던 것이다. 심지어 한 번에 합격한 친구들을 시기하며 '참 쉽게 합격했다'라고, 그들의 노력과 시간까지 가볍게 치부했다. 몇 년씩이나 승무원 채용문을 두드리고 또 두드리는 장수생들 앞에선 고작 10개월을 준비한 나 역시 애송이처럼 보일 터였다.

결국엔 사람마다 승무원이 되기까지 걸리는 시간은 천지 차이겠지만, 중요한 것은 준비하는 그 시간 동안만큼은 자기 자신에게 떳떳할 수 있느냐 아니냐로 나뉘는 것 같다. 어떻게 됐냐, 얼마나 걸렸느냐란 질문에 그저 "운이 좋아서 됐다."고 말하는 것보다 "내가 할 수 있는 최선은 다했다."고 말할 수 있는 모습이 훨씬 멋있으니까. 운에 기대면 노력하지 않게 된다. 온갖 불운에도 불구하고, 도전하고 부딪히며 무엇으로도 환원할 수 없는 가치를 스스로에게 부여하길 바란다.

Q2
승무원 채용 과정은 어떻게 되나요?

승무원 채용 과정은 면접이 상당히 까다로운 편이다. 대부분 국내 항공사가 면접을 2~3차까지 진행하고 있다. FSC 항공사인 대한항공 같은 경우, 서류 합격 이후 1차 면접을 온라인 PT로 실시한다. 3가지 문항을 미리 제시하며, 지원자는 문항에 따라 준비된 답변을 영상으로 촬영해 제출하는 방식이다. 2024년 상반기 신입 객실승무원 채용에서는 자기소개와 지원 동기, 면접 POOL(신규 취항, 기내 엔터테인먼트, 환경 경영, 기내식 신메뉴, 신규 기내 서비스) 중 1개를 선택해서 순차적으로 진행하도록 했다.

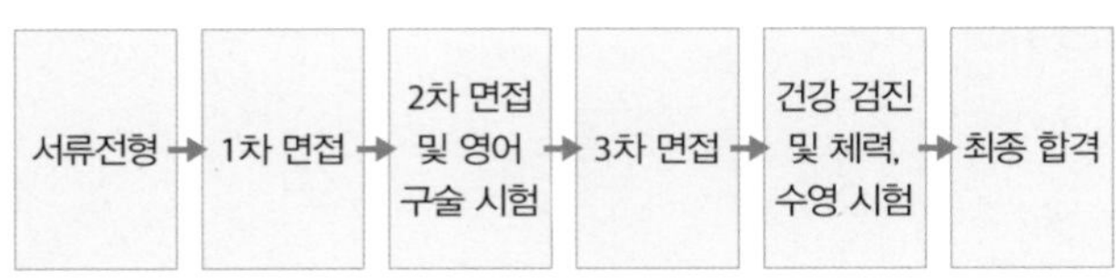

* 2차 면접 시 영어 구술 시험과 영문 기내방송문을 읽으며,
3차 면접은 유니폼으로 환복하여 면접에 임하고 인성 검사를 별도로 실시합니다.

1차 온라인 PT 면접의 제한 시간은 3분이다. 합격하게 된다면 2차 임원 면접과 3차 최종 면접을 보고, 건강 검진과 수영 테스트까지 통과하면 대망의 합격이다. 대한항공은

2차와 3차 대면 면접에서 지원자 모두 서서 공수두 손을 앞으로 모아 배꼽 높이에서 가지런히 모으는 자세를 한 상태로 면접을 본다. 보통 5~6명씩 들어가고 20분 내외로 진행되기에 지원자 한 사람에게 주어지는 답변 시간이나 기회가 짧다. 복장도 명시하고 있다. 남자 지원자는 정장, 여자 지원자는 자유 색상 반팔 상의에 단정한 스커트와 구두를 착용해야 한다.

반면 LCC 항공사인 제주항공이나 티웨이항공은 의자에 앉아서 면접을 본다. 복장도 대한항공에 비해 자유로운 편이다. 투피스를 비롯해 원피스와 바지까지도 모두 착용 가능하여 자신에게 잘 맞는 디자인과 색상의 의상을 착용하면 된다. 면접은 두 항공사 모두 3차까지 진행된다. 별도로 영어 면접을 보지는 않지만, 면접 도중에 갑자기 영어 질문을 받을 수도 있다. 1차 면접은 지원자 8명이 한 번에 들어가고, 2~3차 면접은 5명씩 들어가기에 역시나 개인에게 할당된 면접 시간은 짧은 편이다. 그만큼 승무원 면접에서는 짧은 면접 시간 동안 자기 자신의 능력과 자질을 효과적으로 표현할 줄 알아야 한다. 단시간 내에 얼마나 면접관들의 호감과 마음을 이끌고, 강렬한 인상을 남기는지에 따라 당락이 결정되는 것이다.

이외에 진에어와 에어프레미아, 에어서울과 에어부산은 2차까지 면접을 진행하고, 인성 검사도 함께 실시한다. 에어로케이는 조금 다른 방식으로 서류전형에 합격하고 나면 1차 면접으로 토론 면접을 진행한다. 이후에 2차 면접을 보고 신체검사까지 마치면 된다. 모든 항공사가 최종 합격 전에 체력 테스트와 신체검사를 하는데, 최근 항공사에서는 체력 테스트를 '국민체력 100' 체력검정 인증서 제출로 대체하고 있다. '국민체력 100'은 개인의 체력 상태를 과학적 방법으로 측정 · 평가하여 운동 상담 및 처방을 해주는 대국민 스포츠 복지 서비스이다. 만 11세 이상 대한민국 국민이면 누구나 참여 가능하며, 전국 76개소 체력 인증센터에서 무료로 검사할 수 있다. 체력측정 항목은 연령에 따라 상이하다. 기본적인 체격조건인 신장(cm), 체중(kg), 신체질량지수(BMI), 체지방률(%)부터 건강 관련 체력의 근력, 근지구력, 심폐지구력, 유연성, 민첩성, 순발력 등을 측정한다. 측정 시간은 보통 30~50분 정도 소요되며, 측정 후 결과에 따라 1~3등급의 인증서가 발급된다.

항공사마다 면접 절차가 조금씩 다르므로 가고 싶은 항공사의 직전 채용 공고를 확인하고 대비하는 게 가장 효과적이다. 하지만 면접 전형이나 과정이 조금 다르다고 해도 중요하게 보는 부분은 변하지 않는다. 항공사 객실승무원 채용에서는 필기시험이나 지식 테스트를 거치지 않는다. 인성 검사와 여러 차례 걸친 면접을 통해 지원자의 성향과 본래 가지고 있는 자질을 살펴본다. 회사의 이미지를 대표할 수 있는 신뢰 가는 목소리와 깔끔한 용모, 기내에서 당황스러운 순간에도 여유와 미소를 잃지 않는 태도, 수많은 승객을 응대하며 자신의 생각과 의견을 조리 있게 전달할 수 있는 화법 등을 보는 것이다. 그래서 나는 승무원 면접을 '종합 예술'이라고 일컫는다. 곧은 자세와 태도, 따뜻한 눈빛과 표정, 밝은 미소와 목소리. 이 모든 걸 균형 있게 갖추어서 자신감 있게 내보여야 하기 때문이다. 딱 하나에 뛰어나기보다 조화를 갖추어야 한다. 모든 면모를 준비된 모습으로 꾸리기 위해 "승무원 면접은 종합 예술!"이라는 문구를 기억하길 바란다.

Q3
취업을 준비할 때 항공사 선택은 어떻게 하나요?

항공사를 선택할 때는 기업 분석하는 시간을 통해 해당 항공사의 매력과 강점을 스스로 느껴야 한다. 사람마다 선호하는 바가 다를 것이기 때문이다. 그뿐만 아니라 본인이 회사에 다닐 때 가장 중요하게 생각하는 부분은 무엇인지 면밀히 점검해 봐야 한다. 같은 회사에 다니더라도 직업 가치관에 따라 업무 만족도는 천지차이다. 취업 준비생 시절에는 아무 항공사나 들어가기만 하면 좋겠다고 생각한다. 하지만 막상 그 회사의 일원이 되면, 회사의 단점 또는 나와 맞지 않는 사내 문화가 훤히 보인다.

다른 항공사로 이직을 하고 싶더라도 최소한 경력 2~3년은 쌓아야 경력직 승무원 채용에 지원할 수 있다. 2023년 두 차례에 걸쳐 이뤄진 티웨이항공의 경력직 채용에서는 객실승무원 5년, 7년 이상의 근무자로 지원 기준을 두기도 했다. 상당히 긴 기간이다. 따라서 처음 입사하게 된 항공사에서 어느 정도 경력을 쌓는 것도 중요하다. 자신의 직업 가치관과 비전이 잘 맞아야 오랜 시간 근무를 이어갈 수 있기 때문에 지원 전에 회사를 공부하는 시간이 필요하다. 더불어 본인의 스펙을 객관적으로 점검하고 가능성이 있는 회사에 지원할 줄도 알아야 한다.

항공사는 크게 국적 항공사와 외국 항공사로 나눌 수 있다. 국적 항공사는 한 나라에 소속된 모든 항공사를 뜻한다. 한국의 국적 항공사로는 대형항공사FSCFull Service Carrier, 저

비용항공사LCCLow Cost Carrier, 하이브리드 항공사HSC, Hybrid Service Carrier, 소형항공사가 있다. 대한항공과 아시아나항공은 우리나라 대형 항공사 중에서도 양대 산맥으로 자리 잡고 있다. 저비용항공사로는 에어부산, 에어서울, 에어로케이, 진에어, 제주항공, 티웨이항공이 있다. 에어프레미아는 중장거리 전문 하이브리드 항공사이다. 소형항공사로는 코리아 익스프레스, 에어포항, 에어필립, 하이에어가 있었는데 경영 악화 등의 이유로 현재는 모두 운항 중단된 상태다. 국내 항공사를 선택할 때 가장 크게 눈에 띄는 부분은 아무래도 회사의 규모일 것이다. 규모가 클수록 고용 안정성과 높은 급여를 보장하며, 해외로 나가는 비행 노선 역시 많고 다양하기 때문이다.

회사의 규모와 함께 따라오는 것이 바로 기업 문화다. 대형항공사는 수많은 직원의 위계가 잡혀있어 보수적이고 수직적인 문화를 지니고 있다. 어피어런스 규정 역시 보수적이다. 반면 저비용항공사 중에는 특히 수평적이고 가족적인 사내 분위기를 자랑하는 곳들도 종종 있다. 자신의 업무 스타일과 선호하는 기업 문화의 균형을 잡는 것도 중요하다. 복장 규정도 빼놓을 수 없다. 헤어 규정만 보더라도 한 대형항공사는 유니폼 상의 어깨선에 닿지 않는 단발 또는 쪽머리만 가능하다. 또 다른 대형항공사는 포니테일도 가능하기에 조금은 더 자유롭다. 한편 두발 자율화로 아예 머리를 풀어도 되는 항공사도 있다. 비행할 때마다 매번 엄격한 어피어런스 규정을 지켜야 하는 일은 승무원의 업무 피로도를 가중하기 마련이다. 자율적인 복장 규정에 따라 근무하고 싶다면, 큰 규모의 항공사보다는 저비용항공사가 적합할 것이다. 지방에 사는 사람은 지방 베이스가 있는 항공사를 공략하는 것도 방법이다. 티웨이는 대구, 부산, 청주 베이스가 있고, 제주항공과 진에어는 부산 베이스가 있으며, 에어부산은 부산이 거점인 항공사이다. 에어로케이 역시 청주 베이스다. 가족과 친구, 지인들과 멀리 떨어져 살고 싶지 않은 지방러들은 지방 베이스를 둔 항공사에 지원하면 되겠다.

한국인 승무원을 채용하는 외항사는 일본, 중국, 동남아, 미국, 유럽, 중동 등 여러 항공사가 있다. 일본은 JAL, ANA, PEACH 항공이 있으며, 중국은 동방항공, 남방항공, 에어차이나, 하이난항공이 있다. 동남아 쪽으로는 싱가폴, 필리핀, 가루다, 베트남 항공 등이 있다. 미국은 유나이티드, 델타 항공 등이 있으며 유럽으론 루프트한자와 핀에어, KLM 항공이 있다. 중동은 아랍에미레이트, 카타르, 에티하드가 대표적이다. 이 중에서 국내 베이스인 외항사, 즉 한국에 거주하며 비행을 할 수 있는 항공사는 ANA, 핀에어, KLM 정도밖에 없다. 그래서 경쟁률이 더욱 치열하지만, 국내에 계속 머무르며 살고 싶다면 도전해 볼 만하다. 반대로 거주하는 것도 괜찮다면 외항사 채용도 고려하는 것이 좋다.

Q4
면접 시 도움이 되는 강점과 장점은 어떤 것이 있나요?

본인의 장점을 말할 때 유독 부끄러워하는 사람이 있다. 장점을 자기 입으로 말하는 게 쑥스러운 것이다. 결과나 능력에 초점을 맞춰서 얘기하면 멋쩍을 수밖에 없다. 장점을 말할 때는 '과정'에 중점을 두고 말해야 한다. 그래야만 듣는 사람도 말하는 사람의 장점을 인간적으로 받아들이게 된다. 타고나길 완벽한 사람보다는 노력해서 이뤄낸 사람의 이야기가 더 매력적인 법이다.

세계적인 발레리나 강수진의 발 사진은 공개되자마자 화제가 되었다. 피멍과 흉터 범벅인 그의 발은 그간 얼마나 혹독한 연습을 하며 지냈는지를 여실히 보여준다. 축구선수 박지성의 발 사진에서도 갈라진 발톱과 딱딱하게 뭉친 굳은 살, 그리고 발가락과 발등의 수많은 상처를 볼 수 있다. 피멍 자국이 심한 김연아의 발목은 언론을 통해 몇 차례 공개되며 주목을 받았다. 십수 년의 무명 생활을 견딘 배우, 몇 년의 연습생 시절을 거쳐 겨우 데뷔한 아이돌까지… 대중은 강렬하게 노력한 사람들의 지난 이야기에 감동하며, 더 큰 찬사와 감탄을 보낸다.

장점을 말할 때 이와 같은 방법을 적용해 보는 것이다. 선천적으로, '내가 원래 이런 능력을 가지고 있다'라고 말해선 안 된다. 그것은 다짜고짜 나만 뛰어난 사람인 것처럼 잘난 척하며 말하는 꼴이다. 오히려 이 장점을 얻기 위해 내가 얼마나 노력했는지, 얼마나 어렵고 힘들었는지를 함께 말해야 한다. 그러면 단순한 자랑처럼 들리지 않는다. 듣는 사람도 부담 없이 편안하게 들으며, 그 이야기 속에서 배울 점까지 발견하게 만드는 방법이다.

리더십이 장점인 사람의 답변 : 친근함이 더해진 리더십으로 업무를 이끌 자신이 있습니다. 대학 시절 내내 팀 과제나 봉사활동 및 독서모임 등에서 총무나 모임장 역할을 자원하여 해냈습니다. 그 과정에서 조직에 속한 사람들과 소통하는 법을 몸소 체득하였기에, 앞으로는 함께하는 직원을 뚜렷하게 이끌어 가겠습니다.

영어와 중국어를 잘하는 사람의 답변 : 교환학생이나 어학연수 한번 다녀오지 않았지만, 영어와 중국어에는 자신이 있습니다. 매일 아침 30분씩 미국 뉴스와 라디오로 하루를 시작하며 영어를 익혔고, 중국 드라마는 대본집까지 챙겨 보며 통학하는 길에도 틈틈이 공부하였습니다. 꾸준히 공부하며 회화 실력을 길러온 만큼, 기내에서는 용기 내어 외국인 승객에게 먼저 다가가는 승무원이 되겠습니다.

첫 번째 답변자는 리더십이 자신 있다고 말하면서 동시에 리더십을 키우기 위해 어떠한 활동을 계속해 왔는지 덧붙였다. 이후에 그 과정에서 얻은 깨달음을 언급하며 마무리했다. 두 번째 답변자는 영어와 중국어를 잘하기 위해 노력한 모습을 구체적으로 보여주었다. 혼자서도 부단히 공부할 수 있었던 이유를 자신의 가치관과 연결했다. 장점을 갖추기 위해 애쓴 본인의 근면함을 내세우면, 겸손하게 보이기 마련이다. 이제 장점을 말할 때는, 결과를 이루기 위해 내가 한 노력에 주목하고, 어떻게 애써서 이뤄냈는지 경험을 말한 다음 깨달은 점까지 보태서 말하자. 포인트는 '잘난 척'이 아니라 내가 이뤄낸 방법을 다른 사람과 나눈다고 생각하는 것이다.

Q5
약점이나 단점은 어떻게 표현할 수 있을까요?

면접에서 어떤 단점을 말해야 할지 고민하는 지원자가 많다. 하지만 정작 중요한 건, 어떤 단점인지가 아니라 본인의 그 단점을 어떻게 인식하고 있느냐다. 누구나 단점이 있지만, 자신의 단점을 잘 알고 있는 사람과, 인지조차 못 하는 사람의 차이는 아주 크다. 면접관들이 궁금한 부분은 지원자가 자신에 대해서 부족한 부분을 객관적으로 파악하고, 이를 개선하기 위해 애쓴 흔적이다. 그러니 단점을 물어보는 질문에는 먼저 단점을 시원하게 인정부터 하면 된다. 단점이나 약점도 당당히 수용하는 자세를 갖춘 사람에게 인간적인 호감을 느낄 수 있음을 기억하자.

단점을 직접적으로 말한 이후에는 단점을 인식하게 된 계기를 꼭 말해준다. 그리고 그 단점을 고치기 위해 노력한 모습을 보여준다. 여기서 주의할 점은 단점을 완전히 극복하였다고 포장해서는 안 된다는 것이다. 극복했다고 말하는 순간 단점은 더 이상 단점이 아닌 게 된다. 단점을 장점처럼 그럴듯하게 말해서도 안 된다. '맡은 업무를 꼼꼼하게 처리하느라 시간이 오래 걸리는 게 단점이지만, 덕분에 업무 완성도가 높다'라는 식의 단점 말하기는 오히려 역효과를 일으킨다. 방어적인 태도로 면접관의 질문에 충실히 임하지 않은 답변이기 때문이다. 단점 답변에서는 자신의 단점을 잘 알고 있으며, 이를 받아들이고 조금씩 나아지기 위해 매진하는 부분을 언급하는 것으로 충분하다.

핸드폰을 많이 사용하는 사람의 답변 : 핸드폰을 만지다 저도 모르게 더 많은 시간을 소모하는 것이 저의 단점입니다. 핸드폰으로 유용한 정보와 재미를 얻는 것은 좋지만, 한 번씩 필요 이상으로 많은 콘텐츠를 소비하며 피로감을 느꼈습니다. 이를 파악한 저는 곧바로 사용 시간 차단 앱을 다운로드 했습니다. 이후 공부하거나 책을 읽어야 하는 등 정해진 시간에는 핸드폰을 사용할 수 없게 조치했습니다. 처음에는 조금 답답했습니다. 핸드폰을 향해 자꾸 손이 가는 욕구를 참는 것은 지금도 여전히 힘듭니다. 하지만 핸드폰 사용 차단 앱 덕분에 온전히 저 자신에게 집중하는 시간을 가지게 되면서 집중력도 향상되고 시간을 조금 더 효율적으로 활용하게 되었습니다.

업무 습득 속도가 느린 사람의 답변 : 일을 처음 배울 때, 업무 습득 속도가 느린 것이 저의 단점입니다. 이전 회사에서 인턴으로 근무하면서 제가 동기들에 비해 업무를 이해하는 속도가 꽤 더디다는 것을 알게 되었습니다. 그 격차를 줄이기 위해 저는 교육 전날에 미리 매뉴얼을 보면서 예습 및 공부를 하였습니다. 덕분에 점차 빠르게 낯선 업무를 받아들일 수 있었습니다. 앞으로도 저는 새로운 업무를 마주할 때마다 곧바로 부딪히며 배우기보다는 혼자서 숙지하고 공부하는 시간을 꼭 가질 것입니다.

2 승무원의 조건

"너도 승무원 한 번 해보는 거 어때? 잘할 것 같은데."

"내가 무슨 승무원이야~! 관심 없어."

대학교 입학 기념으로 가족과 제주도로 향하는 길이었다. 아시아나항공 기내에서 승무원들을 유심히 살펴보던 엄마가 운을 뗀 것이다. 평소 다른 사람에게 곧잘 다가가는 내 모습과 서비스직 아르바이트를 하며 즐거워하는 것을 알고 있기에 건넨 말 같았다. 하지만 나는 내 조건만으로는 승무원이 되기에 턱없이 부족하다고 생각했다. 항공학과 졸업, 높은 어학 성적, 큰 키와 출중한 외모, 수영 실력 등 무엇 하나 나와 맞아떨어지는 게 없었다. 그래서 애초에 마음을 닫아버렸다. 나와는 먼 이야기라고 생각했다.

그랬던 내가 승무원이 되어 3개의 항공사에서 근무하며 하나의 비행을 책임지는 객실사무장으로 비행했다. 지금은 그 이야기를 담은 책과 SNS 콘텐츠를 만들고 유튜브도 한다. 가끔 신기할 정도다. 나와는 거리가 멀어도 너무 먼 직업이라고 생각했던 일을 10년 가까이 하고, 그 일의 중심에 있다는 사실이 말이다. 몇 년 전부터는 전국의 중고등학교에 방문해 진로 강연을 이어가고 있다. 많은 학생이 제대로 꿈꿔보기도 전에 '승무원은 내가 할 수 없는 직업'이라고 여기고 있었다. 안타깝고 서글펐다. 할 수 없다고 생각하면 정말 할 수 없게 되기 때문이다. 엄마가 처음 승무원 직을 권했을 때의 내 모습을 보는 것 같았다.

제주도 여행이 과거의 일이 되었을 때쯤, 졸업반이 되어 직업을 모색하는 시기였다. 수도권 대학교의 문헌정보학과였던 나는 700점대의 토익 성적 말고는 내세울 스펙이 없었다. 어학연수나 교환학생도 한 번 다녀오지 않았고, 제2외국어 성적이나 특별한 자격증도 없었다. 그래도 월급을 많이 주는 회사에 들어가고 싶었다. 아이러니하게도 내가 가진 스펙으로 가장 노려볼 만한 직군은 대기업인 항공사의 객실승무직이었다. 객실승무직은 상대적으로 서류 합격이 쉬웠고, 면접에서 당락을 가르는 직군이었다. 그저 어려울 것이라고 생각했던 승무원 직무가 알아보면 알아볼수록 오히려 해볼 만하다는 생각이 들었다.

전공도 상관이 없으며 지원 자격은 공인 어학 성적만 있으면 되는데 이미 갖추었고, 키 작은 승무원도 꽤 있는 데다가 수영 테스트도 최종 면접에 합격한 뒤에 보는 거여서 문제 될 건 없었다. 합격 수기를 살펴보니 나보다도 훨씬 스펙이 적은 지원자가 합격한 사례도 왕왕 있었다. 너무 지레 겁을 먹었단 생각이 들었다. 곧바로 나의 강점과 부족한 점을 파악하고 면접 준비를 하기 시작했다. 채용 과정 및 전형과 면접의 흐름을 숙지하고 보니, 정작 준비를 시작할 때는 두려운 마음보다 '하다 보면 되겠다'라는 자신이 생겼다.

그 시기를 떠올릴 때마다 '할 수 있다'라는 낙관의 힘이 절실히 와닿는다. '지피지기백전백승知彼知己百戰百勝', 그를 알고 나를 알면 백 번 싸워도 백 번 이긴다는 말이 있다. 그런데 정작 제대로 알아보기도 전에, 도전해 보기도 전에 지레짐작으로 놓쳐버린 일들과 기회가 얼마나 많을지 생각해 보면 너무나 아쉽고 아깝다. 비단 승무원이 아니더라도 취미 활동이나 관심 분야도 마찬가지다. 막상 해보면 그렇게까지 어렵지 않을 수 있다. 내가 누구보다도 그 일을 잘해 낼 수도 있다. 어쩌면 승무원이 되기 위한 가장 중요한 조건은 무엇보다 "나도 승무원을 할 수 있다"라고 생각하는 단단한 마음가짐이 아닐까 생각한다.

Q1
승무원에 지원하는 데 나이 제한이 있나요?

나이 제한이 명시되어 있지는 않지만, 암묵적으로 어느 정도의 한계선은 존재하는 것처럼 보인다. 합격자들의 평균 나이가 여성은 24~25살, 남성은 28~29살이다. 물론 항공사마다 조금씩 차이는 있다. 여성 지원자 중 30살 이상의 합격생도 있으며, 남성 지원자도 30대 중반의 합격생들이 있긴 하지만 주류는 아니다. 상대적으로 나이가 많은 소수의 합격자도 있다는 것이지 무조건 많다는 소리가 아니라는 뜻이다.

항공사마다 나이를 대하는 방식이 다르다. 국내 항공사 중에도 나이에 관대하다고 알려진 곳이 있지만, 외국 항공사는 특히 지원자의 나이에 너그러운 편이라 승무원 경력이 아예 없는 30대 중반의 합격생들도 많다. 아무래도 승무원 면접에서는 인성과 서비스 역량 및 고객 응대 기술 등을 판단하기 때문에, 나이뿐만 아니라 그간 쌓아온 경험과 연륜을 살펴보게 된다. 하지만 항공사 승무원 채용에서 나이는 무시할 수 없는 중요한 기준이기에 조금이라도 더 늦기 전에 철저한 면접 준비로 합격할 수 있도록 무진 애를 써야 함은 분명하다. 고민하며 우물쭈물하는 사이에도 시간은 흘러가고, 그렇게 또 한 번의 채용을 놓치기 쉽다. 나이가 많다고 걱정하는 지원자들의 스펙이나 경험을 들여다보면 그마저도 준비되지 않은 경우가 허다했다. 나이가 많을수록 다른 어린 지원자들에 비해 돋보일 자신만의 강점을 갈고닦아 직접 보여줄 수 있어야 한다. 이는 어느 직군이든 마찬가지이다.

나 역시 마지막으로 근무한 항공사를 퇴사하고, 제1금융권의 은행원 직무에 도전해 잠시 근무한 적이 있다. 34살의 나이에 산업 및 직군 전환을 이뤄낸 것이다. 당시 입사 동기들은 대부분 20대였고, 내가 가장 나이가 많았다. 꽤 많은 나이임에도 불구하고 신입 행원으로 발돋움할 수 있었다. 무엇보다 나는 은행원이 되기로 마음 먹었을 때, '과연 내가 될 수 있을까?'라는 걱정만 하며 시간을 허비하지 않았다. 나이가 많은 만큼 허황된 말로만 주장하고 끝내선 안 된다고 생각했다. 면접 현장인 그 자리에서 직접 제작한 은행 로고송까지 들려드리며, 더욱 노련하고 준비된 모습을 보여줄 수 있는 부분에 집중했다.

나이가 꽤 있는 상황에서 승무원이 된 선후배들도 비행하면서 종종 만났다. 회사 생활을 몇 년 동안 하다가 또는 사업을 하다가 뒤늦게 객실승무원 직무에 도전한 케이스였다. 이들의 공통점은 나이가 많다고 지레 겁먹고 포기하지 않았다는 것이다. 오히려 자신이 가진 연륜과 노하우와 강점을 어필하기 위해 전략을 짰다. 프리랜서 아나운서로 근무했던 후배는 스스로 개발한 기내 방송문을 선보였고, 쇼호스트로 활약한 경험이 있는 선배는 기내에서 면세품 판매에 자신 있는 면모를 강조했다. 30살까지 어린이 미술학원 강사였던 동기는 기내에서 아이들에게 친근하게 다가설 수 있는 자세를 갖췄음을 면접관들에게 주장했다.

내가 정말 해보고 싶은 일이라면, 이런저런 핑계로 수많은 한 줄을 만들지 말고 그냥 해보는 자세도 필요하다고 생각한다. 해보지 않으면 모를 일이기 때문이다. 나이 많다고 떨어지는 거 아니냐고? 그럴지도 모른다. 그래도 혹시 붙을 수도 있는 거 아니냐고? 역시 그럴지도 모른다. 답은 그 누구도 모른다. 이 글을 읽는 당신이 시도를 해봐야만 알 수 있다. 나이가 많음에도 불구하고 끝끝내 합격하는 사람이 될지, 고민만 하고 머뭇거리다 "33살인 합격생도 있대!"라고 뒤에서 말하며 부러워만 하는 사람이 될지, 선택은 당신에게 달려있다.

Q2
출신 학교나 성적도 많이 보나요?

10년 동안 3개의 항공사에 다니며 많은 선후배 승무원을 만났다. 그들의 스펙을 언급하자면 SKY부터 지방 전문대까지 실로 다양했다. 승무원 업계에서 출신 학교는 중요하게 여겨지지 않는 편이다. 오히려 인간관계 능력이 더 중요시 된다. 승무원은 객실 서비스와 안전을 담당하며 좁은 기내에서 많은 사람을 상대한다. 팀을 이뤄 비행하는 항공사가 아닌 경우에는 매 비행마다 처음 보는 동료와 일하게 된다. 따라서 누구와도 무난하게 어울리고 승객을 향한 서비스와 봉사 정신이 있는 사람이 더 즐겁게 일할 수 있다. 그렇기에 어떤 직군보다 지원자의 성격과 품성에 주목한다. 대학의 간판 자체가 그 사람의 인성이나 성향을 나타내는 것은 아님을 항공사에서도 명확히 인지하고 있다.

다만, 승무원을 희망하는 지원자는 늘 넘쳐나기에, 기업은 엇비슷한 조건의 지원자 중 기왕이면 학교가 좋은 지원자를 선호하게 되는 것도 현실이다. 대학교는 중고등학교 시절의 성실함을 보는 척도로 작용하기 때문이다. 그러니 학교의 저명성이 조금 낮다면 또는 비슷한 스펙의 다른 지원자를 넘어서기 위해서라도 높은 어학 성적이나 자격증, 봉사활동, 서비스 경험을 쌓을 것을 권한다. 항공사 채용에서 학력 제한을 없앤 뒤로 고등학교 졸업자도 지원이 가능해졌지만, 실제 현장에서 비행하는 승무원의 스펙을 살펴보면 고졸은 거의 없는 상황이다. 고등학교 졸업자는 아르바이트나 직장을 병행하며 사이버 대학이나 학점은행제를 이용해 2년 또는 4년 학사 학위를 취득한 뒤 지원해 보는 것도 방법이다.

학점이 낮은 경우 서류 전형을 통과하더라도 면접에서 압박 질문이 다뤄질 수 있기에 대비해야 한다. 학교가 좋더라도 학점이 낮다면 오히려 가장 최근인 대학 시절에 학생의 본분인 학업을 소홀히 한 모습으로 비치기 쉽다. 실제로 면접에서도 학교가 왜 안 좋냐는 질문이 아니라 학점이 왜 낮냐는 질문이 자주 다뤄진다. 학점이 낮게 나온 것은 이미 지나간 과거이고 명백한 사실이기 때문에 먼저 깔끔히 인정부터 하는 게 바람직하다. 면접관의 말에 반박하거나 변명을 댄다면, 분위기만 안 좋아질뿐더러 이후 자신의 논리를 펼치기도 어려울 것이다. 학점이 낮은 부분을 인정한 뒤, 대학 시절에 본인이 얻은 점이나 그 과정에서 배운 점을 말해주면 된다.

질문 : 학점이 낮네요?

답변 : 네, 맞습니다. 대학교 시절 학교 수업과 과제에 집중하

기보다 친구들과 어울리는 시간을 많이 가졌습니다. 친구에게 힘든 일이 생기면 바로 만나러 갔고, 만나기 어려운 상황이면 밤새 통화를 하기도 했습니다. 그러다 보니 높은 학점을 유지하지는 못했고, 이는 제가 반성해야 할 부분입니다. 하지만 그렇게 살아온 덕분에 지금 제 곁에는 힘이 되어주는 친구들이 있습니다. 처음 자취를 시작하던 날, 친구들이 이사를 도와주어서 이삿짐센터를 부르지 않았습니다. 아버지가 돌아가셨을 때는 몇 날 며칠을 친구들이 곁에서 지켜주었습니다. 사회생활도, 사는 일도 결국 함께하는 거라는 걸 그때 깨달았습니다. 친구들과의 돈독한 관계를 통해 인간관계의 비법은 먼저 마음을 열고, 주는 것임을 배웠습니다. 비록 학점은 낮지만 사람을 향한 저의 마음가짐과 태도는 승무원으로 근무할 때도 도움이 될 것이라고 생각합니다."

Q3
관련 학과를 졸업하는 게 좋은가요?

승무원 입사 경쟁률은 100:1, 더 높을 때는 150:1 수준이다. 이렇게 많은 지원자가 몰리는 까닭은 전공과 무관하게 지원할 수 있는 직업이기 때문일 것이다. 승무원은 입사 후 두세 달의 교육을 마치면 비행할 자격이 주어지기에, 입사 전 반드시 취득해야 할 자격증이나 학위는 없다. 어떠한 전공이든 승무원이 될 수 있다는 말이다. 실제로 비행하면서 만났던 동료들의 전공은 건축학과부터 식품영양학과, 화학과 등 너무나 다양했다. 나 역시 문헌정보학과를 전공했다. 그러나 채용하는 과정에서는 지원자를 파악해야 하므로 전공을 아예 무시할 수는 없다.

질문 : 미술을 전공하셨는데, 이게 승무원 직무에 어떻게 도움이 될까요?

답변 : 하나의 작품을 완성하기 위해 길러온 끈기와 인내심이 승무원 직무에 도움이 될 것이라 자신합니다. 저는 순수미술을 전공하며 한 작품을 만드는데 6개월 이상을 바친 경험이 있습니다. 그 시간 동안 조급한 마음으로 작업을 완수하는 것에만 초점을 맞추지 않았습니다.

스스로 만족할 수 있는 완전한 작품을 위하여 정성을 쏟았습니다. 이처럼 목표를 향해 오랜 시간 버티는 저의 정신은 강한 지구력이 요구되는 승무원 직무에서 더욱 뛰어나게 발휘될 것입니다.

질문 : 회계학과가 승무원이랑 무슨 연관이 있죠?

답변 : 꼼꼼하게 살피며 한 번 더 확인해야 하는 업무 특성이 승무원과도 관련이 있다고 생각합니다. 객실승무원은 기내에서 수많은 승객을 동시에 응대하기에 실수 없는 정확한 서비스를 제공해야 합니다. 저는 회계 전공으로 숫자를 다루며 주의력 깊은 태도를 길렀습니다. 또한, 기내에서 각종 유상 판매에 있어서도 저의 빠른 계산 능력이 신속한 서비스에 도움이 될 것이라 확신합니다.

위의 대화는 내게서 면접 컨설팅을 받은 수강생의 실제 답변 예시다. 어려서부터 승무원이 꿈인 친구들은 항공학과에 진학해 미리 승무원의 업무를 파악하고 비행 실습까지 나간다. 하지만 개인적인 생각으로는 직무 자체가 전공과 무관하게 지원 가능한 만큼, 대학 시절에는 다른 전공을 공부하며 경험과 사고의 폭을 넓히는 것이 더욱 유익하다고 생각한다. 진로 방향은 얼마든지, 언제든지 바뀔 수 있기 때문이다. 훗날 승무원이 아니라 다른 직업에 도전하고자 한다면 '승무원'이라는 특정 직업에 초점을 맞춘 항공학과는 불리할 수 있다. 다른 학과에 진학하더라도 전공으로 키운 자신의 역량과 승무원이라는 직무 특성의 연관성을 찾아내어 꼭 정리해두길 바란다.

Q4
취업 학원이나 과외 수강이 꼭 필요할까요?

현재 승무원 지망생들을 지도하는 면접 컨설팅 사업을 하고 있지만, 그럼에도 불구하고 나는 학원이나 과외 수강이 필수라고 생각하지 않는다. 무엇보다 중요한 건, 승무원이 되고 말겠다는 자신의 의지와 그 의지를 실현할 계획, 그리고 실천이다. 승무원 학원 수강료는 상당히 비싼 편이다. 보통 6개월에서 1년 기간으로 2~300만 원 정도다. 합격할 때까지 무제한 수강을 공략으로 내걸지만, 크게 도움을 받지 못한다고 느껴 도중에 그만두는 수강생들도 많다. 과외는 천차만별이지만 한 달에 3~40만 원 수준이고, 70만 원 이상까지 나가는 곳도 있다.

나는 승무원을 준비하던 시절에 학원이나 과외를 다닐 형편이 안 되어서 혼자 준비했다. 대신 스터디 4개를 동시에 진행했다. 운 좋게도 학원이나 과외를 다녀본 스터디 조원들이 기업 분석 및 답변 자료를 공유해 주었다. 국내 항공사에서 외국 항공사까지 준비하기 시작했을 때는 영어 회화 학원을 알아보았다. 원어민과의 수업은 비용이 많이 들어 쉽게 접근할 수 없었다. 결국은 수강을 하지 않기로 결심하고, 영어 면접 대비용 책을 2권 구매했다. 책을 통째로 달달 외우면서 다니던 어느 날이었다. 횡단보도에서 신호를 기다리는데, 누군가 옆에서 슥- 전단지를 들이밀었다. 별다른 감흥 없이 받으면서 전단지를 준 사람을 쳐다보았다. 순간 입이 떡 벌어졌다. 무료로 영어를 배울 방법이 여기 있었는데, 왜 미처 생각 못 했는지 바보 같았다.

전단지를 배부하던 사람은 동네 교회의 선교사였다. 선교사들은 이웃 주민에게 영어를 무료로 가르쳐 주고 있었다. 물론 그들의 목적은 전도였겠지만, 나는 나의 목적인 회화 선생님을 구하기 위해 교회로 찾아갔다. 선교사들은 환한 웃음으로 맞이해 주었다. 나는 ANA항공 면접을 목전에 앞두고 있었기에 다짜고짜 영어 면접을 도와달라고 했다.

"물론이지. 그런데… 그러면 너도 성경 공부를 해야 해."

과연 호락호락하지 않았다. 무교였지만 그렇게 하겠다고 말했다. 심지어 성경 공부도 영어로 하고 싶다고 했다. 당시에는 영어 공부를 향한 집념 하나로 적극적이게 달려들었지만, 혹시라도 이상한 단체라면 언제든지 발을 뺄 생각이었다. 선교사들은 면접관의 역할로 면접 예상 질문을 던졌고, 나는 서툴더라도 영어로 대답했다. 그들은 내 답변에서 수정할 부분이나 보충되었으면 하는 내용들을 짚어 주었다. 여전히 부족했지만, 원어민과 영어로 대화를 나누는 시간을 최대한 활용하고자 틀리더라도 마구 내뱉었다. 그러면서 점차 영어로 말하는 자신감을 가지게 된 것 같다. ANA항공 최종 면접 전날에도 선교사들과 함께 면접을 준비했다.

최종 면접인만큼, 면접장에 들어서자 총 7명의 면접관이 기다리고 있었다. 영국인 1명, 일본인 3명, 싱가포르인 3명으로 구성된 면접관들이었다. 7:1로 30분 가까이 면접을 보았는데 떨리기보다는 재밌었다. 면접관의 질문에 서투른 영어로 신나게 말했다. 면접을 마무리하는 시점엔 가운데 앉아계신 면접관님께서 나를 쳐다보며 빙긋 웃었다. "영어를 굉장히 잘하는 편은 아니라는 거 알겠어요. 하지만 괜찮아요. 기내에서는 영어로도 소통이 불가한 승객들이 많거든요. 그런데 은빈 씨는 언어로 소통이 어려운 승객과도 기꺼이 소통하실 수 있을 것 같네요." 그 말에 나는 고개를 세차게 끄덕였다. 면접을 마치고 나오자 면접 인솔자가 대체 안에서 무슨 이야기를 했길래 몇 번이나 웃음소리가 크게 터졌느냐고 물어보기도 했다.

분명 나의 영어는 완벽하지 않았지만, 자연스럽게 주고받은 소통과 농담이 면접 분위기를 띄웠다고 생각한다. 선교사와 매일 같이 가볍게 나누었던 대화 덕분일 것이다. 그렇게 난 ANA항공 최종 면접에 합격했다. 선교사들에게는 지금도 고마운 마음이 크다. 그리고 무엇보다 그 당시 나의 밀어붙이는 정신이 큰 역할을 해냈다고 믿는다. 영어를 배우겠단 집념 하나로 생전 다니지도 않던 교회를 매주 나가며 성경 공부도 영어로 했으니까 말이다. 그때의 나는 무조건 직진이었다. 승무원이 되고 싶었고, 된다고 철석같이 믿으며 앞만 보고 달렸다. 다른 친구들처럼 학원이나 과외를 다닐 여유도 되지 않았기에 더욱 스스로를 몰아붙였던 것 같다.

요즘에는 혼자서 영어를 공부할 수 있는 유용한 앱 및 유튜브나 블로그, 전 · 현직 승무원들의 저서와 같이 다양한 매체를 통해서 정보를 얻을 수 있다. 자기 객관화만 잘한다면 혼자서도 충분히 준비할 수 있다고 생각한다. 다만, 의지가 약하거나 혼자서 잘할 자신이 없다면 강제적인 환경 설정을 위해서라도 학원이나 과외의 도움을 받길 추천한다. 하지만 수강 전에는 꼭 강사의 약력과 수업 커리큘럼 및 수강 후기를 주의 깊게 살펴보길 당부한다. 무엇보다 본인이 배운 걸 제대로 소화한 다음 고치려고 하는 능동적인 자세가 가장 중요하다. 아무리 좋은 내용이 담긴 콘텐츠이더라도 한번 보고 말면 헛노릇이다. 뛰어난 강사와 커리큘럼을 만났더라도 배운 대로 실천하지 않는다면 쓸모없는 일이다. 면접엔 결국 나 혼자서 들어가 여유 넘치게 자기 자신을 내보여야 하는 만큼, 나라는 사람 그 자체를 무기로 만들 수 있도록 근실히 갈고 닦기를 바란다.

Q5
경험이 많은 지원자와 스펙이 좋은 지원자 중 누가 더 유리한가요?

서류전형에 합격하기 위해서는 어느 정도 스펙을 갖춰야 하는 것이 현실이다. 특히 제주항공이나 티웨이항공 같은 경우엔 서류 합격률이 낮은 편이다. 토익, 토스, 오픽은 물론이고 제2외국어 성적과 증빙 가능한 대외 활동 및 서비스 경력을 쌓는 게 기본인 요즘이다. 채용 담당자가 몇천 명에서 많게는 1만 명이 넘는 지원자를 가려내려면 스펙을 먼저 보는 것이 가장 수월하다. 그렇다면 우리도 그에 맞춰 일정 요건을 갖춰야 할 것이다.

하지만 서류 합격을 한 이후 면접에서는 드러낼 수 있는 경험이 중요하다. 면접에서는 계속 지원자의 경험을 물어본다. 타인을 위해 희생한 경험, 최근에 실수했던 일, 지난 삶에서 후회하는 부분, 직장 내에서 발생한 갈등을 해결한 노하우, 나를 가장 힘들게 했던 동료나 고객 등등 인성 면접의 모든 질문과 답변에서 경험을 빼놓을 순 없다. 면접관들이 주목해서 보는 것은, 과거의 경험을 통해 이전보다 단단해진 지원자의 모습이다. 여러 경험을 바탕으로 성장한 지원자는 자신만의 주관과 소신이 뚜렷한 느낌을 준다.

반면 별다른 경험도 없이 사회생활을 할 준비가 안 된 것처럼 보이는 지원자는 승무원 면접에서 특히 치명적이다. 기내에서 우리가 마주하는 승무원의 성숙하고 세련된 모습과는 상반되기 때문이다. 내가 세 번째로 근무한 항공사에서 만난 동기는 이전에 대한항공에서 근무한 승무원이었다. 막 입사했을 당시 어미를 길게 끄는 어린아이 같은 말투가 조금 남아있는 동기였는데, 아니나 다를까 대한항공에서 교육받던 때 교관에게 크게 혼난 적이 있었다고 한다. 승무원은 평소 친절하고 간결한 문장으로 승객을 응대하지만, 안전 문제에 관련해서는 단호한 표정과 말투를 구사해야 한다. 귀엽고 애교 있는 승무원보다는 믿음직한 승무원의 모습이 승객들에게도 안정감을 주기 마련이다.

합격 후 교육을 받는 기간부터 실제 비행하는 현장에 이르기까지, 승무원이라는 직업에서는 경험으로부터 비롯된 본질이 중요하다. 유니폼을 입고 비행할 때는 승무원 개개인의 이력이 전혀 보이지 않고 상관도 없다. 기내에서 아무 효력도 발휘하지 못하는 경력보다는, 지난 경험을 본보기로 삼아 기내에서 발생하는 별의별 응급 및 위급 상황에 어떻게 대처하는지가 더욱 요긴하게 쓰인다. 자기 자신이 객실승무원의 직무에 잘 맞는지 알아보기 위해서라도 서비스 및 안전 관련 경험은 필수이다. 일정한 수준의 내력을 만들었다면 경험을 놓치지 않기를 바란다. 결국, 면접이나 실제 업무에서는 한 줄 스펙보다 그 사람이 가지고 있는 가치와 판단력이 절실하기 때문이다.

3 승무원의 준비

'이번에는 될 줄 알았는데, 대체 나는 뭐가 문제인 거지?' 면접에서 떨어질 때마다 스스로를 문제 삼았다. 서류보다 면접에서 떨어졌을 때 타격이 더 컸다. 마치 나라는 사람 자체가 부정당하는 기분이 들었다. 나름 잘 봤다고 생각한 면접에서 불합격이란 고배를 마시면 증세가 더욱 심해졌다. '아쉽게도 채용 계획에 따른 정해진 인원을 선발할 수밖에 없다 보니, 금번 전형 결과는 합격 소식을 전해드리지 못하게 되었습니다.' 언젠가부터는 회사에서 순화하여 적어둔 불합격 메시지에도 익숙해졌다. 그렇게 이어지는 불합격이 일곱, 여덟 번째가 되었을 땐 결국 불합격임을 알리는 문구를 다 읽지도 않고 창을 꺼버렸다.

불합격의 아픔으로 마음에도 굳은살이 생기고 무뎌져서일까. ANA항공을 준비하던 시점에는 '꼭 합격해야지!' 하는 각오보다 '할 만큼 했다'라는 마음이 앞섰다. 누구보다 열심이었다고 자부하기 때문이다. 매일 쪽머리와 풀메이크업을 연습해서 면접 스터디에 나갔고, 가방에는 합격 수기를 부적처럼 가지고 다녔다. 발성과 발음 훈련을 비롯해 어린아이 같은 말투를 고치기 위해 뉴스 대본을 아나운서처럼 읽고 또 읽었다. 아침, 저녁으로 항공 관련 기사와 항공사 홈페이지를 하나하나 살펴보며 분석하고 정리했다. 이렇게까지 노력했는데도 안 되면 내 길이 아니란 생각도 들었다.

그래서일까. ANA항공 최종 면접의 날, 이전까지 면접에서 덜덜 떨었던 나는 이상하리만치 그날만큼은 마음이 평온하고 여유로웠다. 면접장에 들어서자 7명의 면접관이 나를 바라보았고, 이윽고 첫 질문이 이어졌다.

"What do you think passengers will think as soon as they board on the plane and see you? 승객들이 기내에 탑승해서 너를 보자마자 무슨 생각을 할 것 같아?"

어느 때보다 긴장하지 않았던 나는 7명의 면접관을 쭉 번갈아 보며 이렇게 답했다.

"As you can see, I have a million dollar smile. See? See? A million dollar smile~(^▽^) 보다시피 나는 백만 달러 미소를 가졌어. 보이지? 그치? 이게 바로 백만 달러 미소야~!"

그러자 7명의 면접관이 슬쩍 미소를 지었는데, 가운데 앉아있는 면접관이 농담조로 반박했다.

"I think it's a $1 smile~! 그래? 1달러 아니고~?"

이 말에 모든 면접관이 웃음을 크게 터뜨렸고, 나도 재미있다는 듯 웃으며 답변을 이어나갔다.

"My smile is worth a million dollars. That's why I feel confident that passengers will sense a warm welcome the moment they see me. I take pride in creating that impression! 내 미소는 백만 달러와도 같아. 그래서 승객들은 나를 보자마자 환대받는다는 느낌을 받을 거야. 그리고 그렇게 만들 자신이 있어!"

면접관들은 여전히 웃으면서 고개를 끄덕였다. 면접장의 분위기는 순식간에 유쾌함으로 가득 찼다. 덕분에 나는 가뿐하게 면접관의 다음 질문에도 답할 수 있었다. 이후 ANA 항공 최종 합격 발표가 있는 날, 나는 신사동 가로수길 한복판에 있는 카페 2층 구석에 앉아 만나기로 한 친구를 기다리고 있었다. 친구가 늦기에 계속해서 메일함이나 확인해 보는데, 변함없이 0통이던 메일함에 새로운 메일이 도착해있었다. "Job Offer" 메일함을 열자 '합격'을 축하한다는, 내가 그토록 바라던 "합격하셨습니다."라는 문구와 함께 입사 안내 일정이 적혀있었다.

나는 당장이라도 소리를 지르고 싶었지만, 카페에서 소리를 내지를 수는 없었기에 화장실로 달려갔다. 그리고 바로 엄마에게 전화를 걸었다. '뚜르르뚜르르' 신호음과 함께 맥박까지 빨리 뛰는 기분이었다. 엄마가 전화를 받자마자 외쳤다.
"엄마! 엄마! 나 합격했어!"
"뭐?"

"나 합격했다고. 최종에서 드디어 합격했다고!"

반은 웃고 반은 울며 엄마에게 합격 소식을 전하는데, 한 여자가 화장실 칸에서 나오며 나를 쳐다봤다. 나는 그 여자에게도 자랑하고 싶은 마음에 그녀를 의식하며 다시 외쳤다.

"나 일본 최고 항공사 ANA항공의 승. 무. 원으로 합격했다고오~!"

무슨 생각에서인지 몰라도 그때는 그 여자도 나를 부러워할 것이라고 짐작했다. 흥분한 마음으로 콧바람을 훅훅 내뿜으며 화장실에서 나왔다. 뒤늦게 도착한 친구에게 합격 메일을 보여주며 호들갑스럽게 웃고 떠들던 기억이 난다.

ANA항공 승무원이 된 이후에는 합격이라는 말과 멀어질 수 있을 거라고 생각했는데, 입사 후에도 또 다른 시험과 과제가 무수히 남아있었다. 3개월 교육 동안에는 매일 보는 시험에서 PASS를 해야 했다. 국내 항공사에서 일하고 싶은 마음에 이직 시험도 봤다. 합격한 회사도 있고, 불합격한 회사도 있다. 그때부터 나는 합격 여부와 무관하게 오로지 마음이 내켜서 하는 일들을 수집했다. 내가 좋아해서 기어코 시간을 내는 일. 오랜만에 만나는 친구에게 손편지를 끄적이거나, 일기를 쓰거나, 음악도 듣지 않고 멍하게 공원에 앉아있는 일. 누구에게 보여주기 위해서가 아닌 내가 사랑하며 살기 위해 하는 일 같은 것들을 말이다.

앞으로도 나는 단순히 합격에 기뻐하는 사람이 아니라, 내가 좋아하는 일과 사람 덕분에 기뻐하는 사람으로 충실하게 살아가고 싶다. 해야만 하는 일들로 무료하게 생활을 이어나가는 것이 아닌 진짜 나답게 살 수 있는 삶을 말이다. 어쩌면 이 책을 읽는 승무원 준비생들도 승무원이 되기 전까지는 취업 외의 모든 일이 무의미하게 느껴질지도 모르겠다. 하지만 승무원 이후의 인생만이 진짜 삶이 아니듯, 지금의 삶 또한 기꺼이 버려져도 되는 시간은 아니다. 승무원을 준비하고 꿈꾸는 지금의 이 순간을 조금 더 아끼며 의미 있게 보내기를, 지금 이 자리에서도 행복하기를 바라는 마음이다.

Q1
면접에서 자주 나오는 질문은 뭐가 있나요?

국내 항공사의 승무원 면접은 다 대 다多:多 형식이다. 1차 실무 면접은 면접관이 1~2명에 지원자가 5~8명이다. 2차 임원 면접과 3차 최종 면접은 면접관 2~3명에 지원자 5~6명으로 진행된다. 대한항공은 모든 면접을 지원자가 제자리에 서서 보는 방식이고, 최종 면접은 유니폼으로 환복하고 진행한다. 티웨이항공이나 제주항공 같은 경우에는 공통 질문을 하나 받고 답한 뒤, 의자에 앉아서 면접을 본다. 담요도 준비되어 있어 치마를 입은 지원자는 다리 위로 담요를 편안하게 덮을 수도 있다.

공통 질문을 받았을 때는 옆 지원자의 말을 경청하며 크게 겹치지 않는 선에서 답할 수도 있어야 한다. 예를 들어, '승무원의 자질은 무엇이라고 생각하나요?'라는 질문을 공통으로 받았다고 가정해 보자. 본인이 6번이나 7번이라면 다행히 생각할 시간이 있을 것이다. 그런데 자기 할 말만 골똘히 생각하다가 정작 앞 지원자들의 말을 듣지 않아 3번 지원자와 똑같이 '팀워크'를 말해버린다면 어떨까. 사고력이나 창의성이 떨어져 보일 수밖에 없다.

승무원의 자질로는 안전 의식, 서비스마인드, 희생정신, 관찰력, 상황 대처능력, 순발력, 소통, 어학 능력, 체력 등 무수히 많은 점을 뽑을 수 있다. 자신이 원하는 직무에 대한 충분한 이해와 사유를 바탕으로 다른 지원자와 중첩되지 않는 답변을 떠올려서 말할 수 있어야 한다. 그럼 면접에서 자주 나오는 질문의 유형을 나눠서 살펴보자.

이력 및 경력 : 지원자가 서류에 기입한 사항, 즉 취미와 특기부터 시작해 학력, 전공, 학점, 어학 점수, 자격증, 해외경험, 학내 · 외 활동 사항, 경력 등을 참고하여 물어보는 질문이다.

- 지원자의 전공이 객실승무원으로서 근무할 때 어떻게 도움이 될 수 있나요?
- 제2외국어 점수는 없나요?
- 분노조절상담사와 감정노동관리사, 이 자격증은 왜 취득한 거예요?
- 교환학생 시절 가장 힘들었던 때는 언제인가요?
- 이전에 했던 일은 적성에 잘 맞았나요?

인성 및 태도 : 지원자의 평소 생활 습관 및 성향을 파악하기 위한 질문이다.

- 가치관 또는 생활신조가 어떻게 되나요?
- 본인의 장단점은 무엇인가요?
- 스트레스를 받으면 어떻게 관리하나요?
- 다른 사람과 갈등이 생겼을 때 어떻게 해결하나요?
- 인생의 목표가 무엇이고, 그걸 이루기 위해 어떤 노력을 하고 있나요?

지원회사 분석 : 지원하는 회사를 향한 관심과 애정을 바탕으로 기업 분석을 얼마큼 했는지 살펴보기 위함이다.

- 우리 항공사의 경쟁사는 어디인가요?
- 이 회사에서 이루고 싶은 꿈이 있나요?
- 취항 노선 중에서 가장 가고 싶은 곳과 그 이유를 말해주세요.
- 우리 항공사가 앞으로 나아가야 할 방향은 무엇일까요?
- 항공 관련 최근에 본 기사나 이슈에 대해 알고 계시는 것 말해주세요.

승무원 직무 : 자신의 성향과 강점을 정확하게 파악하고, 그것을 토대로 객실승무원의 업무를 잘할 수 있을지를 보기 위해 꼭 물어보는 질문이다.

- 승무원의 자질 중에서 가장 중요한 건 뭘까요?
- 본인이 면접관이라면 어떤 지원자를 뽑으시겠어요?
- 어떤 승무원이 되고 싶은가요?

- 승무원이 되어 이루고 싶은 최종 목표가 무엇인가요?
- 서비스에 대한 본인만의 정의를 내려주세요.

롤플레잉 질문 : 기내에서 발생할 수 있는 상황을 제시한 뒤, 지원자가 승무원으로서 어떻게 해결할 것인지를 위한 질문이다. 지원자의 순발력과 융통성을 테스트하기 위해 종종 나온다. 비행 경험이 없는 지원자들에게 정확한 정답을 원하는 것은 아니다. 승무원으로서 일할 수 있는 기본적인 서비스 마인드와 상황 대처 능력을 가졌는지 파악하기 위함이니 꼭 정답을 말해야 한다는 부담은 가지지 않아도 된다.

- 손님이 기내에서 흡연을 원하면 어떻게 하실 건가요?
- 승객이 계속해서 반말로 무례하게 대한다면 어떻게 대처하실지 말씀해 주세요.
- 식사 서비스 도중에 기내식에서 벌레가 나왔다면 어떻게 하실 건가요?
- 아이를 안고 있는 어머니 승객이 뜨거운 커피를 달라고 한다면 어떻게 응대하시겠어요?
- 어머니 승객이 아이 기저귀를 화장실이 아니라 좌석 테이블에서 갈고 있다면 어떻게 하겠어요?

이외에도 항공사의 기종이나 유니폼, 광고와 관련된 질문 역시 종종 나온다. 최근 이슈되고 있는 사회 문제나 시사

상식을 묻기도 한다. 승무원 면접에서는 다뤄지는 질문의 폭이 넓으니 다방면으로 열린 마음과 주의를 가질 필요가 있다. 질문 유형별로 자신만의 의견과 경험을 미리 잘 정리해두어야 실제 면접에서 유연하게 사고하며 답할 수 있을 것이다.

Q2
평소에 할 수 있는 면접 준비 방법도 있을까요?

서류 합격으로 면접 볼 기회를 잡게 된다면 더욱 집중해서 준비해야 한다. 하지만 많은 사람이 오히려 면접을 앞두고 넋이 나간다. 면접 기출문제를 보는데 대체 무엇부터 말해야 할지 감도 잡지 못한다. 기내에서 서비스를 제공할 객실승무직 면접에서 가장 자주 나오는 질문은 본인이 경험한 최고의 또는 최악의 서비스가 무엇이냐는 질문이다. 지원자가 경험한 서비스 외에도 자신이 제공한 최고의 또는 최악의 서비스를 묻기도 한다. 이력서를 보면 서비스 관련 직종에서 많은 경험을 했음에도 불구하고 제대로 말하지 못하는 지원자가 대다수다. 진짜 자신의 경험과 생각에서 비롯된 신념이 아니라 SNS상에서 돌아다니는 그럴듯하게 보이는 말만 늘어놓는다.

왜 이런 문제가 발생하는 걸까. 업무 지식이나 정보를 묻는 어려운 문제도 아닌데 왜 우리는 입을 떼기가 어려운 걸까. 기출문제를 앞에 두고 백지에서 생각하기 때문이다. 승무원 면접에서는 주로 지원자의 경험이나 인성을 파악하기 위한 질문을 다룬다. 지원자는 어떠한 경험을 통해서 나라는 사람이 형성되었는지 보여줄 수 있어야 한다. 하지만 경험이라는 건 분명 내가 온몸으로 겪어낸 것임에도 불구하고 시간이 지나면 흐려지고 옅어지기 마련이다. 때로 어떤 경험은 생각조차 나지 않는다. 내가 받았던 최고의, 최악의 서비스는 뭐였지? 이 질문 하나를 두고 책상 앞에 앉아 '백지에서' 떠올리는 일은 애초에 힘든 일이다.

그래서 우리는 평소 일상에서 경험한 과정을 나만의 것으로 정리하는 습관을 가져야 한다. 면접 준비를 하는 방법으로 일기 쓰기처럼 도움 되는 것이 없다. 하루의 마무리를 하는 저녁 시간에 그날 하루를 돌아보고 인상 깊었던 혹은 의미 있었던 일을 다시 한번 되짚으며 쓰는 행위는 내 안에 쌓인 경험을 미리 정리하는 데에 큰 도움이 된다. 단 한 줄씩이라도 남겨야 한다. 면접 직전에는 그 한 줄이라도 있는 사람과 없는 사람의 차이가 매우 커진다. 일기를 면접 답변으로 직결시키는 방법도 있다. 일주일을 보낸 뒤, 그간의 경험을 돌아보며 면접에서도 유용하게 활용하거나 연결 지을 수 있을 것 같은 에피소드를 골라 미리 면접용 답변으로 작성해 보는 것이다. 그렇게 하면 훨씬 더 생생한 답변을 구성할 수 있다. 게다가 면접 기출문제는 너무 많으므로 모든 문제에 답변을 작성하는 건 현실적으로 불가능하다. 하지만 강렬한 경험이 잘 정리되어 있으면, 그 경험을 다듬어 여러 문제에서 바람직하게 쓸 수 있다. 다음은 내가 이전에 썼던 일기다.

2023.3.15

이른 아침부터 카페에 들렀다. 한창 일을 하다가 점심에 약속이 있어 자리를 정리하며 이동하려는데, 라떼와 스콘을 먹어선지 입안이 텁텁했다. 이대로 가면 입에서 단내가 날 것 같았다. 양치하기 위해 카페 안에 있는 화장실로 갔다. 양치하기 전 손을 씻으려고 보니 화장실에 비누가 없었다. 씻지도 않은 손으로 물을 받아 입에 넣고 싶진 않았기에 카운터로 가서 문의했다.

"손을 씻으려고 하는데, 화장실에 비누가 없어서요. 혹시 비누 있나요?"

"없어요."

나는 조금 당황했지만 다른 대안을 제시했다.

"아, 네… 다름 아니라 제가 양치를 하려고 해서요. 혹시 그럼 종이컵은 있을까요?"

점원은 기다렸다는 듯 바로 받아쳤다.

"없어요."

나도 더는 무어라 할 말이 없어 뒤돌아섰다. 그러자 옆에 사장처럼 보이는 남성이 무슨 일이냐고 점원에게 묻는 것 같았다. 점원이 "비누를…" 어쩌고 말하는 소리가 들려와 혹시나 사장이 다른 액션을 취하지 않을까 기다렸지만, 그는 끝내 카운터에서 나오지 않았다. 나는 헛헛한 심정으로 카페에서 나왔다. 건물 화장실도 아니고 카페에서 관리하는, 카페 안에 있는 화장실이었다. 그런데도 "없어요, 없어요."라는 말만을 무심히 내뱉는 그 카페 점원의 태도와 사장의 방관에 적잖이 실망했다.

이렇게 써둔 일기 덕분에 나는, 만약에 면접에서 최고의 서비스, 최악의 서비스가 무엇이었는지에 대한 질문 또는 서비스의 정의를 물어보는 질문이 나온다고 해도 이날의 경험을 이야기하며 풀어나갈 수 있다.

답변 : 제가 생각하는 좋은 서비스란, 늘 대체품을 준비해두고 필요할 때에 이를 제공하는 것입니다. 고객의 요구 사항을 최대한 맞춰드리기 위해 준비하는 자세가 고객 만족의 첫걸음이라고 생각하기 때문입니다. 하루는 제가 방문했던 카페 화장실에 비누가 없었던 적이 있습니다. 손을 씻고 싶은 마음에 조심스럽게 비누가 없는지 점원에게 여쭤보았습니다만, 돌아오는 답변은 "없다."라는 단호한 말뿐이었습니다. 인테리어와 분위기가 좋아 호감이었던 카페의 이미지가 순식간에 반감되는 것을 느꼈습니다. 비누가 없다는 사실보다 다른 대체품이 제공되지 않는 무성의한 태도가 실망감을 안겨주었는데요. 손 소독제나 세정제를 권하며 충분히 고객의 요구 사항에 응대할 수 있었을 것이라고 생각합니다. 이 경험을 본보기로 삼아 제가 OO항공의 승무원으로서 객실 서비스 업무를 맡게 된다면, 대체품을 사전에 마련하고 제공하는 자세로 고객 만족을 최대한으로 이끌 자신이 있습니다.

기내에서 승객의 요구에 "없습니다."라고 말만 하는 승무원이 되지 않아야 함을, 카페에서의 사례를 들어 뽑아냈다. 대체품이 중요하다고 주장만 하며 끝내지 않고 '주장

+사례+결론' 구조 안에서 구체적인 사례, 즉 경험을 풀어 예를 들었다. 주장과 논리만 펼치면 근거가 없기에 설득력이 떨어지고, 경험만 이야기하면 청자는 내가 왜 이 이야기를 듣고 있는지 정리가 안 된다. 그래서 우리는 주장과 함께 경험을 말해주며, 면접관의 머릿속에 나라는 사람의 모습을 그려주는 과정에서 신뢰감을 높여야 한다.

일기에서 답변을 뽑아내면 그 이야기가 직접적이고 상세할 수밖에 없고 듣는 사람도 재미있게 듣게 된다. 나는 늘 면접을 보기 전이면, 잔뜩 쌓아둔 일기와 기록들을 들춰보며 가장 반짝이는 경험들을 추려냈다. 덕분에 면접을 준비할 때면 괴롭기보다 오히려 든든한 마음이 들었다. 에피소드가 많아서 이 얘기를 할지, 저 얘기를 할지 고민했다. 나 역시 백지에서 내 이야기를 꺼내야 한다면, 분명 곤혹스러웠을 것이다. 그러니 면접을 준비하고 있다면, 당장 일기부터 쓰길 바란다. 오늘부터 시-작!

Q3
면접 때 복장은 어떻게 해야 하나요?

승무원 면접 복장은 2018년도를 기점으로 많이 달라졌다. 이전에는 무조건 흰 블라우스에 검정 치마 착용으로 일명 '모나미 룩'이 대세였다. 모두가 그렇게 입고 오는 암묵적인 룰이 있었던 만큼 다른 색상의 옷은 감히 입을 생각도 하지 못했다. 그런데 2018년 티웨이항공과 제주항공이 승무원 두발 자율화를 시행함에 따라 항공업계에도 변화의 바람이 크게 불었다. 전형적인 승무원 헤어스타일인 '쪽머리'를 탈피하고, 두발 규정 완화를 넘어 염색이나 파마도 가능해져 승무원들은 각자의 취향과 개성을 자유롭게 표현할 수 있게 되었다. 지금은 포니테일은 물론 긴 머리, 반묶음 머리, 양 갈래로 땋은 머리 등 다양한 헤어스타일을 연출한 승무원을 기내에서 만날 수 있다.

덕분에 승무원 면접 복장도 다채로워졌다. 스커트의 색상도 더 이상 검은색을 고수하지 않고 본인에게 어울리는 색상을 착용한다. 실제 면접장에는 차분한 베이지색이나 연한 분홍과 하늘색, 깔끔한 남색 등의 스커트를 입은 지원자가 많다. 블라우스의 색상은 아직 흰색이 주를 이루긴

하지만, 지원자에 따라 점차 다양해지고 있다. 블라우스에 스카프로 포인트를 주어 승무원의 이미지처럼 보이도록 만드는 전략을 취하는 지원자도 있다. 면접 복장을 아예 자율로 강조한 티웨이항공이나 제주항공 면접에서는 지원자들이 본인의 체형에 맞추어 원피스나 바지를 입기도 한다. 헤어스타일 역시 비단 쪽 머리가 아니더라도 포니테일로 단정히 묶고 면접에 임하는 지원자가 많아졌다. 단발이나 긴 머리로 머리를 풀고 면접을 보는 지원자도 있는데, 이런 경우에는 부스스하거나 산만하게 보일 위험이 있으니 왁스 및 스프레이를 활용해 머리를 매끈하게 정리하길 바란다.

대한항공은 반 팔 상의와 무릎이 보이는 스커트, 구두 착용이 필수 조건이다. 그렇기에 원피스나 바지 착용은 불가하지만, 다양한 색상의 반팔 상의와 스커트는 가능하다. 그러나 아직까지 대한항공 면접에서는 흰 블라우스와 검은색 스커트 그리고 쪽머리를 한 지원자가 대다수이다. 획일화된 면접 복장과 개성적인 복장 사이에서 고민된다면, 항공사의 입장과 항공업계의 흐름을 살펴보길 바란다. 항공사에서 면접 복장으로 별도의 색상 기준을 두지 않았다. 대한항공에서도 한 매체와의 인터뷰에서 지원자들이 스스로 흰 블라우스와 검은색 스커트를 선호했다며, 절대 회사의 권고 사항이 아니었음을 강조했다. 다른 항공사들 역시 자신에게 편안하고 개성과 아름다움을 잘 표현할 수 있는 복장을 착용하길 바란다는 관점을 밝혔다. 이 시간을 통해 자신의 보이는 이미지를 분명히 파악해 보는 것은 어떨까.

나의 퍼스널 컬러는 무엇인지부터 시작해 얼굴형과 체형을 객관적으로 살펴보고 본인과 잘 어울리는 디자인의 옷은 무엇인지 짚고 넘어가는 것이다. 비단 면접만을 위해서가 아니다. 자기 자신에게 잘 어울리는 스타일을 구축해 두면, 세련되고 멋스러운 모습으로 스스로를 표현할 수 있게 된다. 이는 곧 자신감으로 이어져 당신을 유능한 사람처럼 보이도록 만들어줄 것이다.

Q4
즉석에서 말하는 게 어려우면 어떻게 하나요?

면접이 두렵고 떨리는 이유가 뭘까. 아무래도 그날 면접에서 어떤 질문이 들어올지 모르기 때문이다. 자기소개, 지원 동기부터 시작해서 철저한 기업 분석과 최근 시사 상식을 공부하고 준비했더라도, 면접에서는 대뜸 뜬금없는 질문을 받을 수도 있다.

- 오늘 뭐 타고 면접장에 왔어요?
- 면접 끝나고 뭐 할 거예요?
- 면접관들에게 저녁 메뉴 추천해 주세요!

지원자는 이런 질문을 하는 의도가 대체 무엇일지 궁금할 것이다. 딱히 어려운 질문은 아니지만, 생각보다 많은 지원자가 대답을 잘하지 못하는 경우도 부지기수다. 여기서 꼭 유념해야 할 점이 하나 있다. 면접관의 가벼운 질문에 대한 답변은 내용 자체가 중요하지 않다. 저녁 메뉴를 추천하는 답변에서 지원자의 가치관이나 인성을 얼마나 깊게 살펴볼 수 있겠는가. 문제는 답변의 질이 아니다. 하지만 답변 중에 계속해서 말을 절거나, 너무 오래 뜸을 들이면서 말하면 그때부터 답변이 중요해진다. '대체 무슨 말을 하려고 저렇게 긴장을 하지?' 이런 생각으로 지원자의 말을 더 집중해서 듣게 된다. 그런데 정작 별 내용도 없고, 그 말조차 버벅거리면서 말하면 지원자의 매력이 반감되는 것이다.

그래서 우리는 말하기 연습을 해야 한다. 준비된 답변만 잘 해내는 것이 아니라 평소 말하는 실력을 키워 예기치 못한 질문에도 능숙하게 답하는 능력을 키워야 한다. 즉석에서 하나의 단어를 주제로 삼아 1분 동안 말해보는 것이다. 아무 단어나 좋다. '커피'와 '습관'을 주제로 1분 스피치를 지금 당장 해보자. 생각할 겨를도 없이 바로 말을 시작해야 효과를 볼 수 있다. 이 훈련은 아나운서나 쇼 호스트들이 많이 하는 스피치 연습 방법이다. 이들은 1분 스피치를 녹음까지 해서 들어보며, 자신의 적나라한 말하기 실력과 직면해 보는 시간을 가진다고 한다. 나 역시 1분 스피치를 시도 때도 없이 도전했다. 길을 걷다 보이는 간판의 키워드나 눈앞에 있는 사물을 대상으로 혼자 중얼중얼 말하는 연습을 했다.

이것도 익숙해지자 나는 여기에서 한 단계 더 앞서간 훈련 방법을 만들어냈다. 객실승무원 면접 기출문제에서 2개 이상의 키워드를 뽑아, 그 키워드가 모두 들어가게 이야기해 보는 것이다. 아무리 동떨어진 키워드이더라도 하나의 이야기 안에서는 연관되게 말해야 한다. 현재 내가 진행하는 면접 컨설팅의 수강생들도 이 방법으로 말하기 연습을 하는데, 확실한 효과를 보고 있다. 예를 들어 설명해 보겠다.

- 외국인 승객에게 비빔밥을 추천한다면 어떻게 하시겠어요?
- 승무원에게 미소가 중요한 이유는 무엇일까요?
- 우리 항공사 유니폼의 단점은 뭐라고 생각하세요?
- 우리나라 공항이 총 몇 개인지 알고 계시나요?

위 기출문제에서는 외국인, 미소, 유니폼, 공항까지 총 4개의 키워드를 뽑아낼 수 있다. 이후 〈외국인, 미소〉라는 이 2개의 키워드를 넣어 1분 스피치를 해보는 것이다.

"작년까지만 해도 대중교통을 이용할 때나 길거리에서 외국인을 만나면 은근슬쩍 눈을 피했습니다. 혹시나 저에게 영어로 말을 걸어올까 봐 두려웠기 때문입니다. 하지만 본격적으로 승무원 준비를 하게 되면서, 객실승무원의 필수 역량인 영어를 언제까지 멀리할 수는 없다고 생각했습니다. 이에 저는 곧바로 영어 회화 학원과 스터디를 병행했습니다. 매일 아침 미국 뉴스와 라디오로 하루를 시작하며 영어를 익혔고, 미국 드라마는 대본집까지 챙겨보며 통학하는 길에도 틈틈이 공부하였습니다. 덕분에 실생활 영어 실력을 키울 수 있었습니다. 영어에 자신감이 붙은 저는 이제 외국인을 만나면 은은한 미소를 띠며 눈을 맞춥니다. 제게 길을 묻거나 버스 노선을 묻는 외국인과 영어로 짧은 대화를 나누며 도움도 줄 수 있게 되었습니다. 이러한 자세를 바탕으로 앞으로 기내에서도 외국인 승객들에게 먼저 미소를 건네며, 요청 사항을 흔쾌히 들어드릴 수 있는 승무원이 되고 싶습니다."

2개의 키워드로 1분을 채워서 말해야 하니까 어떻게든 내 안에 있는 에피소드를 끌어내게 된다. 그리고 그 이야기를 개연성 있게 풀어내면서 말하기가 점차 느는 것을 느낄 수 있을 것이다. 이제 잠시 책을 덮고, 본인이 직접 〈유니폼, 공항〉 키워드로 1분 스피치를 해보길 바란다. 기출문제를 살펴보며, 인덱스카드 한 장에 기출 질문에서 나온 키워드를 뽑아 수십 장의 카드로 만든 다음, 무작위로 2개의 카드를 뽑아서 카드에 적힌 키워드로 1분간 말해보는 연습 방법을 추천한다. 이 훈련을 하는 사람과 안 하는 사람의 즉석 말하기 실력은 시간이 지날수록 크게 벌어질 것이다. 말하기에도 훈련이 필요하다. 말은 자꾸 해야만 는다.

Q5
1분 자기소개는 어떻게 시작하나요?

1분 자기소개는 기본 중에 기본이므로 필수적으로 준비해야 한다. 면접을 보러 면접장에 들어가면 공통 질문으로 자기소개를 시킨 뒤 개별질문을 이어간다. 처음으로 음성을 내어 운을 떼는 자기소개는 첫인상을 판가름 짓는 답변인 만큼 꼭 준비해두길 바란다. 무엇보다 자기소개를 자신의 이미지와 맞는 내용으로 구성하는 게 핵심이라고 생각한다. 내용도 내용이지만, 그 내용을 누가 말하느냐에 따라서 인상이 달라지기 때문이다. 자기소개의 내용은 사교적이며 활발한 사람이라고 주장하는데 말하는 본인은 정작 누가 봐도 소극적이고 내성적이라면 신뢰가 가질 않는다. 자기소개 내용은 리더십과 포부가 넘치고 열정적인데, 말하는 걸 보면 누가 봐도 리더보다는 팔로워 타입이라면 이 역시 설득력이 떨어진다. 내용과 말하는 사람의 이미지가 겹치지 않으면, 듣는 사람은 괴리감이 생기기 때문이다.

본인의 이미지를 파악하는 게 먼저다. 주변 지인이나 친구들에게 자신의 이미지와 그로부터 짐작되는 성격이 어떤지 물어보길 바란다. 가장 좋은 건 면접 스터디에서 만난 낯선 사람들로부터 받는 피드백이다. 처음 만나서 몇 마디만 나눠보고 서로의 이미지를 알려주는 거다. 면접관들이 지원자에 대해 갖는 첫인상 역시 비슷하게 형성될 것이기 때문이다. 여기서 주의해야 할 부분은 이미지가 비단 외모를 말하는 게 아니라는 점이다. 말을 할 때의 표정과 눈빛, 태도, 목소리, 말의 빠르기나 음정, 강세에 따라 만들어지는 한 사람의 이미지다. 그 안에서 여러 키워드가 나올 것이다. 씩씩하고 당참, 친절하게 보임, 성격이 급할 것 같음, 차분하고 침착함, 지적임, 온화하게 보임, 잘 웃어서 밝아 보임 등등. 자신의 이미지를 키워드로 정리하고, 그 이미지와 맞는 경험들을 추려내서 나라는 사람의 키워드와 컨셉을 면접관들에게 명확하게 심어주어야 한다.

자기소개는 A(주장이나 논리)-B(경험)-A'(결론) 구조를 따른다. 주장이나 논리만 내세우면 근거가 없으니 설득력이 떨어지고, 경험만 말하면 청자는 이걸 왜 듣고 있는지 정리가 안 된다. 주장-경험-결론 순으로 말을 해야 설득력이 생기고 듣는 사람도 깔끔하게 이해할 수 있다. 내게 컨설팅을 받아 합격한 수강생들의 답변 예시를 살펴보겠다.

A : 나의 능력이나 역량을 요약한 주장의 한 문장

B : A에서 언급한 능력과 역량을 근거로 보여주는 경험들 (1~2개)

A' : 결론 및 포부로 마무리

A : 다정한 마음으로 빈틈없이 고객들을 살피는 지원자, OOO 입니다.

B : 공항에서 3개월 동안 지상직 실습을 하던 당시, 저는 늘 키오스크 주변에 주의를 기울였습니다. 혹시나 기계 앞에서 주저하는 고령의 고객분들이 보이면 곧장 달려가 티켓 발권하는 방법을 곁에서 알려드렸습니다(경험①). 카페에서 근무할 때는 어르신 고객분들께서 이해할 수 있도록 쉬운 용어로 메뉴 설명을 도왔습니다. 프라푸치노는 얼음을 갈아서 만든 것이라는 설명도 곁들이며, 노안이신 분을 위해 큰 글씨로 된 메뉴판도 직접 제작해 비치했습니다(경험②).

A′ : 이처럼 저는 서비스에서 소외되는 고객이 없도록 따뜻한 마음을 바탕으로 고객을 마주했습니다. 앞으로 OO항공에서도 단 한 명의 고객도 놓치지 않고 살뜰하게 챙겨드리는 승무원이 되겠습니다.

이 자기소개에서는 첫 문장으로 다정한 마음을 내세웠다. 그래서 공항과 카페, 각각 다른 장소에서 고령의 고객들을 따뜻하게 도운 사례를 가지고 왔다. 두 개의 사례를 예로 든 것은 더 풍부한 경험을 한 것처럼 보이게 하고, 내용의 통일성과 신뢰성을 높이기 위함이다. 자기소개를 다 들으면 '아, 이 지원자는 서비스에서 소외되는 사람이 없도록 고령의 고객도 잘 챙기겠구나.' 이렇게 딱 한 문장으로 요약해서 파악할 수 있다. 이 지원자는 표정과 음성이 차분하고 온화해서 부드러운 성격이 드러났기에 위와 같은 자기소개가 잘 어울렸다. 만약 따뜻하고 온순한 이미지의 지원자가 "서비스 국가대표가 되겠습니다. OO항공의 위상을 제가 BTS처럼 전 세계에 알리겠습니다!"라며 야심 찬 내용을 발표한다면 오히려 더 어색하게 들릴 뿐이다.

자기소개로 아무 능력이나 역량을 보여주어선 안 된다. 나의 이미지를 먼저 파악하고, 그 이미지와 컨셉에 맞는 역량을 한결같이 보여줌으로써 일관성을 높여야 한다. 특히 고객을 대면하는 객실승무원 직무에서는 면접관에게 나라는 사람의 모습을 하나의 단어나 문장으로, 하나의 이미지로 각인시키는 게 중요하기 때문이다.

Q6
'마지막 할 말'은 어떻게 하면 좋을까요?

"네, 수고하셨습니다. 그럼 이제 면접을 마무리하겠습니다. 혹시 마지막으로 할 말 있나요?"
면접의 형식상 지원자는 자기 자신의 강점과 매력, 업무를 향한 의지를 호소할 수밖에 없다. 짧은 시간 동안 다른 지원자보다 돋보이고, 조금 더 합격에 가까워지고자 자신의 장점을 덧붙여 말하는 마음은 충분히 이해한다. 하지만 면접에서 '마지막 할 말'만큼은 그 욕심을 내려두었으면 한다. 왜 그렇게 해야 하는지 세 가지 관점에서 살펴보겠다.

첫 번째로, 승무원 직업의 특성에서 생각해 보자. 승무원은 객실에서 수많은 승객의 편의와 안위를 위해서 임해야 하는 직업이다. 자신의 고단함보다는 승객의 불편함을 알아보고 편안함으로 바꿀 수 있어야 한다. 비정상상황이 발생했을 때는 당연히 승객의 안전이 최우선이다. 혼자서 수백 명 승객의 서비스와 안전을 책임질 수도 없기에 팀원들과 손발을 맞춰야 함은 물론이다. 그렇다면 마지막으로 발언할 기회 앞에서 우리는 승무원의 면모를 이미 갖추고 있음을 보여줘야 하지 않을까? 자기 자신에게만 초점을 맞춘 지원자가 아니라, 바깥세상을 향해 마음이 열린 모습 말이다. 마지막 할 말조차 자신의 경험과 경력을 자랑하듯 늘어놓는다면 절대 그런 모습을 보여줄 수 없다.

두 번째로, 면접관의 입장에서 고려해 보자. 많은 지원자를 마주하며, 이른 아침부터 면접을 진행하는 면접관들은 오후 시간이 될수록 피로할 수밖에 없다. 이때 면접관의 노고를 알아보고 감사를 표현하는 지원자와 그 순간에도 자신밖에 모르는 지원자의 모습은 판이할 것이다. 마지막 할 말에서는 면접관에게 주목해야 한다. 면접관도 면접관이기 전에 사람이다. 사람은 자신에게 따스한 관심을 주고, 칭찬해 주는 사람을 좋아할 수밖에 없다. 그렇다면 '마지막 할 말'에서 우리는 더 이상 내가 아니라 면접관을 향해 눈길을 돌리는 전략을 취하는 것이다.

"오늘 면접장에 들어오기 전 설레면서도 떨렸는데, 앞에 계신 면접관님들께서 밝게 웃어주시고 경청해 주셔서 조금은 편안한 마음으로 면접에 임할 수 있었습니다. 이 모습을 잊지 않고, 앞으로 OO항공의 기내에서 저 역시 더 크고 환하게 웃는 모습으로 고객을 마주하는 승무원이 되겠습니다."

"면접관님이 제 말에 고개를 끄덕여 주시는 모습에 용기 내어 마지막까지 마음을 다해 면접에 임할 수 있었습니다. 그 모습을 보며 저도 승객들의 말에 진정으로 공감하는 자세를 갖춘

OO항공의 승무원이 되고 싶다는 생각을 했습니다."

"아까 제가 긴장해서 답변을 잘하지 못할 때, 떨지 말라며 격려해 주시고 농담까지 건네주셔서 감사했습니다. 이 기억을 바탕으로, 저 또한 지쳐있는 동료들에게 말 한 마디로 힘을 줄 수 있는 사람이 되고 싶다고 다짐했습니다."

실제로 나와 함께 면접을 준비한 수강생들이 마지막 할 말로 이렇게 말했을 때, 면접관의 반응은 남달랐다. 뚱한 표정의 면접관이 갑자기 미소를 지으며 지원자를 다시 한번 유심히 바라보기도 했다. "허허, 내가 그렇게 웃었나?"라고 말한 면접관까지 있었다. 면접관이 지원자의 마지막 말에 화답할 수 있었던 까닭은 수강생의 면접 후기에서 발견할 수 있었다. "마지막 할 말을 시켰을 때, 다들 자기 경력이랑 경험만 말하더라고요. 저만 면접관님을 대상으로 말했어요. 그랬더니 저한테만 웃어주시더라고요!" 그렇다. 경력과 경험, 수상 내역이 중요한 게 아니다! 중요한 건 그 일련의 과정을 통과해서 형성된 모습으로 삶과 사람을 대하는 지원자의 태도이다. 면접을 보면서도 내가 무슨 말을 할지에만 사로잡혀 있지 말고, 면접관의 표정이나 면접관이 면접에서 했던 말에 주의를 기울이길 바란다. 면접관이 면접 시작 전에 농담으로 면접장의 분위기를 띄웠다면, '면접관님의 재치와 유머로 면접장의 분위기가 순식간에 편안해졌음을' 말해주라는 거다. 훨씬 사려 깊고, 상대방을 바라보는 여유가 있는 지원자처럼 보일 것이다.

세 번째로, 면접관이 아닌 회사를 칭찬하는 방법이 있다. 이 역시 지원자가 자기중심적으로 보이지 않도록 취하는 전략이다. 바로 예시를 통해 살펴보자.

"오늘 OO항공에서 면접자들을 위해 준비해 주신 다과와 음료에 크게 감동했습니다. OO항공의 유튜브 채널에서 100개 이상의 영상을 보며 따뜻한 사내 문화를 엿볼 수 있었는데요. 오늘 이렇게 면접 지원자들을 다정하게 맞이해 주시는 인솔자분들과 면접관님들 덕분에 직접 OO항공의 정이 넘치는 분위기를 몸소 느꼈고, 저 또한 그 일원이 되고 싶다는 생각을 했습니다. 이 모습을 절대 잊지 않고 앞으로는 OO항공의 승무원으로서 기내에서 승객분들을 밝게 환대하는 승무원이 되겠습니다."

이렇게 말한다면 회사를 향한 애정과 겸손한 지원자의 모습 두 가지를 다 어필할 수 있다. 회사는 채용 과정과 면접을 진행하는 단계에서 비용과 시간을 크게 소모한다. 면접을 위해 회사가 수고하고 애쓴 부분은 너무나도 많다. 면접 현장을 유심히 바라보면 다 보인다. 인솔자분들이 친절하게 안내하고 맞이하는 모습, 준비된 다과와 따뜻한 음료, 하다못해 지원자들이 길을 잃지 않도록 표지판을 세세하게 붙여둔 정성까지. 그런데 지원자가 회사에서 면접을 위해 준비한 노고를 알아차리고 감사한 마음까지 표현

한다면 면접관들은 당연히 주목할 수밖에 없을 것이다. 한 수강생은 면접관들 앞에 2~3잔의 커피가 놓여있는 것을 발견하고 마지막 할 말 질문에 이렇게 답했다.

"늦은 오후 시간이라 면접관님들께서도 피로할 것이라 짐작했습니다. 앞에 커피가 3잔씩이나 놓여있는 것을 보고 내심 감동했는데요. 여러 잔의 커피를 마시면서 지원자들에게 집중하고 저희의 이야기에 경청해 주시는 모습에 정말 감사한 마음이 들었습니다. 면접관님들이 오늘 보여주신 이 모습이 오래도록 기억에 남을 것 같습니다."

이 말을 들은 면접관들은 커피를 3잔이나 마신 것을 미처 의식하지 못하고 있었다며, 멋쩍은 듯 함박웃음을 지었다고 한다. 뽑힐 수밖에 없는 답변이었다고 생각한다. 그러니 마지막 할 말로는 면접관이나 회사를 앞세우며, 면접을 보는 그날도 뭔가를 배울 수 있었음에 감사하는 모습을 보여주길 바란다.

TIP.

말하기 훈련

우리는 모두 자신만의 말버릇이 있다. 일상생활을 하는 데 큰 무리가 없을지라도, 면접에서만큼은 자신의 의견이나 생각을 제대로 표현하고 전달하기 위해서는 말하는 방식도 다듬어야 한다. 면접을 준비하다 보면 나도 몰랐던 나의 말버릇을 알게 될 때가 있다. 스스로 말버릇을 파악하고 고치는 노력을 할 때 유용한 방식을 소개하고 싶다.

첫째, AI 기술을 이용하여 녹음한 음성을 텍스트로 변환해주는 앱을 사용하는 것이다. 말버릇을 고치려면 내가 어떻게 말하는지 정확하게 알아야 하는데, 녹음한 것을 듣거나 영상 촬영한 것을 보는 것만으로는 부족하다. 하지만 내가 한 말을 문자로 정확하게 보게 되면, 허점이 얼마나 많은지 쉽게 알 수 있다. 지금부터는 면접 예상 질문에 답하는 과정을 녹음하고 눈으로 확인하길 바란다. '아, 내가 계속해서 **때문에**라는 말을 반복하는구나?', '짧은 문장으로 쪼개서 말할 수 있는 것을 **~하고, ~해서, ~했는데** 이런 식으로 끊임없이 이어서 말하느라 호흡이 가빠졌구나!' 바로 파악할 수 있다.

인간의 뇌가 시각 정보를 처리하는 데 큰 부분을 할애하고 있는 만큼, 인간은 시각 중심의 동물이다. 시각적인 자극에 인간은 매우 민감하게 반응하고, 다양한 시각적 요소를 결합해 대상을 이해하고 지각한다. 시각적 학습은 교육 및 정보 전달에서 큰 효과를 볼 수 있다. 자신의 말버릇도 제대로 실감하기 위해선 백 번 듣는 것보다 한 번 보는 것이 낫다. 일단 한 번 인지하고 나면, 이후로는 말할 때 자신의 말버릇을 의식해서 조심하게 된다. 말하고, 녹음하고, 내가 한 말을 눈으로 보며 문제를 의식하고, 다시 말하고, 녹음하고, 눈으로 보는 이 일련의 과정을 계속해서 이어나가길 바란다. 점차 간결한 문장으로 말하는 자신을 발견하게 될 것이다.

둘째, 두괄식으로 말하는 습관을 들이는 것이다. 대부분 지원자가 면접관의 질문에 곧바로 대답하지 않고, 서론만 장황하게 늘어놓는다. 결론부터 말하지 않으면 이야기가 산으로 가기 쉽다. 말이 길어지면 듣는 사람도 지루하다. 그렇기에 답변은 두괄식, 즉 핵심 내용을 먼저 말해야 한다. 앞으로는 서론-본론-결론이 아니라 결론-본론-결론임을 유념하며 말하기 연습을 해보길 바란다. 그리고 면접 기출문제를 보며 답변할 때, 딱 한 문장만 답변하고 다음 문제로 넘어가는 것이다. 그리고 다시 한 문장만 말하고 다음 문제로 넘어간다.

예를 들면 이런 것이다. "승무원에게 신속함과 정확함 중 뭐가 더 중요하다고 생각하세요?" 이 질문에 한 문장으로만 답변해 보자. "기내에서 여러 승객을 응대하는 만큼, 실수가 없어야 하기에 정확한 태도가 더 중요합니다." 사실 이 문장만으로도 질문에 대한 답은 충분하다. 딱 한 문장만 말해야 한다고 생각하면, 그 한 문장에 핵심을 담을 수밖에 없다. 우리가 두괄식으로 말하지 못하는 까닭은 얼마든지 뒤에서 말할 수 있다고 생각하기 때문이다. 하지만 그렇게 중심 내용을 뒤로 미루면 미룰수록 답변의 밀도는 떨어진다. 면접관은 그래서 대체 뭐가 중요하다는 것인지 말해주질 않아 답답한 마음이다. 지금부터는 첫 문장부터 면접관이 듣고 싶은 말을 해줌으로써 면접관의 마음을 시원하게 해주길 바란다.

질문 : 승무원에게 신속함과 정확함 중 뭐가 더 중요하다고 생각하세요?

두괄식으로 말하지 않는 답변 : 객실승무원에겐 다양한 자질이 요구됩니다. 특히, 기내라는 한정된 공간에서 수백 명의 승객을 응대하기 때문에 신속함과 정확함을 가져야 할 것입니다. 제가 2년 가까이 근무했던 카페에서도 이 두 가지가 모두 중요했습니다. 근처에 회사가 많아 점심시간이면 카페 앞으로 줄이 길게 늘어설 정도로 바빴는데요. 밀린 음료 주문을 급하게 처리하다가 순서가 꼬여, 먼저 주문하신 고객님의 음료를 다른 고객에게 제공해버렸습니다. 저의 잘못으로 고객님이 일찍 왔음에도 불구하고 더 기다리게 만든 것에 크게 죄송했습니다. 이후 저는 신속함보다는 정확함이 더 중요하다는 것을 알게 되었습니다. 따라서 기내에서 여러 승객을 응대하는 승무원에게도 정확한 태도가 필수라고 생각합니다."

> **두괄식 답변 :** 기내에서 여러 승객을 응대하는 만큼, 실수가 없어야 하기에 정확한 태도가 더 중요할 것입니다. 제가 1년 동안 근무했던 호텔 레스토랑은 주말이면 붐벼서 신속하게 움직여야 했습니다. 저는 급한 마음으로 서두르다가 손님이 요청한 메뉴와 다른 음식을 제공했습니다. 이후 다시 주문을 받아 음식을 조리하고 서비스하기까지 시간은 배로 늘어났습니다. 빠르게 서비스하기는커녕 오히려 늦어진 것입니다. 이때 저는 신속함보다 정확함이 중요함을 깨달았습니다. 기내에서 승무원은 여러 국적과 다양한 특성을 가진 승객들을 상대합니다. 따라서 조급한 마음으로 바삐 움직이다가 실수를 하기보다는 신중한 자세로 정확한 서비스를 제공해야 한다고 생각합니다.

둘 다 신속함보다는 정확함이 중요하다고 말하지만, 듣는 쪽에서 전자의 예시는 마지막에 결론이 나오기 때문에 따분하게 느껴진다. 면접관이 인내심을 발휘해 주길 기대하지 말자. 내가 말하는 순간 면접관이 몰입할 수 있게 만들어야 한다. 그러려면 후자의 예시처럼 무조건 두괄식으로 말해야 함을 기억하길 바란다.

Part 3 승무원의 현실

1 승무원의 일

"바퀴벌레!"

캐나다 벤쿠버 비행이었다. 기내에 있던 승객 중 두세 명이 아예 좌석에서 일어나 통로 쪽으로 나와 있었고, 내가 무슨 일이냐고 물어보려 입을 떼기도 전에 승객들이 나를 보고는 일제히 외쳤다. 하필이면 바퀴벌레! 바퀴벌레가 내 비행에 나타나다니…! 승객들은 유니폼을 입은 내가 단번에 처치해 주리라 기대하는 눈치였다. 창가 쪽에 앉은 승객이 내게 말했다. 영화를 보다가 무심코 바닥을 봤는데 바퀴벌레가 지나가고 있었다고. 그는 말 떨어지기 무섭게 손가락 검지와 중지를 합친 다음 들이대면서 크기가 이렇게나 됐다고 덧붙였다. 도망가고 싶었지만 그럴 수 없었고, 승객 앞에서는 짐짓 침착한 척 말했다.

"손님 여러분! 기내는 항상 청결한 상태를 유지하고 있습니다만… 바퀴벌레가 나타났다고 하니 착륙 후 클리닝 센터에 보고해 기내 위생 상태를 더 철저히 살피도록 하겠습니다. 지금은 비행 중이니 혹시라도 또 바퀴벌레가 보이면 바로 저희 승무원에게 말씀해 주십시오."

사실은 나도 어떻게 할 자신이 없어서 제발 나타나지 않기만을 바랐다. 승객들은 옆자리에 앉은 사람과 수군댔다. "아니 진짜로 이만했다니까?", "어후~ 이게 무슨 난리람, 괜히 찝찝하네."

나는 승객들의 볼멘소리를 뒤로하고 돌아섰다. 곧바로 사무장에게 보고했고, 사무장도 벌레라면 질색하는 기색이었다. 우리는 언제 다시 나타날지 모를 바퀴벌레 등장에 대비해 장갑을 끼고 휴지를 두툼하게 챙겨 주머니에 넣었다. 과연 내가 잡을 수 있을지는 모르겠지만 모든 이가 나를 보며 "바퀴벌레!"라고 외쳤으니 폼이라도 잡아야 했다. 그것들은 인간의 눈치까지 살필 줄 알아서 잽싸게 튀어 다니니 내가 살짝만 다가가도 도망갈 것이다. 나는 바퀴벌레가 구석진 곳으로만 숨죽여 피해 다니기를 바랐다. 그래야만 눈에 안 띄어서 승객들이 나를 부르지 않을 테니 말이다.

내 바람대로 한동안 고요한 시간이 이어졌다. 갤리에서 다음 서비스를 준비하고 앉아있는데 다시 한번 기내가 술렁거렸다. 올 게 왔구나 싶었다. 한 손에 기내 잡지를 들고 주머니에 넣어둔 휴지 뭉치를 꺼내며 달려나갔다. 승객들 시선이 한 방향으로 쏠려있었다. 나도 그 방향을 따라 시선을 돌렸다. 벽에는 바퀴벌레가 붙어있었다. 게다가 한 마리가 아니라 두 마리나 됐다. 나는 기내 잡지를 돌돌 말았다. 동료 승무원은 신문을 길쭉하게 말아서 바퀴벌레에게 다가갔다. 승객 모두 앉아서 우리를 주시했다. 나는 잡지로 절대 내려치지 못할 테니 바퀴가 알아서 도망가길 바랐다. 그런데 원래 잘만 도망 다니는 것들이 어찌 된 영문인지 내가 한발 한발 다가가도 꼼짝하지 않았다. '제발 도망가! 기꺼이 살려줄 테니까!'

한 발짝씩 가까이 다가갈수록 바퀴들의 반짝이는 등껍질과 살아있는 더듬이와 움직이는 다리 모양새가 뚜렷이 보였다. 발끝부터 정수리까지 소름이 돋았다. 이제 우리 사이의 거리는 일 미터도 안 됐다. 한 발짝 더 내딛자 한 녀석이 움찔거렸고 다른 한 녀석은 더듬이를 사방으로 휘저었다. 나는 "꺅!"도 아니고 "꺽!"도 아닌 이상한 신음을 내며 뒷걸음질 쳤다. 몇 승객이 그 모습에 웃음을 터뜨렸다. 그때였다. 한 승객이 내 손에 들려있는 잡지를 낚아챘다. 그러고는 곧바로 바퀴벌레에게 달려가듯이 다가가서 날쌘 동작으로 정확하게 놈을 가격했다. 조금 전까지 한 몸에 주목을 받던 존재가 허망하게 으깨져 떨어졌다. 사람들은 다시 한번 비명을 지르면서 환호했다.

바퀴벌레를 때려잡은 승객은 40대 여성 승객이었다. 바퀴가 등장하기 전까지는 별다른 특징이 없는 평범한 아이 엄마의 모습이었다. 엄마 승객은 휴지로 바퀴들을 똘똘 싸서 화장실 변기로 흘려보내는 사후 작업까지 완벽히 해주었다. 몇몇 승객은 손뼉을 치기 시작했다. 그러자 더 많은 승객이 환호하며 손뼉을 쳤다. 그는 부끄럽다는 듯이 아이 옆에 다시 앉았다. 나와 동료 승무원은 그에게 다가가 고맙다는 인사를 전했다. 갤리에서 초콜릿과 스낵 몇 봉지를 준비한 다음 우리의 영웅에게 다가갔다. 아이가 곁에서 곤히 자고 있기에 작은 목소리로 말을 걸었다.

"저… 손님, 정말 고맙습니다. 제가 드릴 것은 마땅히 없지만, 간식거리라도 챙겨드리고 싶어서요…."

"고맙습니다, 잘 먹을게요. 저도 비행기에서 바퀴벌레는 처음 보네요."

"저도요! 그런데 손님께서 정말 날렵하게 잘 때려잡으시더라고요…. 손님 아니었으면 기내가 아수라장이 될 뻔했어요. 정말 감사드려요…!"

내 말에 영웅은 털털한 웃음을 지으며 말했다.

"저도 결혼해서 애 낳기 전에는 벌레 한 마리 제 손으로 못 죽였어요. 그런데 하루는 애가 바닥에서 자고 있는데 엄지손가락보다 큰 바퀴가 나타난 거예요. 아까보다 더 큰 놈이었죠. 샤샤샥- 기어가는 방향을 보니 자칫하면 우리 애한테로 가겠더라고요. 어떡하겠어요. 그냥 닥치는 대로 손에 집히는 거 잡아다가 내리쳤어요. 집에 아기랑 둘만 있으면 제가 잡아야죠, 뭐. 벌레가 우리 애 몸 위로 기어 올라가게 둘 수는 없잖아요."

밴쿠버 비행에서 바퀴벌레를 때려잡은 엄마 승객은 '어머니는 위대하다'라는 말을 내게 몸소 보여주었다. 나는 내 앞에 앉은 승객이 결혼해서 아이를 낳고 어른이 되어 간 일련의 과정을 떠올렸다. 손님에게 인사하고 돌아서는 순간 엄마의 얼굴이 떠올랐다. 착륙하면 엄마에게 전화해 무턱대고 말하고 싶었다. 늘 고맙다고, 보고 싶다고 말이다.

Q1
한 달 평균 몇 시간의 비행을 하나요?

한 달에 한 번, 승무원들이 자다가도 벌떡 일어나서 확인하는 게 있다. 바로 비행 스케줄이다. 항공사마다 정확한 날짜가 다르긴 하지만, 대개 월말에 그 다음 달 스케줄이 나온다. 승무원들은 스케줄이 나오자마자 주말에 쉬는 날을 찾아서 친구나 가족과 약속을 잡는다. 그리고 동료들과 서로의 스케줄을 공유하며 "비행시간이 너무 많다!"라고 투정을 부리기도 한다. 비행시간은 법적으로 규정되어 있다. 1년에 1100시간 이상, 한 달에 120시간 이상을 법적으로 비행할 수 없다. 국내선, 국제선 모두 포함한 시간으로 실제 비행시간은 80~90시간 정도다. 90~100시간이 되면 비행시간이 많은 편에 속한다. 간혹 승객 중에 국내선과 국제선에 탑승하는 승무원이 따로 구분되어 있다고 알려진 경우가 있는데, 그렇지 않다. 현재 모든 국내 항공사에서는 노선에 따라 승무원을 갈라놓지 않는다.

비행 스케줄이 나오는 날에는 노선에 대한 희비도 엇갈린다. 노선은 장거리, 중거리, 단거리로 나뉜다. 장거리는 미주, 구주, 대양주로 향하는 노선으로 7시간 이상의 비행을 말한다. 중거리는 말레이시아, 인도네시아, 싱가폴, 방콕, 자카르타와 같은 동남아시아 노선으로 5시간 이상 걸린다. 단거리는 국내선 또는 일본, 중국, 홍콩, 마닐라 등 2~4시간 정도 소요되는 비행을 뜻한다. 단거리는 비행시간이 짧으므로 목적지에 도착 후 항공기에서 내리지 않고 바로 다시 돌아온다. 돌아올 때도 역시 승무원으로 비행에 임한다. 이처럼 하나의 비행을 마친 후 바로 돌아오는 스케줄을 '퀵턴'이라고 일컫는다. 이 퀵턴을 국내선 같은 경우에는 2번까지도 가능하다. 즉, 편도로 4번, 왕복으로는 2번 소화하는 스케줄인 것이다예를 들어, 김포-제주, 제주-김포, 김포-울산, 울산-김포. 이를 '더블'이라 부른다.

승무원마다 선호하는 노선은 다르다. 시차 적응에 큰 무리가 없어 깔끔하게 장거리 한 번 다녀오는 걸 좋아하는 사람도 있다. 육아를 병행하는 승무원은 아무래도 빨리 집에 돌아가는 단거리 비행을 선호한다. 시차로 해외에선 잠을 잘 자지 못했던 나도 퀵턴 비행을 좋아했다. 주 5일 동안 퀵턴만 주야장천 한 적도 있다. 집에서 자는 건 좋았지만, 매일 같이 이착륙을 해내야 하는 긴장감에 더 피로하기도 했다. 단거리건 장거리건 비행 자체는 매한가지 지칠 수밖에 없는 것인지도 모르겠다. 지금도 비행하는 동기나 선후배는 약속을 잡을 때 스케줄 표부터 보내온다. 그들의 노선과 비행 스케줄을 보면 다음 달 그들에게 닥칠 고단함이 짐작된다. 그럼에도 그들은 그 힘든 비행을 다녀왔음에도,

혹여나 비행을 그리워할 나를 위해 여행지에서 사 온 선물을 하나씩 늘어놓는다. 그래서일까, 전 · 현직 승무원 동료들과의 만남이 더욱더 고맙게 느껴진다.

Q2
비행 중 예상하지 못한 변수가 있다면?

"죄송합니다만, 비행 탑승 시간이 지연되었습니다."
공항에 있으면 비행 출발 지연 방송을 심심치 않게 듣게 된다. 비행은 폭풍우와 폭설로 아예 결항하거나 공항이 안개에 싸여있다면 안개가 걷힐 때까지 하염없이 지연되기도 한다. 대표적인 불가항력이 천재지변이지 않은가. 비행기 역시 하나의 운송수단이기 때문에 날씨의 영향을 크게 받는다. 궂은 날씨 때문에 제주공항에서 몇백 편이 무더기로 결항해 승객들의 발이 공항에 묶여있다는 기사는 매해 보는 것 같다.

나는 2017년 8월 초강력 허리케인 '하비'가 미국 텍사스주 휴스턴을 강타했을 즈음 휴스턴으로 비행을 다녀왔다. '하비'는 13년 만에 미국에 찾아온 4등급 강도 허리케인이었다. 이 허리케인으로 건물이 무너져내리는 것은 물론 인명 피해까지 속출했다. 피해 복구 비용이 무려 203조 원에 달한다고 텍사스 주지사가 밝혔다. 내가 휴스턴에 머물 때도 비가 거세게 내리고 바람 소리가 귀신 곡소리처럼 울려 퍼졌다. 비바람에 호텔 방 창문이 흔들리는 소리가 종일

이어져 잠을 잘 수 없었던 나는, '비행기가 제대로 뜰 수나 있을까?' 걱정했다. 비행기는 어렵사리 출발했지만, 그 사이 예상치 못한 일이 벌어졌다.

2017. 8. 28

기내에 탑승했는데 어찌 된 영문인지 청소해 주는 직원분들이 보이지 않았다. 바닥에는 크고 작은 쓰레기와 정체 모를 부스러기가 가득했고, 좌석 위로는 제멋대로 나자빠진 담요와 베개들로 너저분했다.

"미안합니다. 오늘부터 태풍이 더 심해져서 직원들이 출근을 못 했어요. 지금 일단 급한 대로 청소 직원 두세 명이 탈 겁니다. 아마 시간이 좀 걸릴 거예요. 승객들에게는 기내 준비 때문에 탑승 지연이 있겠다는 방송을 하겠습니다."

결국 승무원들이 누가 먼저랄 것도 없이 유니폼 재킷을 벗어 던졌다. 고개를 좌석 사이로 처박고 끝날 기미가 보이지 않는 청소를 하고 있는데 뚜벅뚜벅 묵직한 걸음 소리가 들렸다. 그들은 바로! 기장님들이었다.

"이런 상황에 우리도 도와야지요. 뭐부터 하면 될까요?"

"기장님, 감사해요! 음, 그렇다면…."

그렇게 세 분의 기장님이 담요와 베개 세팅 작업을 맡았다. 승무원 열다섯 명과 기장 세 명이 30분간 청소에 몰두했다. 기내는 어느 정도 깔끔한 모습으로 탈바꿈할 수 있었다. 깨끗한 기내를 돌아보며 기장님과 승무원들은 하이파이브를 했다. 기장님들은 땀을 식힐 새도 없이 다시 조종실로 돌아가 착석했다. 이제, 기다리느라 성이 난 승객들의 탑승을 개시해야 했다.

아니나 다를까. 매서운 눈빛으로 째려보며 탑승하는 승객분이 꽤 많았다. 탑승 전부터 한바탕 이루어진 청소 소동으로 지쳐버렸지만, 그때부터가 진짜 시작이었다. 도착지까지 열세 시간 비행 동안 승객분들을 살살 달래며 가느라 녹초가 된 비행이었다.

이처럼 비행이 지연되면 승무원의 업무도 가중 된다. 비행 관련 모든 직종이 그럴 것이다. 나는 비행 중 예상치 못한 천재지변으로 업무가 더 고단해질 때마다, 과거 황정민 배우가 청룡영화제 남우주연상을 받았을 때 했던 밥상 수상 소감을 떠올렸다. 하나의 작품이 완성되기까지는 배우인 자신만의 노력이 있었던 게 아니라, 모두가 고생해서 만든 것이기 때문에 스태프들에게 영광을 돌리고 싶다는 내용이었다. 비행도 마찬가지라는 생각을 했다.

하나의 비행기를 뜨게 하기 위해서는 수많은 직종에 종사하는 사람들이 힘을 모은다. 예약이나 발권을 담당하는 탑승 수속 카운터 직원, 승객의 여행 가방에서부터 수출입을 위한 화물과 국제택배까지 하늘을 통해 실어 나르는 화물 운송업 담당 직원, 항공정비사, 항공기를 정해진 코스로 유도하고 안전한 이착륙을 도와주는 관제사, 공항 내외의 야생 동물과 서식지를 관리하는 야생조수 관리소 직원, 기내에서 서비스되는 기내식과 각종 소모품을 탑재하는 케이터링 직원, 더럽혀진 기내를 정리 정돈해 주는 청소 직원 등 내가 미처 언급하지 못한 항공 관련 직업도 너무나 많다. 한 팀이라도 자신의 업무를 제때 제대로 수행하지 못하면 연결고리가 끊어지듯 다른 직군의 업무에도 지대한 영향을 미친다.

그래서 묵직한 캐리어를 끌고 비행기에 오르면 느껴지는 것이다. 다른 분들이 잘 차려놓은 비행기라는 밥상에 올라타 숟가락 하나를 가볍게 얹는 기분, 수많은 직종에 종사하는 사람들이 만들어 놓은 정성스러운 밥상 말이다. 그러니 쉬이 망쳐놓을 수는 없었다. 승무원들이 갖는 승객의 안전에 대한 책임감과 친절한 미소는 비단 승객들만을 위해서가 아니었다. 하나의 안전한 비행을 위해서 애쓴 수많은 사람의 노고를 감히 짓밟을 수 없기 때문이기도 했다.

Q3
항공 테러 대비를 위해 승무원들은 무엇을 하나요?

비행기는 테러리스트의 주요 목표물이다. 테러리스트들은 무고한 불특정 다수의 민간인을 대상으로 테러를 일으킨다. 특히 민간 항공기를 향한 테러는 다국적의 승객이 모여있는 만큼 전 세계의 관심이 집중되어 테러범의 주장을 쉽게 전파하는 최대의 효과를 끌어낸다. 이에 대비하여 공항과 항공사는 항공 테러에 대비하고자 항공 보안에 전력을 다한다. 하지만 공항 보안 기술이 점차 발전함에 따라 테러리스트의 폭발물 운반 수법도 기발하게 진화했다. 구두 뒷굽에 흉기를 숨기고 탑승해 신발 검사가 보안 검색에 추가됐고, 화장품을 위장한 액체 폭탄으로 액체류의 항공기 객실 반입이 금지되었다. 폭발물을 팬티 속에 숨겨 테러를 시도한 이후에는 전신투시기가 전면적으로 도입되었다. 개 두 마리의 뱃속에 폭탄을 넣어 테러를 시도했지만, 탑승 전 케이지 안에서 개가 죽어버리는 바람에 들통난 적도 있다.

브래지어나 팬티에 폭발물을 숨기거나, 수술을 통해 폭발물을 체내에 설치하여 작동은 핸드폰으로 원격 조작을 하는 자살 테러도 있다. 2009년 8월에는 사우디아라비아의 무하마드 빈 나예프 왕자가 알카에다 조직원의 자폭 테러를 당했다. 당시 테러리스트는 항문 속에 폭발물을 은닉했다. 이 테러 사건은 기내에서 일어난 것은 아니었지만, 항공보안에 큰 긴장감을 조성했다. 폭발물을 항문에 집어넣거나 삼키고 탑승할 경우 전신투시기로도 탐지가 어렵기 때문이다. 최근에는 여성의 가슴에 폭약을 주입하는 방법까지 동원되고 있다. 실제로 2009년 미국에서는 테러리스트가 고성능 폭발물질인 폭약을 팬티에 꿰매고 탑승해 항공기 폭파 테러를 시도했다. 이처럼 항공기 테러는 갈수록 정교하고 치밀해지고 있다.

그러므로 객실승무원은 모든 승객의 일거수일투족을, 기내의 전반적인 상황을 예의주시할 수밖에 없다. 잠재적인 위험 요소에도 예민하게 반응하며 사건 사고로 이어지지 않게끔 방지해야 한다. 내가 근무했던 일본항공사는 기내식 서비스를 제공할 때 노땡큐 승객식사를 안 하겠다는 의사를 표현하신 승객과 슬리핑 승객주무시는 승객을 모두 메모한다. 만일 내가 담당한 서비스 구역의 승객이 아무것도 먹지 않는 경우, 사무장에게 보고를 올려야 한다. 보고를 받은 사무장은 직접 한 번 더 해당 승객에게 다가가 식사 여부를 확인하거나, 담당 구역의 승무원에게 지시를 내린다. 승무원은 식사를 거부한 승객들에게 남은 비행시간 동안 한 번 더 식사를 권하거나 간단한 음료 및 스낵을 제공한다.

이러한 서비스는 승무원이 승객들의 끼니를 잘 챙겨주는 것처럼 보일 수도 있겠다. 하지만 승무원이 승객의 식사를 이렇게까지 신경 쓰는 이유는 따로 있다. 만에 하나, 그 승객이 테러리스트일 수도 있기 때문이다. 물론 거의 모든 승객이 테러와는 거리가 멀다. 그럼에도 승무원은 마치 모든 승객을 테러리스트처럼 경계하며 대해야 한다. 긴 비행시간 내내 아무것도 먹지 않는 승객을 분명 수상하다고 생각하는 것이다. 식사를 거부한 승객이 입안이나 목구멍에 무언가를 숨기고 있지는 않은지 혹시 모를 상황을 생각한다. 자리에 앉아 안절부절못하거나 계속 눈치를 보고 땀을 흘리는 승객 또한 주시할 수밖에 없다. 한 승객이 화장실을 너무 오래 사용한다면, 노크하며 상황을 살핀다. 승객이 무사한지 확인함과 동시에 다른 일을 벌이지는 않는지 의심하는 것이다. 객실 한구석에 동떨어져 있는 물건을 발견했을 때도 폭발물은 아닌지 조심스럽게 확인하는 절차를 거친다. 이처럼 객실승무원은 기내에 있는 다양한 위험요소를 인지한 후 이를 제거함과 동시에 사고를 예방한다.

Q4
취객 발생 시 대처할 수 있는 매뉴얼이 있나요?

술에 취한 승객은 잊을 만하면 종종 나타난다. 순박한 얼굴을 지닌 사람도 대취하면 순식간에 매우 위험한 존재로 변모할 수 있다. 술에 취해 판단력이 약해져 다른 승객에게 피해를 주거나 기내 안전 설비에 위해를 가하는 돌발 행동을 할 수 있기 때문이다. 실제로 2016년 12월 대한항공에서는 기내 취객 난동 사건으로 한바탕 난리가 난 적 있다. 취객은 이륙 후 식사와 함께 위스키 2잔 반을 마신 뒤 옆 승객에게 시비를 걸고 얼굴을 손으로 가격했다. 이후 사무장이 기내 난동 승객 처리 절차에 따라 승객의 안전 위협 행위에 대해 경고 및 경고장을 제시했음에도 취객은 승객과 승무원을 대상으로 폭행 및 폭언을 계속 일삼았다. 이에 객실승무원들은 테이저건까지 준비했으나 주변 승객들이 가까이 있어 테이저건을 사용하지는 못하고 포승줄을 이용해 취객을 결박했다.

해외에서도 마찬가지다. 2019년 태국 타이스마일항공 기내에서는 술에 취한 승객이 이륙 직전 항공기 비상문을 뜯었다. 이륙을 앞두고 공항 활주로에서 대기하던 중, 취객이 비행기 왼쪽 날개 부근의 비상구를 향해 뛰어가 문을 잡아당긴 것이다. 취객의 난동으로 비상 탈출용 슬라이드까지 작동돼 큰 소동이 벌어졌다. 이처럼 기내에서의 난동과 폭동은 비단 개인의 문제가 아니라 항공기에 탑승한 전 승객의 안전과 직결되기에 중히 다룬다. 따라서 승무원은 늘 날카로운 눈썰미로 승객들을 살펴보며 기내에서 만취하는 일이 벌어지지 않도록 예의주시한다. 그럼에도 불구하고 취객이 발생한 경우, 조기에 잡아내 조치해야 한다.

승객의 주류 남용 기준은 항공기 출발 전, 출발 후, 비행 중에 따라 대응이 달라진다. 애초에 만취된 것으로 보이는 승객을 탑승시켜서는 안 된다. 항공기 출발 전 기내에서 만취한 것처럼 보이는 승객이 있는 경우, 승무원은 기장과 지상 운송직원에게 즉시 통보한다. 승객을 하기할 필요가 있다고 판단한 경우에는 기장이 사무장 또는 공항지점 책임자와 협의해 하기할 수 있도록 조치한다. 항공기가 출발한 뒤 만취 승객을 발견하면 승무원은 기장에게 즉각 보고하여 승객 하기를 위한 주기장으로의 복귀 여부를 협의해야 한다. 주기장으로 복귀를 결정한 경우, 기장은 항공기 관제소를 통하여 공항 지점장에게 사전 통보한다.

비행 중에는 술에 취한 것으로 보이는 승객에게 알코올성 음료를 제공하지 않아야 한다. 승객이 난동을 부리는 경우 객실승무원은 기장의 지시에 따라 기내에 비치된 보안 장비를 이용하여 승객을 제압할 수 있다. 사태가 급박한 경우에는 인접 공항에 비상 착륙을 시도하고, 착륙 후 기장은 사무장과 공항 운송 책임자와 상의하여 해당 승객의 하기 여부를 결정한다. 또한, 과음으로 인한 불상사를 예방하기 위해 기내에서는 당사가 제공하지 않은 알코올성 음료는 마시지 않도록 정중히 안내한다. 객실승무원들 사이에서는 비행 중에 제공한 주류와 관련된 특이사항에 대해서도 정보를 공유한다. 이때 자신이 맡은 서비스 구역의 승객뿐만 아니라 동료 승무원이 담당한 구역의 승객 정보에 대해서도 적극적으로 일러준다. 특히 3회 이상 알코올성 음료를 제공한 승객의 경우에는 비행 내내 해당 승객의 몸짓이나 행동을 관찰한다. 객실승무원은 계속되는 음주가 비행의 안전과 승무원의 업무를 저해할 것으로 판단되면, 해당 승객에게 주류 제공을 즉시 중단할 수 있다.

이처럼 취객 발생 시 대처할 수 있는 매뉴얼이 있긴 하지만, 가장 좋은 방향은 취객이 아예 나타나지 않도록 미리 조심하는 것일 터이다. 그래서 객실승무원 업무 매뉴얼에는 알코올성 음료 규정까지 있다. 비행 중인 기내에서 마시는 술은 지상에서보다 더 강력하게 작용해 쉽게 만취할 위험이 있기 때문이다. 비행기가 이륙하면 높은 고도로 기내의 기압이 낮아지고 이에 따라 산소가 희박해 뇌로 전달되는 산소량이 부족해진다. 몸이 호흡과 맥박수를 높여 저산소 상태가 되는데, 이것이 바로 기내에서 더 빠르게 취하는 요인이 된다. 저산소 상태가 되면 신체 활동 능력이 떨어지고 판단력이 둔해진다. 여기에 술까지 더해지면 그 영향이 배가 되는 것이다. 실제로 승무원 롤플레잉 면접에서 취객 관련한 질문이 나오기도 한다.

질문 : 술에 취한 승객이 계속해서 술을 달라고 요구하면 어떻게 할 것인가요?

답변 : 저는 승객분에게 상공에서는 지상보다 더 빠르게 취할 가능성이 높다는 점을 정중하게 말씀드리겠습니다. 이후에 바로 주류를 제공하지 않고, 따뜻한 차나 물과 함께 간식을 드셔보길 권하겠습니다. 그리고 이와 같은 사실을 사무장님과 동료 승무원들에게 공유하여, 해당 승객에게 알코올성 음료가 제공되지 않도록 각별한 주의를 기울이겠습니다. 남은 비행시간 동안에도 승객을 예의주시하면서, 다른 필요한 부분이 있으시다면 즉각 충족시키도록 하겠습니다.

담배를 피우고 싶고, 술을 마시고 싶은 승객에게 무조건 안 된다고 밀어붙이는 경우 역효과가 날 수 있다. 순순히 받아들이지 않고 기어코 몰래 하는 사람이 있기 때문이다. 그래서 대체재를 활용함으로써 다른 방향으로 욕구를 충족하는 것이다. 내 동기는 장거리 비행에서 술 때문에 곤혹스러운 경험을 겪기도 했다. 한 외국인 승객이 공항에서 면세로 산 위스키를 남몰래 홀짝홀짝 마시고는 정신을 잃어 자리에서 소변까지 본 것이다. 주변 승객들의 아우성을 받아내며 동기 언니와 동료 승무원들은 기내 바닥을 흠뻑 적신 소변을 닦고 또 닦아야 했다. 흡연도 마찬가지다. 기내에서의 흡연은 금지되어 있지만, 화장실에는 재떨이가 있다. 그 이유는 승객이 결국 참지 못하고 몰래 흡연을 했다면, 담배꽁초만이라도 안전하게 버려 객실 화재로 이어지지 않도록 하기 위함이다.

그래서 승무원인 우리는 객실 전체를 걷고 또 걸으며 기내 상황을, 승객들의 표정과 안색을 살펴야 한다. 술을 더 달라고 하는 승객에겐 웃으면서 차나 주스를 권해본다. 흡연으로 의심되는 승객에겐 그저 경고만 하고 끝내는 것이 아니라 달콤한 간식을 정기적으로 제공해서 입을 심심하지 않게 만든다. 남은 비행시간 동안 금연할 수 있게 돕는 것이다. 그렇게 기내를 둘러보는 와중에도 놓치는 게 많다. 동기 언니도 술을 슬그머니 숨겨가며 마시는 승객을 놓쳤기에 그 사달이 난 거 아니겠는가. 하긴, 나는 인도 비행에서 기내 통로에 덩그러니 놓인 대변을 치워본 적도 있으니, 승무원의 일이란 참 승객에 따라 예측할 수 없는 일이 벌어지기에 다이내믹한 것 같다.

2 승무원의 관리

일본에서 한국으로 들어오는 비행이었다. 웬만한 연예인보다 아름다워서 충격적인 비주얼의 여인이 비즈니스 클래스에 탑승했다. 다리가 얼마나 빼빼 말랐는지 내 팔뚝만 했다. 탑승권을 내미는 손목은 너무 가녀려 톡 하고 꺾으면 부러질 것 같았다. 언뜻 본 손등에도 살이라곤 없어 뼈대가 다 드러나 보일 정도였다. 좌석 안내 후 몰래 뒷모습을 살펴봤는데 마치 종이 인형이 걸어가는 것만 같았다. 이륙 직전 그를 본 후배가 호들갑을 떨며 말했다.

"어머, 어머! 선배님, 저 손님 몰라요? 인스타에서 완전 유명해요! 저도 인스타 팔로잉하고 있었는데! 진짜 말랐다. 예쁘긴 또 엄청 예쁘네…! 쇼핑몰로 대박 난 사람이에요."

과연 그는 SNS 스타답게 화려하게 예뻤고 키도 컸으며 피부까지 좋았다. 그리고 지나치게 말랐다. 비즈니스 클래스의 다른 남성 승객들이 힐끔거리며 그를 훔쳐보았다.

그는 메인 식사 전에 제공하는 음료로 물만 두 잔을 마셨다. 비즈니스 클래스에서 맥주나 와인을 시키고 칵테일까지 즐기는 다른 승객들과 비교되었지만, 나야 서비스하기에 편하니 좋기만 했다. 음료 서비스가 끝나고 곧바로 식사 서비스에 돌입했다. 이번 달 메인요리는 비프 라자냐였다. 얇은 반죽 사이사이에 비프 소스를 넣고 오븐에 구워 마지막으로 파마산 치즈를 살짝 뿌린 요리였다. 한눈에 봐도 칼로리가 높을 만한 음식이었다. 승객들은 고분고분 라자냐를 받아들었고, 나는 마지막 트레이를 들고 제일 끝줄에 앉은 SNS 스타인 그에게 다가갔다.

"기내식 준비해드리겠습니다. 오늘 식사는 라자냐입니다."

"네? 라자냐요? 다른 거 없어요?"

그가 어안이 벙벙한 표정으로 대뜸 물었다. 장거리 노선엔 기내식 종류가 다양하게 있지만, 단거리 노선에는 기내식이 한 종류만 실리기에 오늘 준비된 기내식은 라자냐뿐임을 설명했다. 그는 과일이나 요거트, 저지방 우유는 없는지 물었다.

"죄송합니다. 없습니다. 그것도 과일이나 요거트는 장거리나 중거리 노선에 있습니다…. 우유는 저지방 우유는 없지만, 일반 우유는 있습니다."

그는 가뜩이나 큰 눈을 둥그렇게 치떴다.

"살 안 찌는 거 뭐 없어요?"

그의 좁고 야윈 어깨가 들썩였다. 나는 잠시 기내식 트레이를 내려다보고는 말을 이었다.

"그러면… 애피타이저를 더 드시겠습니까? 가지 샐러드랑 살짝 양념 된 삶은 새우를 더 가져다드릴게요. 크림치즈

위에 올린 오렌지도 함께 제공해 드리겠습니다."
그는 그제야 흐뭇한 표정을 지으며 대답했다.
"네. 알아서 살 안 찌는 것들로 준비해 주세요."

갤리로 돌아와 라자냐는 가만히 두고 옆으로 애피타이저를 옹기종기 예쁘게 쌓아 올렸다. 직사각형인 하얀 사기그릇 왼쪽에는 가지 샐러드를 모아놓았고 오른쪽으로 새우 여섯 개를 두었다. 가운데에는 크림치즈가 밑에 깔린 오렌지 두 쪽을 두어 제법 그럴듯한 모양새를 갖췄다. 원하시는 것들이 다 없어서 죄송하다는 말씀과 함께 아무쪼록 맛있게 드시길 권했다. 그는 가는 손목을 들어 올려 더 얇고 가는 손가락으로 젓가락을 들었다. '철저하게 관리하면서 먹어야 저렇게까지 마를 수 있구나…' 나는 그저 속으로 생각했다. 식사가 마무리됐을 때쯤 접시를 회수하러 갔다.
"식사 맛있게 하셨습니까. 커피나 녹차 준비해드릴까요?"
그렇게 나는 그가 먹은 기내식 트레이를 치우기 위해 들었는데, 어쩐 일인지 트레이가 아주 가벼웠다. 트레이를 내려다보니 그가 기겁했던 라자냐는 흔적도 없이 사라진 채였다. 더 가져다주었던 애피타이저 역시 하나도 남지 않았다. '뭐지?' 그는 오히려 다른 승객들보다 라자냐에 추가된 애피타이저까지 더 많은 양을 먹어버린 것이다. 쇼핑몰을 운영하고, SNS 스타이기에 몸매 관리에 철저했던 그도 하늘 위 기내식의 유혹을 이길 수는 없었나 보다.

비행을 마치고 호들갑 떨던 후배와 함께 전철을 타러 갔다. 후배는 종이 인형 같던 승객을 찬양하며 말했다.
"어휴. 내일부터 진짜 저도 다이어트할 거예요. 비행하면서 살만 찐 것 같아요."
"지금도 예쁜데…. 무슨 다이어트에요."
"선배님은 몰라서 그래요! 살 잘 찌는 체질이 정말 얼마나 스트레스인데요."
후배는 누가 보아도 늘씬하다고 생각할 모습이었지만, 별다른 할 말이 없어 웃어넘겼다. 더 날씬해지고 싶은 욕망에는 끝이 없다. 그래도 나는 마른 몸매보다 더 중요한 게 있다고 믿는다. 그건 바로 내 몸을 아끼면서 몸으로 할 수 있는 일에 감사하는 태도다. 여성 심리학을 가르치는 러네이 엥겔른은 몸의 기능에 초점을 맞추라고 말한다. 다리를 몸에서 가장 섹시하고 매력적인 부분이라 생각하며 운동을 할 게 아니라, 다리로 춤을 추고 달리고 일하고 원하는 곳으로 가고 운동까지 할 수 있어서 좋다고 생각하라는 것이다. 자신의 몸이 다른 사람들에게 어떻게 보일지 신경쓰는 것보다 몸으로 무엇을 할 수 있는지에 초점을 맞추면 몸에 대해 긍정적인 감정을 가질 수 있다는 소리다.

지나친 다이어트와 식이요법으로 몸에 무리를 주고, 거울에 비친 몸을 보고 스트레스를 받아 시도 때도 없이 우울해진다면 그날 하루도 망쳐버리기 쉽다. 나를 위한 하루의 즐거움을 마련하는 사람은 나 자신뿐이다. 에너지와 스태

미나를 위해 정성껏 차린 밥상을 외면한다면, 기력을 잃는 사람 역시 나 자신뿐이다. SNS 스타가 라자냐에 기겁하면서 칼로리 낮은 음식만 찾다가 결국 싹 다 먹어치운 모습이 나는 통쾌하게까지 느껴졌다. 어쩌면 그는 그토록 신경 쓰던 몸매에서 벗어나 정말 오래간만에 몸의 욕구를 받아들인 것인지도 몰랐다. 나도 한때는 종아리 알이 단단하게 박혀있는 내 다리가 싫었지만, 지금은 이 튼실한 하체 덕분에 별 탈 없이 하늘 위에서 걷고 또 걸으며 부지런히 일할 수 있었다고 생각한다. 내 몸은 타인에게 잘 보이기 위해 가꾸는 사물이 아니라 내가 원하는 곳으로 걸어가고, 뛰기도 하며, 친구를 만나고, 껴안고, 운동하게 거든다. 사랑하는 일을 할 수 있게끔 힘을 보태고, 지금보다 강인한 삶을 살 수 있도록 돕는 나의 일부니까. 이보다 더 충만할 수 없다고 생각한다.

Q1
승무원은 외모 관리가 필수인가요?

항공사마다 어느 정도 차이는 있겠지만, 승무원으로서 외모 관리는 하지 않을 수 없는 게 현실이다. 항공사에서 '서비스 교범'이나 '이미지 메이킹 체크리스트'와 같은 문서에 객실승무원의 용모 책임 사항을 명시해두고 있기 때문이다. 최근 많이 완화되긴 했지만, 국내 항공사의 외모 관련한 규정은 무척이나 세세한 편이다. 헤어스타일과 메이크업은 물론이고, 손톱은 길이와 색상까지 정해져 있으며, 스타킹이나 구두도 회사 지급품만을 착용해야 한다. 항공업계의 팽배한 외모 지상주의에서 비롯된 규정들이다. 이는 동양 문화권에서 유독 두드러지게 나타난다.

포털 사이트에서 '승무원 적정 체중표'라고 검색만 해도 여러 항공사의 체중표를 확인할 수 있다. 키에 따라 적정 체중, 과체중, 초과체중까지 나와 있는데 적정 체중이라고 제시된 몸무게 자체도 확실히 마른 편이다. 체중표를 올린 게시글에는 한숨 섞인 댓글들이 달려있다. '제가 바로 과체중이네요. 반성하게 됩니다.', '저는 바로 탈락이네요.', '승무원들 대체 밥은 먹고 사는가…' 승무원 적정 체중표를 보지 않더라도 우리는 이미 알고 있다. 대부분 승무원이 키가 크고 마른 체형이라는 사실을 말이다. 이는 지금까지 국내 항공사에서 밀어붙이는 광고 속 이미지에 더해 실제로 공항이나 비행기에서 마주하는 승무원들의 모습, 마른 사람만 소화할 수 있을 것 같은 유니폼 디자인 등을 통해 충분히 파악할 수 있다.

몇 년 전만 하더라도 키와 몸무게를 면접 전에 측정했었다. 나 역시 한 국내 항공사의 면접을 보러 갔을 때, 키와 몸무게를 잰 경험이 있다. 면접복을 차려입은 지원자들이 일렬로 줄을 서서 갑자기 신체검사를 하는 모양새란, 기묘한 느낌을 자아냈다. 현재 국내 항공사들은 인권 문제로 키 제한을 폐지했지만, '암리치'를 대신 시행하고 있다. 암리치는 평평한 바닥에 서서 발의 뒤꿈치를 최대한 들고, 한쪽 손을 쭉 뻗어 손가락 끝이 닿는 높이를 측정하는 것이다. 208cm부터 210~220cm까지 항공사마다 암리치 제한은 다양하다. 암리치를 측정하는 이유는 객실승무원의 업무인 안전과 연관이 있다. 먼저, 주요 안전 장비가 항공기의 좌석 위 수납함에 있으므로 이를 점검하거나 사용해야 할 때 손쉽게 가닿을 수 있는지 확인하기 위한 것이다. 이착륙 시나 비행 중에는 기내 선반에서 짐이 갑작스럽게 승객의 머리 위로 떨어져 부상이 생기지 않도록 선반의 닫힘 여부도 수시로 확인해야 한다. 그래서 항공사는 항공기의 기내 선반 높이 정도로 암리치 기준을 세운다.

이렇듯 승무원의 키는 안전 업무와도 이어지기에 외모나 비율을 보는 것으로만 치부할 수는 없겠다. 그렇다면 몸무게는 어떨까. 승무원의 몸무게가 항공기의 안전한 운항에 과연 기여하는 바가 있기에 화두가 되는 것일까. 객실승무원의 체중 제한을 두지 않는 항공사도 있지만, 여전히 많은 항공사가 승무원의 체중까지 관리하고 있다. 2019년 1월 파키스탄국제항공은 '비만 승무원은 6개월 안에 체중을 감량하지 않으면 비행기에서 내려야 할 것'이라는 내부 공지사항이 유출되어 논란에 휩싸이기도 했다. 2015년에는 인도 국영항공사인 에어인디아가 과체중 객실승무원 125명을 비행 업무에서 제외하기도 했다. 이들 중 일부는 지상 근무로 전환되거나 희망퇴직을 권고받았다. 에어인디아는 앞서 2009년에도 비만을 이유로 여성 승무원 9명을 해고했다.

2018년 대한항공의 오너 일가 갑질이 논란이 되었을 때, 대한항공에서 근무했던 한 승무원은 언론 매체와의 인터뷰에서 "승무원이 뚱뚱하거나 못생기면 오너 가족 눈에 거슬린다는 이유로 경위서를 썼다."라고 고백했다. 2020년 말레이시아에서는 회사가 마련한 몸무게 기준을 0.7㎏ 초과한 승무원이 해고된 뒤 낸 소송에서 패소한 사건도 있었다. 말레이시아 현지 법원은 말레이시아항공이 몸무게 기준 초과를 이유로 승무원을 해고한 행위는 합당하다고 판결했다. 회사가 승무원에게 충분히 기회를 줬지만 지키지 못했고 체중 기준은 모든 승무원에게 적용돼 차별적 사규는 아니라는 이유에서였다. 앞서 말레이시아항공은 브랜드 이미지를 유지하겠다며 몸무게 기준을 정해 승무원들에게 적용한 바 있다.

그리고 가장 최근인 2023년 하이난항공은 기준 체중을 초과하는 여성 승무원을 업무에서 배제하는 내용이 담긴 지침을 밝혔다. 항공사가 제시한 기준 체중 계산 방식은 '키(㎝)-110'으로, 만약 165인 승무원일 경우 기준 체중은 55kg이 되는 셈이다. 하이난항공은 과체중 5% 이하 여성 승무원에 대해서는 주기적으로 체중을 모니터링하겠다고 공지하는 한편, 기준 체중의 10%를 초과하는 승무원에 대해서는 즉시 비행을 중단하고 체중 감량을 요구한다는 방침을 내세웠다. 중국 내에선 살이 쪘다는 이유로 여성 승무원에 대한 운항 중단을 명시하는 것이 부적절하다는 비판 여론과 함께 노동법 위반이라는 얘기도 나왔다. 규제 내용은 적법하고 합리적이어야 하는데, 하이난항공의 규정은 아무런 법적 근거 없이 근로자의 체중을 제한하고 있다는 의견이다.

그럼에도 불구하고 항공사 측은 체중 요구 도입에 대해 전문적인 이미지를 유지한다는 의미가 있다고 밝혔다. 이처럼 동양권 항공사에서 승무원의 체중과 외모 관리 규정을 비행에 적합한 '자격 여부'로까지 몰고 가는 게 지금까지의 현실이다. 분위기가 이러하니 승무원이 되어서도 외모 관리를 계속할 수밖에 없다. 깔끔한 용모와 첫인상을 가꾸는 건 중요하다고 생각한다. 우리는 계속해서 외모에 신경 쓰게 될 것이다.

다만, 외모에만 신경을 쓰느라 다른 중요한 목표에서 멀어지지는 않아야 한다고 믿는다. 이토록 넓은 세상에서 내가 봐야 하는 게 거울 속 내 모습뿐 일리가 없다. 시선은 바깥 세상을 향해 뻗어 나가야 한다. 승무원으로서도 체중계의 눈금보다 중요한 것이 분명 더 많다고 생각한다. 안전 업무에 집중하기 위한 체력과 승객을 향한 다정한 마음, 지친 동료를 위해 뒤에서 받쳐주는 헤아림까지. 그래서 승무원들은 작은 거울을 내려놓고 그저 마르고 예쁜 존재가 아닌, 더 나은 승무원이 되고자 한다. 기내에서 잠시 숨을 고르고 정면을 응시하면, 수많은 승객이 우리를 마주하고 있기 때문이다. 우리는 그들에게 외모 이상의 의미를 지닌 존재가 되고 싶다.

Q2
외모에 관련된 규정이 정해져 있나요?

보통의 직장인들이 승무원 외모 관련 규정을 보면 놀랄 수밖에 없을 것이다. 그만큼 규정이 머리끝부터 발끝까지 세세하고 빡빡하게 구성되어 있다. 먼저 머리부터 차근차근 살펴보자.

FSC 항공사 대한항공에서는 헤어스타일과 관련해 지나치게 밝은 색상 및 원색 계열의 염색과 탈색이 불가하다. 올림머리를 해야 하며, 머리핀이나 머리띠도 회사에서 지급한 용품을 청결하게 관리하고 착용해야 한다. 단발일 경우 유니폼 상의 어깨선에 닿지 않는 길이로 머리카락이 얼굴 앞쪽으로 흘러내리지 않도록 유의해야 한다. 국내 항공사 중에서 가장 엄격한 어피어런스 규정을 유지하고 있다. 아시아나항공은 2018년 4월 승무원 복장 규정을 완화했다. 이동 시 의무적으로 착용해야 했던 모자로 승무원들의 불편함이 많은 만큼 30년 만에 모자를 착용하지 않는 쪽으로 규정을 변경했다. 헤어스타일도 포니테일까지 가능해졌다.

반면 LCC 항공사들은 객실승무원의 자율성 보장 차원에서 기존의 딱딱한 규정을 대거 완화했다. 2018년 5월 티웨이항공은 객실승무원의 헤어스타일 규정을 완전히 없앴으며, 식음료 서비스 시에만 머리를 묶어서 연출하도록 했다. 같은 해 제주항공 역시 두발 자율화를 진행했다. 다른 LCC 항공사들 또한 대한항공보다는 완화된 두발 규정으로 올림머리와 단발 한정에서 포니테일과 숏컷 등으로 확대 시행하고 있다.

얼굴의 색조 화장 같은 경우 대한항공은 강한 펄감의 아이섀도와 밝은 원색 계열의 마스카라나 아이라이너가 불가하다. 지나친 인조 속눈썹 부착 및 과도한 속눈썹 연장술도 지양하게 되어있다. 메이크업 규정은 비단 국내 항공사에만 적용되는 문제는 아니다. 에미레이트 항공에서는 눈썹을 진하게 그려야 하며, 립스틱은 빨간색으로 발라야 한다. 아이섀도나 파운데이션까지 규정을 제시하고 있다. 카타르 항공 역시 색조 화장을 진하게 해야 한다. 싱가포르 항공에서는 머리 색상과 스타일, 아이섀도, 립스틱, 매니큐어의 색까지 규율로 정해놓았다. 이러한 외모 규정은 주로 아시아와 중동지역 항공사에서 뚜렷하게 규정하고 있다.

손톱도 관리 대상이다. 대한항공은 무색/유색 매니큐어를 발라서 손톱을 항상 깨끗하게 관리해야 함을 명시하고 있다. 무색이더라도 매니큐어는 꼭 발라야 한다는 소리다.

손톱 길이도 2mm를 유지하며, 권장하는 색상으로는 은은한 파스텔 톤의 베이지, 핑크, 피치 계열이 있다. 지나치게 강한 원색이나 형광 및 펄감의 색상은 불가하다. 티웨이항공은 3mm 이내로 맨손톱도 가능하다. 다만, 매니큐어를 사용할 시 규정이 따로 있다. 외관상 지나치게 화려한 디자인은 금한다. 제주항공도 단색 매니큐어만을 사용하도록 허용해왔으나, 2018년부터 과한 큐빅이나 스톤아트를 제외한 모든 색의 네일아트가 가능하도록 규정을 수정했다.

대한항공은 살색 스타킹과 구두도 회사 지급품만을 착용하도록 규정하고 있다. 이외에도 장신구로 시계, 반지, 귀걸이, 팔찌, 안경, 피어싱 및 문신까지 세세한 규정을 제시한다. 팔찌와 안경, 피어싱 및 문신은 아예 불가하다. 반면 제주항공은 안경 착용을 허용하며, 에어로케이 역시 안경 착용이 가능하고 문신 또한 개별적인 취향이라고 생각해 존중한다. 티웨이항공에서는 피어싱을 귀 이외 신체 부위에서는 착용을 금하고, 문신도 해선 안 된다.

이처럼 항공사마다 조금씩 다르긴 하지만, 보편적으로 외모 관련 규정이 상당히 자세한 편이다. 그래도 과거에 비하면 LCC 항공사들을 중심으로 많은 변화가 일었다. 특히 에어로케이 항공사는 젠더리스Genderless라는 콘셉트로 유니폼을 선보이며, 남녀 간 유니폼에 차별을 두지 않았다. 기존 승무원들의 복장이 안전과 거리가 멀고, 미美에만 중심을 맞췄기에 에어로케이는 승무원 유니폼을 '전투복'이라고 생각하며 만들었다고 전했다.

2023년 호주 콴타스항공은 1920년 창립 이후 100년 만에 처음으로 승무원 복장 규정을 완화했다. 여성 승무원은 하이힐 대신 굽 낮은 플랫슈즈를 신어도 되며, 화장을 의무적으로 하지 않아도 된다. 남성 승무원 또한 색조 화장이 가능해졌고, 머리를 기를 수 있게 되었다. 2019년 영국의 버진 애틀랜틱 항공사도 여성 승무원들에게 적용했던 메이크업 의무 규정을 폐지했다. 이처럼 항공업계는 승무원들이 주체적이고 자율적으로 비행할 수 있는 환경으로 변하였고, 지금도 변화하는 중이다. 분명 조금씩 나아지고 있다는 게 중요하다.

10년 동안 비행하며 나는 단발머리를 고수했다. 새벽 비행이나 밤 비행으로 잠에 쫓기는 승무원에게 조금 더 일찍 일어나서 머리를 매만지는 일은 곤혹이었기 때문이다. 승무원 면접을 보러 다니던 그 시점까지, 허리 아래로 내려오는 긴 머리를 유지했던 사람이었지만, 비행을 시작한 지 3개월도 안 되어 머리를 싹둑 자르고 단발머리로 출근하게 되었다. 그때만 해도 퍽 억울한 심정이었다. 신입이었으니 잠자코 항공사 규정을 따를 생각뿐이었다. 하지만 마음 한구석에서는 무언가 답답하고 찜찜한 부분이 크게 차지했다. 머리를 푸르고 출근하고 싶다는 생각이나 상상은 하기도 어려웠다. 국내 모든 항공사가 올림머리를 철저하게 고수하고 있었기 때문이다.

연차가 쌓여 사무장으로 진급하고, 행정 승무원으로 근무하게 되었을 때 나는 기다렸다는 듯이 두발 자율화를 이끌었다. 책『나는 멈춘 비행기의 승무원입니다』에서 나는 이렇게 썼다.

'매일같이 비행하는 우리는 뭐가 더 중요한 일인지 누구보다 잘 알고 있다. 승객의 안색을 살피는 일보다 손거울을 들여다보는 일이 중요할 수 없다는 것을, 안전 업무에 집중하기보다 몸에 꽉 끼는 유니폼에 주의를 빼앗기는 게 잘못됐다는 것을, 보이는 이미지에 신경 쓰느라 육체적 · 정신적 에너지를 소비하는 일보다 동료와 즐거운 비행을 만들어나가는 일이 더 가치 있음을 잘 안다. 서비스 최전선에서 승무원 업무를 몸소 수행하는 사람이 불편 사항을 회사에 적극적으로 건의하고, 문화를 바꿔나가기 위해 직접 나서야 한다.'

이러한 믿음으로 나는 혼자서 전 승무원들을 상대로 설문조사를 진행했다. 그리고 그 결과를 토대로 대표이사님과 상사 앞에서 '객실승무원 두발 자율화 시행 건' 프레젠테이션을 했다. 이는 바로 받아들여졌고, 우리 승무원들은 곧 머리를 올려 고정하는 대신 머리를 후련하게 풀거나 편안하게 묶고 비행할 수 있었다. 나는 자연스러운 모습으로 비행하는 후배들을 볼 때마다 뿌듯한 마음이 들었다. 수십 년간 여성 승무원에게 가해진 고단한 규정과 전통적 이미지는 해체되어야 하기 때문이다. 나는 이 책을 읽는 당신이 승무원이 되어 또 다른 변화를 이끌지도 모른단 생각을 한다. 그래서 내심 기대되는 마음으로 꿈꾼다. 곱게 화장하고 차려입은 인형이 아니라, 에너지 넘치게 움직이며 활동하는 안전요원으로 이륙하는 승무원의 모습을 그려본다.

Check-in
E

Q3
승무원이 되려면 성형을 꼭 해야 하나요?

"쌍꺼풀만 하지 말고요?"

"말씀드렸다시피, 쌍꺼풀을 하실 거면 코도 같이 세우는 게 더 좋아요. 콧대가 없는 편이잖아요? 그런데 콧볼은 또 넓으시고요. 같이 수술하면 완성도가 더 높을 거예요."

10년 전 성형외과 상담실에서 오고 갔던 대화다. 대학교 2학년 겨울방학을 맞이해 성형수술을 결심한 친구를 따라 갔다가 재미 삼아 상담이나 받아보았다. 친구는 앞트임과 쌍꺼풀 수술을 했다. 난 수술까지 하지는 않았다. 상담 실장의 '완성도가 높을 것'이라는 말로 미루어 보면 지금의 내 얼굴은 미완성이란 소리인가 싶어 잠시 의아했지만, 따지고들 수는 없었다. 가벼운 마음으로 받은 상담이었음에도 누군가 내 얼굴을 미완성된 것으로 치부한 경험이 썩 유쾌하진 않았다. 친구의 수술 자국이 아물어감에 따라 나의 찜찜했던 마음도 옅어졌다. 시간이 지나 4학년이 된 우리는 취업이라는 현실 앞에서 분주하기만 했다.

본격적으로 승무원 준비를 시작하고 면접을 보면서 낙방 소식을 들을 때마다 그날의 기억이 떠올랐다. 내가 쌍꺼풀이 없어서, 아니 쌍꺼풀이 없고 콧대가 높지 않은 데다가 콧볼까지 넓어서 떨어진 것만 같았다. 그렇게 생각하지 않으려고 해도 매번 성형외과 상담실장의 단호한 목소리가 귓전을 다시 울렸고, 나는 작은 손거울을 들어 이목구비를 요리조리 뜯어보았다. 결론부터 말하자면 나는 수술을 하지 않았다. 성형을 안 해도 승무원이 될 수 있고, 성형하더라도 승무원 면접에서 떨어질 수 있다. 성형이 무조건인 해결책은 아니다. 실제 승무원 동료들을 살펴봐도 대부분 편안하고 친근한 인상이었다. 승무원 중에 미인대회 출신의 절세미인도 있는 데 반해, 미인대회 출신임에도 불구하고 떨어지는 사람도 많다. 평범한 듯하지만 웃는 순간 순식간에 주변을 밝히는 분위기의 동료들이 더 많았다.

한국에서 '승무원'이라고 하면 바로 연상되는 특정 이미지가 있다. 그 이미지는 항공사의 광고나 SNS에서 소비되는 승무원의 사진과 영상, 전 · 현직 승무원들의 모습, 항공사의 세세한 외모 규정 등 여러 가지 요소가 작용하며 만들어졌다. 그 과정에서 자연스럽게 '승무원=예쁘다'라는 공식이 사람들의 인식 밑바탕에 자리 잡았다. 그래서 스스로가 충분하게 예쁘지 않다고 생각할 경우, '승무원을 하기 위해선 성형 정도는 해도 된다.'라는 논리로 쉽게 흘러가는 것 같다. 때때로 우리는 SNS 속 어여쁜 여자의 얼굴과 자기 자신의 모습을 비교하며 낭패감에 휩싸이기도 한다.

그런데 여기에 바로 함정이 있다. 한 장의 고정된 이미지와 실제로 마주하는 사람의 이미지는 비교 자체가 불가하기 때문이다. 우리는 사람을 마주할 때, 내 앞에 있는 사람의 이목구비나 피부, 머릿결만으로 그 사람을 좋은 사람이라고, 신뢰할 만한 사람이라고 판단하지 않는다. 상대방의 패션과 메이크업, 헤어스타일을 비롯해 표정이나 눈빛, 말투, 화술, 목소리, 자세와 걸음걸이까지 종합적으로 받아들이며 비로소 어떠한 사람일 것이라고 짐작한다. 아무리 잘생겼더라도 예의가 없거나 아무리 예쁘더라도 표정이 차갑고 인상을 쓴다면 호감이 가지 않는다. 승무원 면접에서도 이는 똑같이 적용된다. 비단 면접자의 외모뿐만 아니라 성품과 인성을 알아보고 승무원의 자질을 갖췄는지 파악하기 위해 3차까지 면접을 진행하는 것이다.

그럼에도 반드시 성형하고 싶다면, 성형하기 이전에 자신이 바꿀 수 있는 부분부터 노력해서 바꿔봤으면 한다. 성형은 스스로의 노력보다 타인의 영향력이 절대적으로 큰 영역이다. 반면 성품과 분위기는 남이 만들어주는 게 아니다. 곧은 성품을 위해선 확고한 가치관과 신념이 있어야 하고, 긍정적인 분위기를 위해선 건강한 체력과 자신감을 바탕으로 자신에게 잘 어울리는 스타일을 구사해야 한다. 그리고 흔들리지 않는 자신감은 바로 여기에서 비롯된다. 외모가 출중함에도 계속해서 성형수술을 하는 사람이 있고, 평범한 외모임에도 당당하게 지내는 사람이 있다. 준수한 외모이더라도 스스로 부족하다고 느껴 성형을 자꾸 하는 사람은 더 이상 외모가 아니라, 자기 자신이 갈고닦은 성품과 분위기에서 형성되는 자신감이 없기 때문일 것이다. 반면 무난한 외모이더라도 단단한 소신과 가치가 있다면, 외모가 아닌 자신만의 매력과 개성으로 바로 서는 법이다.

다른 사람의 손에 무턱대고 얼굴을 맡기기보다, 내가 먼저 내 힘으로 해볼 수 있는 일에 진심을 쏟길 바란다. 목소리만 들어도 참 다정한 사람처럼 느껴지는 사람. 표정이 편안하고 눈빛에 흔들림이 없어 안정감을 주는 사람. 잘 어울리는 메이크업과 패션으로 근사한 분위기를 자아내는 사람. 밝은 웃음과 활력으로 에너지를 뿜어내는 사람. 나는 이런 사람들에게서 매력을 느꼈다. 누군가와 헤어지고서 돌아가는 길, 상대방의 날렵한 턱선이나 코끝이 떠오르지는 않았다. 나를 배려했던 그의 태도와 고개를 신중하게 끄덕이는 모습이 떠올랐다. 그런 모습에서 만남의 여운이 더욱 오래 남았다. 나 역시 누군가에게 외모로만 기억되고 싶지는 않다. 내가 했던 말로 위로를 받았으면 좋겠고, 나와 함께 있을 때 웃음 짓게 하는 사람이 되고 싶다.

Q4
외모 콤플렉스를 가진 후배들에게 조언하자면?

승무원을 꿈꾼다면 어떠한 모습의 승무원으로 비행할지, 그 모습을 그려본 적 있을 것이다. 거기서 한 단계 더 깊게 들어가 보자. 승무원으로서의 정체성을 세우는 것이다. 이게 가장 중요하다. 나는 승무원 준비생일 때도, 현장에서 일할 때도 '가장 예쁜 승무원'이 되고 싶진 않았다. 나는 승객들과 '대화를 많이 나누는 승무원'이 되고 싶었다. 그게 바로 내가 가진 승무원으로서의 정체성이었다. 이 글을 읽는 당신이 승무원이 되고자 한다면 먼저 자신만의 정체성을 단단하게 세워보길 바란다. 그래야만 승무원을 준비하는 과정에서도 흔들리지 않을 수 있고, 그래야만 외모 그 이상의 매력과 강점을 가진 지원자가 될 수 있다.

나는 나만의 정체성을 가지고 늘 적극적으로 승객에게 먼저 다가갔다. 독서를 하는 승객에게는 어떤 책을 읽는지 슬쩍 물어보며, 재밌으면 추천해달라고 말했다. 새로운 전자기기를 사용하고 있는 승객에게는 나도 사고 싶었는데 아직 구매하진 못했다며, 직접 써보니 어떻냐고 물었다. 이런 소소한 대화부터 시작해 목적지에 따라 여행으로 놀러 가는 것인지, 업무차 가는 출장인지 묻기도 했다.

하루는 기내에서 생일을 맞이하는 중년의 남성 승객을 태운 적이 있다. 좌석 번호와 얼굴을 미리 익혀둔 나는 기내식을 제공할 때, 생일 축하드린다며 더욱 맛있게 드시길 바란다는 말씀을 함께 전했다. 그러자 승객은 허탈하게 웃으며 이렇게 말했다.
"허허. 몇 년 만에 받아보는 생일 축하인지 모르겠네요. 정말 고맙습니다."
"어쩌다 몇 년만이 된 건지 여쭤봐도 될까요? 바쁘셔도 챙기셔야죠!"
그는 아까보다 크게 웃으며 기러기 아빠라 4년 가까이 혼자서 생활하느라 그렇다고 말했다. 승객의 웃는 얼굴이 유독 쓸쓸하게 느껴졌지만, 서비스 도중이라 이야기를 더 이상 이어나가긴 어려웠다. 나는 어정쩡한 모양새로 잠시 주저하다 하는 수없이 다음 줄을 향해 발걸음을 옮겼다.

서비스를 마친 뒤 비즈니스 클래스의 디저트인 케이크와 과일이 꽤 많이 남은 걸 확인한 나는 승객을 위해 깜짝 이벤트를 해주기로 작심했다. 동료들에게도 협조를 구했다. 접시에 케이크 한 조각과 과일을 예쁘게 담아 접시 테두리에는 HAPPY BIRTHDAY 문구로 장식을 했다. 준비를 마친 다음, 승객을 갤리로 초대했다. 승무원에게 이끌려 갤리로 들어선 승객은 쑥스러워하면서도 핸드폰을 건네며 함께 기념사진을 찍어줄 수 있겠느냐고 부탁했다. 아내와 아이들에게 사진을 보내주고 싶다고 했다. 당연하다는 말씀을 드리며 우리는 같이 사진을 찍고, 이런저런 대화를 나누었다. 나는 승객을 향해 아무리 바쁘더라도, 혼자서라도 생일만큼은 꼭 챙기시라고 덧붙여 말했다. 그는 그저 고개를 끄덕이며 고맙다고 말했다.

이듬해 회사로 한 통의 VOC가 도착했다. 케이크 한 조각의 사진과 짧은 문장으로 구성된 VOC였다. 올해 생일도 혼자이지만 기내에서 경험했던 작은 생일파티 덕분에 나름 풍요롭게 보낼 수 있었다는 내용이었다. 그로부터 몇 년이 지난 지금은 그 승객이 가족과 함께 일상을 보내는지 여전히 기러기 아빠로 지내는지 전혀 알지 못한다. 그래도 생일만큼은 굳이 자기 자신을 더 챙기길 바라는 한결같은 마음이다. 나는 이렇게 승객과 대화를 나누면서 유쾌하고 뭉클한 비행 이야기를 쌓아나가게 되었다. 그래서 새롭게 추가된 정체성이 바로 '이야기를 많이 가진 승무원'이다. 손으로 쓰는 노트와 일기장부터 시작해 블로그, 인스타그램, 브런치에 쌓인 비행 일지가 수백 편에 이른다. 이 기록들 속에서 단단한 자신감이 만들어졌다.

승무원이 되니 키 크고 예쁜 동료가 너무나 많았다. 나는 이렇게 생각했다. '나보다 이야기를 많이 가진 승무원은 없을걸?' 실제로 나와 같이 비행을 시작한 동기는 지금까지도 제대로 쓴 비행 일지가 없다. 그래서 승무원 경력직 채용에 지원서를 작성할 때, 도대체 무슨 경험을 써야 할지 모르겠다며 내게 도움을 요청한 적도 있다. 반면 나는 비행하면서 쌓은 한 줄이 수백, 수천 줄이 된다. 그 이야기들이 나를 돋보이게 해주었다고 믿는다. 덕분에 승무원 경력직 채용 면접을 볼 때도 난 이렇게 말할 수 있었다. "저는 단순히 비행만 한 승무원이 아닙니다. 저는 이야기를 가진 승무원입니다. 지금까지 쌓아온 비행 일지만 100편이 넘습니다. 이야기는 사람들의 마음에서 오래도록 남아있기 마련입니다. 저의 비행에 탑승한 승객들은 저와의 이야기로 지난 비행을 더욱 다정하게 기억할 것입니다. 앞으로는 OO항공에서 근사하고 멋진 비행 이야기를 만들어 나가는 승무원이 되겠습니다."

경력직 면접은 전·현직 승무원들이 모여있기에 훨씬 치열하다. 그곳에서 내가 2번이나 합격할 수 있었던 까닭 역시 나만의 정체성을 바탕으로 쌓아나간 기록들 덕분이라고 생각한다. 그렇게 내 인생은 승무원을 하기 전후로 나뉘는 게 아니라 기록하기 전후로 나뉘게 되었다. 기록하지 않았다면 지금의 나에겐 단 한 줄만이 남았을 거다. 2012년 입사-2021년 퇴사. 기록하지 않았던 학창 시절은 내게 이렇게 딱 한 줄로 남아있다. 고등학교 입학-졸업, 대학교 입학-졸업. 하지만 기록을 시작한 이후의 내 삶은 한 줄로 요약할 수가 없게 되었다. 내게는 이제 수많은 한 줄과 깊은 장면, 이야기가 남아있기 때문이다. 승무원 준비생으로서도 마찬가지다. 외모가 뛰어나지 않다고 스스로 생각한다면 무조건 더 예뻐지려고만 노력하기보다는 또 다른 나만의 무기를 갖추었으면 한다. 그리고 그 무기는 바로 내가 어떠한 모습의 승무원이 되고 싶은지에서 찾기를 바란다. 그래야만 흔들리지 않고, 어떤 무기를 들고 면접장에 들어갈지도 스스로 선택할 수 있다.

Q4
취업 준비할 때 자존감을 지키는 요령이 있을까요?

먼저 내가 나를 어여쁘게 바라보는 시간을 가져야 한다. "거울아, 거울아. 누가 제일 예쁘니?"라고 물어보며 거울을 들여다보란 소리가 아니니다. 자기 자신을 아끼고 귀하게 여기는 시간을 보내면서 생겨나는 감각이 중요하다. 그런 감각은 인스타그램에서 화려한 사람들의 모습을 보거나, 종일 넷플릭스 또는 유튜브 숏츠를 보거나, 침대에서 게으름을 피울 때 생겨나지 않는다. 프로게이머가 아닌 이상 반나절 내내 게임을 하는 내 모습이 스스로 기특하거나 어여쁘다고 여겨지진 않을 것이다. 그럼 우리는 스스로가 어떤 모습일 때 마음에 들까? 바로 자신의 몸과 마음을 돌보는 시간만이 스스로를 아낀다는 감각을 키워준다.

인스타그램에서 30분 동안 아무 생각 없이 헤매는 대신 딱 10분만 책을 읽어보자. 책을 읽는 내 모습이 기특하게 여겨질 것이다. 운 좋게도 책이 재미있고 나와 결이 잘 맞는다면 10분이 20분, 30분 때로는 1시간까지 이어질 수 있다. 같은 시간이더라도 인스타그램을 닫을 때의 느낌과 책을 읽고 난 후의 기분은 분명 다를 것이다. 인스타그램으로 타인의 빛나고 대단한 순간을 단편적으로 접하고 나면 나 혼자 제자리는커녕 뒷걸음질 치고 있는 것처럼 느껴진다. 하지만 책은 나만의 호흡과 감정을 따라 조절하며 받아들이고 소화할 수 있다. 그 가운데 생기는 틈과 여백에 내 생각과 감정을 끌고 와 마주하는 것이다. 마음에 드는 문장에 밑줄을 긋다가 내가 왜 하필 이 문장에 마음이 움직였는지 생각하고, 그 문장을 한 번 더 읽으며 나라는 사람의 힌트를 얻을 수도 있다. 그래서 책장을 덮고 나면 '뿌듯하다'라는 감정이 올라온다. 내 마음을 돌아보고 보살폈다는 감각 덕분이다.

산책도 도움이 된다. 나는 매일 산책을 하는데, 핸드폰을 일부러 집에 놓고 나간다. 온전히 혼자서 걷는 느낌을 만끽하기 위해서다. 요즘엔 혼자 있어도 혼자인 기분을 느끼기 어렵지 않은가. 탁 트인 하늘 위를 올려보다 '내가 언제 마지막으로 하늘을 봤었지…' 생각에 잠길 새도 없이 친구에게 하늘 사진을 보내거나 SNS에 업로드하며 금세 외부와 이어진다. 걸으면서도 메시지를 나누고 음악을 듣거나 영상을 보며 생각이란 걸 하지 않는다. 그래서 늘 불안하고 초조하다. 산책가 헨리 데이비드 소로는 다리가 움직이는 순간 생각이 흐르기 시작한다고 말했다. 역사상 위대한 인물 중에도 산책을 즐기는 사람이 많았다. 과학적으로도 우리 뇌는 가만히 앉아있을 때보다 활동할 때 생산성과 창의성이 올라간다고 한다. 나 역시 산책을 하며 참신한 아이디어가 떠오르거나 풀리지 않던 문제를 해결할 단서를 얻었다. 천천히 걸으면서 가장 담담하고 솔직한 마음으로 지난 내 모습을 들여다볼 수도 있었다. 그래서 산책을 하고 나면 신기하게도 속마음이 한결 정리된 기분이 든다.

이처럼 시선을 바깥으로 돌리지 않고, 자기 자신을 돌보고 헤아리는데 쓰는 시간은 중요하다. 자존감은 자신을 존중하는 마음에서 비롯되기 때문이다. 같은 맥락에서 방 청소나 운동도 도움이 된다. 방안이 어지럽고 몸 상태가 좋지 않은데 스스로를 아낀다고 말하긴 어려울 것이다. 방 정리를 하며 마음까지 정갈하게 만들고, 운동으로 다져진 튼튼한 체력으로 의욕과 의지가 솟아오르게 할 수 있다. 작은 성취를 일상 속에서 누리는 방법도 추천한다. 아침에 일어나자마자 미지근한 물 마시기, 자기 전 일기 쓰기, 계단 오르기, 책 10쪽 읽기 등 일상에서 작은 성공을 맛봐야 무너지지 않을 수 있다. 작은 성공이자 습관은 더 큰 승리를 이뤄내는 원동력이 되기도 한다. 왜냐하면, 그 작은 성취와 습관 하나하나가 자기 자신을 믿음직한 존재로 여기도록 만들어주기 때문이다. 작은 성공을 이룬 나는 점차 큰 성공도 실제로 해내고 말 것이란 자신감을 준다.

자존은 스스로 자自에 중할 존尊으로 자기 자신을 중히 여기는 태도를 뜻한다. 그래서 많은 사람이 자존감을 높이기 위해 시간과 돈을 아껴 자신에게 투자한다. 분명 스스로를 위하는 삶을 살아야 하는 것은 맞지만, 나는 바로 거기에 또 다른 함정이 있다고 생각한다. 자기 자신만 중요하게 여긴다고 해서 자존감이 무조건 올라가는 건 아니다. 우리는 타인의 자존도 귀하게 여겨야 한다. 타인의 자존을 존중하고 가치 있게 대하는 과정에서 나의 자존은 덩달아 단단해지기 마련이다. 내가 쓸모를 다했다는 감각이 살아나서다. 인간은 혼자서 살아갈 수 없고, 모두 연결된 존재이기에 다른 사람과의 관계에서 파생되는 감정이 무척이나 중요하다. 이는 뇌과학적으로도 증명된 사실이다. 다른 사람을 돕거나, 돕고 싶다는 생각을 하는 것만으로도 우리 뇌에서는 옥시토신이라는 호르몬이 분비된다.

카페에서 아르바이트한다고 가정해 보자. 이를 놓치지 말고 자신이 마련할 수 있는 서비스를 찾아내어 제공한다면 어떨까. 예를 들어 어르신들이 많이 방문하는 곳이라면, 노안으로 메뉴판이 잘 안 보이는 고령의 고객을 위해 큰 글씨로 된 메뉴판을 직접 만들어 보는 것이다. 또는 '프라푸치노'나 '콜드브루'와 같은 용어는 이해하기 어려우실 테니 쉬운 용어로 풀어서 설명해 드릴 수도 있다. 만약 키오스크로 주문을 받는 카페라면, 키오스크 기계 앞에서 서성이거나 주저하는 고객에게 먼저 다가가서 도움이 필요한지 여쭤보고, 곁에서 차근차근 알려드리며 다음번에는 무리 없이 주문할 수 있도록 가르쳐드릴 수도 있겠다. 그러면 고맙다고 웃으며 손을 잡아주시는 할머니를 만날 수도 있고, 친절한 메뉴 설명 덕분에 새로운 음료에 도전해 본다는 할아버지를 마주할 수도 있다. 다음에 다시 카페를 방문하셨을 때는 느리지만 차분하게 키오스크로 주문하는 그들을 지켜볼 수도, 점원 덕분에 이제 음식점에서도 키오스크 사용을 곧잘 한다며 고맙다는 소리를 들을 수도 있겠다. 그렇게 나를 향해 감사하는 마음을 받게 되면 내심 뿌듯한 마음이 들며 나의 자존까지 절로 튼튼해지는 법이다. 타인을 존중하며 취한 행동이 결국 나를 향한 존중으로 이어지는 것이다.

승무원 동료들을 10년 동안 곁에서 지켜보며 느낀 공통점도 바로 다른 사람을 돕는 일을 좋아한다는 것이었다. 승무원은 비행하면서 수십, 수백 명의 승객을 살피고 돌봐야 하기에 애당초 나의 안위보다 타인의 안위를 우선할 수밖에 없다. 그러니 승무원을 준비하는 시간부터 이타심을 바탕으로 남다른 태도를 갖추었으면 한다. 그리고 그렇게 쌓은 내공과 단단해진 내면을 바탕으로 면접관님들에게 보여주길 바란다. '면접관님들! 잘 좀 보세요. 승무원은 저 같은 사람이 하는 거라고요!' 이런 태도로 면접장에 들어가면 어떨까. 주눅 들지 않고, 자신이 원하는 바를 의도한 대로 보여줄 수 있지 않을까. 그러지 않고 자꾸만 '아, 옆 지원자 너무 예쁜데…. 나보다 키가 큰데'라고 생각한다면 자신의 개성과 깊이와 마음가짐을 전혀 어필하지 못하고, 그냥 말 그대로 옆 지원자보다 키 작고 안 예쁜 지원자로 전락하고 마는 것이다. 자기 자신뿐만 아니라 내 앞에 있는 사람의 자존까지 챙기며, 내가 제대로 정의하고 정립한 승무원 상, 승무원의 정체성으로 면접관들을 화들짝 일깨우길 바란다.

3 승무원의 생활

신입 승무원에게는 OJT 비행On the Job Training: 훈련을 마친 뒤 이루어지는 시범 비행 첫날이었고, 나에게는 여느 날과 다름없이 비행하는 날이었다. 늦은 오후 비행이지만 집에서 딱히 할 것도 없어 회사로 일찍 출근했다. 파우더룸에서 머리를 매만지고 있는데 벌컥 문이 열렸다. 신입 승무원은 파우더룸에 들어와 나를 보자마자 대차게 인사했다.
"안녕하십니까, 사무장님! 저는 저는 오늘 OJT 비행 승무원 황주현가명입니다!"
앳된 얼굴에 생기가 가득했다. 스프레이를 얼마나 뿌렸는지 몰라도 잔머리 하나 없이 묶은 쪽 머리에서 윤이 반지르르하게 났다. 유니폼도 빳빳하게 다려 입어 구김이 없었다. 누가 봐도 각이 제대로 잡힌 신입 승무원이었다.

"안녕하세요. 잘 부탁합니다. 오늘 첫 OJT 비행이죠? 아직 시간 여유가 좀 있으니까 브리핑 준비하도록 해요."
"네! 알겠습니다, 사무장님!"
신입 승무원은 나와 조금 떨어진 자리에 앉아서 매뉴얼을 펼쳐 들었다. 머리 드라이를 마치고 뒤돌아보자 고개를 매뉴얼에 처박을 기세로 읽기에 한창인 모습이었다. 이론에 빠삭한 신입은 브리핑 때 내가 묻는 말에 곧잘 대답했다. 회사에서 나와 공항으로 향하는 길에도 내내 긴장한 모습이었다. 허리를 곧추세우고 고개도 빳빳이 들었지만, 기장님과 선배 승무원을 따라 맨 뒤에서 재바른 걸음으로 쭈뼛쭈뼛 걸어오는 모양새가 퍽 귀여웠다.

비행기에 올라 비상 장비 확인과 기내 보안 점검을 했다. 신입 승무원은 선임 승무원 옆에 찰싹 달라붙어 선임 승무원의 동선을 유심히 관찰했다. 그렇게 우리는 기내에서 승객을 맞이할 준비를 모두 끝내고 지상 직원에게 보딩Boarding: 승객이 비행기에 탑승하는 절차 사인을 보냈다. 승객들이 탑승하기 전에 신입 승무원을 불러 당부의 말을 덧붙였다.

"주현 씨. 승객 보딩 중에 해야 할 일들 우선순위 숙지하고 계시죠? 비상구 열 좌석 브리핑은 따로 제게 보고해 주시고요. 승객 짐 케어 잘 해주시고… 혹시 좌석 이동 원하는 승객 있으면 지상 직원에게 빨리 말해야 하니까 바로 보고하세요. 사소한 일이라고 생각해도 이상한 징후나 낌새 같은 게 있으면 정보 공유해 주시고요."

그녀는 고개를 위아래로 세차게 끄덕이며 대답했다. 그 모습이 너무나 당차 보여 오히려 내가 신입의 패기에 눌리는 기분이 들었다. '내가 신입 때도 저랬을까?' 신입 승무원이던 시절의 나를 바라보던 선배들의 눈빛과 오늘 신입 승무원을 바라보는 나의 눈빛이 같은 결로 느껴졌다.

곧 승객들이 몰려왔고 나는 비행기 문 앞에서 반갑게 맞이했다. 썰렁하던 기내가 어느새 가득 들어찬 승객들로 열기를 띠기 시작했다. 탑승이 마무리될 즈음 한두 명의 승객들만이 뜨문뜨문 비행기에 올라탔다. 나는 기내를 살피기 위해 살짝 고개를 틀었고, 기내 뒤쪽에서부터 불안한 걸음걸이로 성큼성큼 걸어오는 신입 승무원을 볼 수 있었다. 눈썹을 한껏 찡그려 눈꼬리마저 처져 보였다. 그녀의 동그란 눈과 마주친 나는 순간 가슴이 쿵, 하며 무슨 일이 났구나 싶은 생각에 두려웠다. 뭐지? 무슨 일이 난 거지. 쟤가 뭘 잘못했나? 수상한 승객이라도 있나? 잠깐이지만 많은 생각이 들었다. 신입 승무원은 내 눈을 피하지 않은 채로 똑바로 걸어오더니 물어보기도 전에 다급하게 입을 뗐다.

"사무장님! 비상구 열 좌석 브리핑 안내 마쳤습니다!"
나는 맥이 풀려 무어라 할 말이 없어 어리숙하게 고맙다고 대답해버렸다.
"네! 사무장님!"
신입은 다시 한번 심각한 표정을 굳건히 하며 돌아서서 기내로 향했다. 그녀는 비행 중에도, 비행이 끝나고 다시 회사를 향할 때도 세상 진지한 표정으로 일관하며 내게 모든 보고를 성실히 했다.
"사무장님! 커피 팟 준비했습니다!"
"사무장님! 주무시던 승객이 깨어났습니다!"
"사무장님! 화장실 청소를 한 번 했습니다!"

"사무장님! 17A 승객이 내리실 때, 오늘 비행 굉장히 좋았다고 칭찬해 주셨습니다!"
"사무장님! 사무장님! 사무장님!"

나는 그럴 때마다 흠칫하면서 그녀의 성실한 보고를 들었고, 그녀는 매번 비장한 표정으로 자신의 소임을 다한 듯한 얼굴이었다. 함께 사무실에 돌아와 OJT 비행 평가표를 작성하고, 피드백을 준 다음 회사에서 나왔다. 집 방향이 달라 길모퉁이에서 헤어지기 직전, 나는 신입 승무원에게 오늘 비행 수고했다며 악수를 청했다. 신입 승무원의 손이 헐겁게 내 손바닥에 겹쳐졌다. 그렇게 헐거운 악수를 하니 그는 드디어 배시시 한 웃음을 지어 보였다. 우리는 다음 비행을 기약하며 돌아섰고, 그녀와 나의 캐리어 끄는 소리가 길가에 울려 퍼졌다. 돌돌돌, 돌돌돌. 해가 지자 급격히 쌀쌀해진 바깥 날씨였지만, 나는 왜인지 모르게 마음이 살살 달구어지는 기분이 들었다. 얼굴에 와닿는 알싸한 바람이 시원하게만 느껴졌다.

Q1
항공사는 보수적이라는 말이 사실인가요?

잊을 만 하면 한 번씩 항공사 승무원들의 수직적인 문화가 미디어에서 다뤄진다. 과장된 모습도 없지 않아 있지만, 확실히 항공업계는 보수적인 편이다. 항공 안전과 보안을 다루기 때문이다. 항공업계 종사자는 항공안전법과 항공보안법에 의거 철저히 매뉴얼에 따라 업무를 이어나간다. 개인의 창의성을 발휘하는 행동은 오히려 위험을 초래할 수 있다. 그렇기에 안정을 추구하면서도, 법적으로 따라야 할 의무와 책임까지 있으니 보수적일 수밖에 없는 것이다. 그래서 신입 승무원은 객실 브리핑 시간에 가장 긴장한다. 사무장이 안전 및 보안 사항을 기반으로 한 질문을 신입 승무원에게 던지기 때문이다. 애매하게 답하거나 틀린 답을 제시할 경우 분위기는 순식간에 얼어붙는다. 신입이라 일이 미숙할 수는 있어도 비행 전 철저한 공부와 준비는 기본이기 때문이다. 대답을 계속해서 못할 경우, 하나의 안전한 비행을 책임질 자격이 없다고 판단하여 그 자리에서 승무원을 교체하기도 한다.

내가 신입일 때도 정말 많은 질문을 받았다. 어떻게든 꾸역꾸역 대답할 때마다 브리핑 데스크 밑으로 가려진 다리가 달달달- 떨렸던 기억이 난다. 그랬던 나도 비행을 하고 또 하는 과정에서 점차 모든 내용을 숙지할 뿐만 아니라 몸으로 체험하며 통달하게 되었다. 사무장이 되어서는 내가 신입 승무원에게 질문해야 했는데, 경우에 따라 일부러 어려운 질문을 고르기도 했다. 얼굴이 붉어지며 곤혹스러워하는 표정의 신입을 볼 때, 한편으로 귀엽기도 했지만 엄격한 사무장의 모습으로 보이기 위해 근엄한 얼굴을 유지하려고 무진 애를 썼다.

또한, 객실승무원과 운항승무원에게는 명확한 보고 체계가 있다. 객실승무원은 객실사무장에게 기내에서 발생하는 크고 작은 모든 일을 보고해야 한다. 객실사무장은 기내를 총괄 책임지며 안전 관련 사항을 기장에게 보고한다. 이와 같은 보고 체계가 경직된 조직 문화를 만들기도 한다. 보고를 받는 사람에게는 책임과 함께 권위가 부여되기 때문이다. 그래서 때로는 윗선의 사람이 실수하더라도 아랫선의 사람이 그 잘못을 짚어주기 어려운 것이다. 실제로 비행기 추락 사고를 유발하는 실수는 대부분 팀워크나 의사소통의 문제였다. 역사적으로 기장이 조종석에 앉아있을 때 훨씬 더 많은 추락 사고가 발생했다. 그 이유는 비행 중 발생한 어떤 문제를 부기장이 기장에게 미처 말하지 못하거나, 말하더라도 묵살 되기 쉬운 환경이어서다.

이처럼 동료 승무원 사이에서 팀워크 및 협조가 이뤄지지 않는 경우 항공 안전에 있어 부정적이거나 심각한 결과로까지 이어질 수 있다. 따라서 항공사에서는 승무원 자원관리 프로그램CRM, Crew Resource Management을 운영하며 승무원 간의 상호 협력 및 의사소통 개선을 꾀하고 있다. 모든 구성원이 단결하고 합리적인 방법으로 팀워크를 고취하기 위해 지속적인 교육을 진행하는 것이다. 앞으로도 동료 승무원 간의 관계에서는 직위를 막론하고 서로에게 예의를 갖추며, 소통을 원활하게 이어나가기 위한 자세를 지녀야 할 것으로 보인다.

Q2
출퇴근할 때 유니폼을 입는 이유는 무엇인가요?

유니폼은 항공사의 이미지를 대표한다. 특정 항공사를 떠올리면 해당 항공사의 유니폼도 함께 연상된다. 유니폼의 색상과 디자인이 독특한 느낌과 분위기를 형성하며 항공사의 이미지를 만드는 것이다. 그렇다면 승무원은 업무 시에만 입어도 되는 유니폼을 왜 출퇴근할 때도 입는 것일까. 기업의 광고 및 홍보 측면에서 효과적이기 때문이다. 광고에서 중요한 요소 중 하나가 바로 노출 빈도다. 소비자 눈에 자주 띌수록 해당 기업을 향한 친근감과 신뢰감이 올라간다. 유니폼을 입은 승무원은 걸어 다니는 광고판 역할을 하는 것이다. 출퇴근길에 또는 동네에서 자주 보게 되는 항공사의 유니폼이 있다면, 심지어 그 유니폼을 입은 승무원의 품행이 바르게 보였다면, 항공편을 예약할 때 자기도 모르게 괜히 더 미더운 마음으로 해당 항공사를 고려하게 되는 것이다.

승무원 지망생들에게도 친밀감을 형성해 승무원 채용 시 더 많은 인재를 유치할 수 있다. 승무원 준비생 시절엔 지하철이나 버스, 길거리에서조차 승무원들이 눈에 많이 띄었다. '저 승무원은 어떤 나라로 비행을 가는 걸까. 일이 얼마나 재밌을까?'라고 생각하며 부러운 마음을 키웠다. 언젠가 유니폼을 입고 있을 나의 모습을 그려보았다. 그런데 정작 유니폼을 입으니 그렇게 불편할 수가 없었다. 사람들의 시선 때문에 하품 한 번 시원하게 하지 못하고, 친구와 전화할 때도 편안하게 얘기할 수 없었다. 유니폼을 입은 동안만큼은 개인이 아니라 회사의 승무원이었기 때문이다. 유니폼으로 소속이 노출된다고 생각하자 언행에 조심하게 되었다. 실제로 유니폼을 입고 공항 카페에서 대화를 나누던 동기들은 컴플레인을 받기도 했다. 주변에 있던 사람이 유니폼과 명찰을 살펴보고는 회사로 컴플레인을 넣은 것이다. 회사로부터 각별한 주의를 받은 동기들은 다시는 유니폼을 입고 카페에 가지 않았다. 이처럼 유니폼은 항공사 직원들의 품행 관리 측면에서도 효과를 발휘한다.

유니폼을 입고 공항에 가면, 사람들이 선뜻 다가와 물어볼 때가 많았다. 카운터 위치나 공항 부대시설에 관련된 질문엔 평소보다 더 친절하게 가르쳐드렸다. 물어보는 사람도 생판 모르는 사람보다 항공사의 직원이 더 잘 알고, 가르쳐 줄 거라고 생각해서 물어보는 것일 터였다. 그런데 승무원이 생각보다 더욱 다정하게 알려준다면, 이후 몇 마디라도 더 나누게 된다면, 그렇게 또 관계 형성이 되어 해당 항공사를 향한 관심과 애정이 생겨나는 것이다. 많은 승무원 인력을 모두 수용할 수 있는 공간과 캐비닛을 마련하기 어려워 출퇴근 시 착용을 해야하는 부분도 있다. 대한항공만 해도 7~8천 명의 승무원이 근무하고 있다. 회사 입장에서는 수천 명이 사용할 공간을 확보 및 운영하지 않는 것이 비용 절감 차원에서 효율적이다.

나는 유니폼을 입으면 평소의 나보다 강인해지는 기분이었다. 감기로 골골대다가도 유니폼을 입고 출근하면, 비행기에 오르면, 몸과 손이 절로 움직이며 활기를 띠었다. '나'라는 개인이 아닌 항공사의 승무원으로서 회사와 승객을 향한 책임감 및 사명감을 가지고 행동할 수 있었다. 출근할 때는 늘 비장한 마음으로 유니폼을 갖춰 입고 나갔다. 그래서 퇴근하고 집에 돌아와 유니폼을 벗을 땐 후련한 마음이었는지도 모르겠다. 그 후에는 다음 비행 때까지 조금은 느슨하고 게으른 시간을 보냈다. 덕분에 유니폼을 챙겨 입고 출근하는 날에는 한껏 각을 세울 수 있었다.

Q3
장기 비행이나 해외 체류 시 어떤 활동을 하나요?

해외에서 자유 시간이 보장되어 있긴 해도 업무상 나와 있는 느낌이고, 돌아갈 비행을 생각하며 컨디션도 잘 조절해야 하기에 다이내믹한 활동을 하기 어렵다. 승무원들은 탁 트인 바다가 유독 시원하고 아름다운 곳으로 비행을 가더라도 스쿠버 다이빙을 할 수 없다. 규정상 객실승무원은 비행 전 24시간 이내에 헌혈 또는 스쿠버 다이빙을 해서는 안 된다는 사항이 있다. 기압 변화로 인해 몸에 큰 부담을 안길 수 있기 때문이다. 밤늦은 시간 외출이나 보트 탑승을 자제하는 항공사도 있다. 승무원의 안위는 곧 승객들의 안전과도 직결되기에 해외에서도 각별히 주의를 기울이며 위험 부담이 있는 활동은 삼간다.

시차 적응을 힘들어하고 비행 전에 잠을 잘 자야 하는 동료들은 해외에서도 아예 한국 시차대로 생활한다. 시차가 정반대인 나라에서는 낮에 자고 밤에 일어나 호텔 방 안에서 모든 걸 해결한다. 싸 온 음식을 먹거나 룸서비스를 시키고 아이패드로 밀린 드라마를 정주행하며 유튜브를 보면서 맨몸 운동까지 해내는 일상이다. 반면 다소 활달한

성향으로 해외 체류 시간을 만끽해야 하는 동료들은 각자의 흥미와 개성대로 활동한다. 나는 그 나라의 대표 요리를 만드는 쿠킹 클래스에 참여했다. 인도 델리에서는 커리를 만들었고, 인도네시아의 자카르타에선 나시고랭을, 방콕에선 팟타이와 똠얌꿍을 만들어 먹었다. 그냥 사서 먹어도 맛있는 음식이지만, 함께 장을 보고, 재료를 다듬고, 직접 소스를 만들어가며 평소 내가 즐겨 먹던 요리의 이면을 알게 되는 기분이 좋았다.

숙소 근처 도서관이나 공원에도 자주 갔다. 특히 일본이나 미국에는 작은 공원들이 곳곳에 있어서 샌드위치나 아이스크림을 사 들고 대충 아무 곳에나 털썩 자리를 잡고 앉기 간편했다. 그런 날에는 핸드폰 속 작은 화면 대신 생소한 동네와 그 동네 사람들의 모습을 눈에 담았다. 뭐가 그렇게 즐거운지 숨넘어갈 듯 웃으며 뛰어다니는 아이들을 볼 때면, 한때 나 역시 즐길 수 있었으나 지금은 잃고야 만 어떤 마음이 그리워지는 기분이 들기도 했다. 도서관에서 책까지 읽은 건 아니다. 낯선 나라, 익숙하지 않은 동네의 도서관에서 지역 주민들이 내가 모르는 언어의 책을 들여다보는 모습을 마주하는 것만으로 새삼 겸허한 마음을 가질 수 있어서 좋았다. 고요하고 조금은 적막하기까지 한 도서관에서, 생경한 언어로 이루어진 책들에 둘러싸여 있으면 고독한 기분이 들었고 그게 또 좋았다. 어제까지만 해도 내가 전혀 모르는 세상의 풍경과 만날 일조차 없었던 사람들을 가만히 응시하는 것만으로 나는 한국에서 조금 더 멀리 떠나오는 것 같았다.

공연 마니아인 동료들은 뉴욕을 사랑했다. 브로드웨이에서 뮤지컬 관람을 누릴 수 있기 때문이다. 뮤지컬의 좋은 자리는 티켓 금액이 회사에서 제공하는 체류비를 훌쩍 뛰어넘을 만큼 비싸지만, 그들은 개의치 않았다. 나도 뮤지컬을 몇 번인가 보았는데, 시차로 너무 졸려서 공연 시간의 절반은 숙면해버렸다. 뉴욕이나 시카고, LA 같은 미주 비행에선 재즈바를 찾는 동료들도 많았다. 아무래도 재즈의 본고장이 미국인 만큼, 현장의 즉흥성이 생명인 재즈 공연을 즐기기엔 재즈바가 제격이기 때문이다. 춤추는 걸 좋아하는 동료는 해당 도시의 살사 클럽에 가서 춤도 추고 배우며 전 세계의 친구들을 자연스럽게 사귀기도 했다. 운동에 애정이 있는 승무원들은 꿈에 그리던 직관을 하러 갔다. 자신이 응원하는 팀이나 선수가 뛰는 야구, 축구 또는 농구 경기를 직관하며 짜릿함을 느낀다고 했다. 꼭 보고 싶은 경기는 다른 동료와 비행 스케줄까지 바꿔가며 보러 갔다.

뉴욕에서 머물던 하루는 후배인 동료와 함께 돗자리랑 커피를 사 들고 브라이언 파크로 향했다. 그저 드러누워서 하늘을 바라보았다. 내일이면 다시 저 하늘로 날아올라 한국으로 돌아갈 터였다. 우리 옆으로는 많은 사람이 돗자리

위에서 커피나 샌드위치를 먹거나, 돗자리도 없이 그냥 풀밭 위에 앉아 내리쬐는 가을 햇살을 온몸으로 받아내고 있었다.

"벌써 그리워요. 그리울 것 같아요. 이 순간이."

가만히 곁에서 따뜻한 아메리카노를 홀짝이던 후배는 이렇게 말하곤 다시 호로록 커피를 조금 마셨다. 우리는 이미 알고 있었던 것 같다. 이 순간을, 비행하는 이 시절을 언젠가 분명 그리워할 것이라는 걸. 그리고 더 이상 비행을 하지 않을 때가 오더라도 그 수많은 순간을 떠올리며 금세 다시 충만해질 수 있다는 것도. 그래서 우리는 비행으로 떠나온 도시에서 작은 일에도 연연했다. 현지인들의 무던한 표정 속에서도 굴하지 않고, 무엇이든 처음 보는 것처럼 바라보며 우리끼리 감동하고 감탄했다. 일희일비하며 여행지에서의 순간을 더욱 촘촘하게 살아냈다. 그렇게 적립한 어떤 순간들은 나 혼자서만 간직하고 싶은 것이기도 하다. 승무원이기에 누릴 수 있는 시간에 감사하는 방법은 단 하나. 그날 그 도시에서의 하루와 날씨와 순간을 기막히게 만끽하는 것이었다.

Q4
정말 경조사에 참여하기 힘든가요?

스케줄 근무에다가 달력의 빨간 날인 휴일에 더 바쁜 승무원들은 참석이 어려울 수밖에 없다. 미리 휴가를 써도 되지만, 휴가 신청이 받아들여지지 않는 경우도 있다. 비행 스케줄 상 모든 승무원에게 휴가를 줄 수가 없기 때문이다. 특히 설이나 추석 연휴엔 많은 승무원이 휴가를 쓰지만, 빠짐없이 휴가를 승인한다면 정작 연휴에 여행 가는 사람들로 가득 찬 비행 편을 소화할 수 없다. 명절에 비행하는 게 은근히 서글플 것 같지만, 기내에서 만나는 승객들이 떡이나 과일 등 간식거리를 손에 쥐여주셔서 따뜻한 마음으로 비행한 기억이 더 많다.

주말에 결혼식을 못 가기도 한다. 서운한 마음이 들지 않게 미리 양해를 구하거나 축의금을 두둑이 보낸다. 나도 비행으로 친한 친구의 결혼식에 가지 못했을 때, 어쩔 도리가 없으면서도 너무 미안한 마음이 들었다. 친구는 괜찮다고 하는데도 내가 괜찮지 않았다. 이후 다 같이 모여 결혼식 이야기를 할 때도 고개를 끄덕거리며 쓴웃음을 지을 수밖에 없었다. 이처럼 경조사에 참여하기 힘든 점은 승무원이 이 직업에 갖는 단점이자 불만 사항이기도 하다.

그래도 축하할 일에 함께하지 못하는 게 낫지, 슬프고 힘든 일에 함께하지 못하는 건 더욱 괴롭다. 장거리 비행 같은 경우, 2~3박이 보통이지만 스케줄에 따라 4~5박까지 해외에서 머물기도 한다. 만약 이 기간에 친인척이나 지인 중 누군가 상을 당한다면 바로 한국으로 돌아가기가 어렵다. 비행엔 탑승해야 하는 객실승무원의 최소 인원이 법적으로 정해져 있기 때문이다. 비행을 수행할 다른 대체 인력이 확보된다면 먼저 돌아갈 수 있다.

비행의 연속으로 정신없던 때, 김포국제공항에 도착해 핸드폰을 확인하는데 아빠로부터 메시지가 와 있었다. '서울 도착하면 전화해.' 평소와 다르게 침울한 톤으로 전화를 받은 아빠는 할아버지의 부고 소식을 알렸다. 비행에 집중하지 못할까 봐 비행이 끝난 그제야 입을 뗀 것이었다. 그날 밤 바로 기차를 타고 대구로 내려갔다. 발인이라도 함께하며, 할아버지를 보내드릴 수 있었다. 하루라도 늦게 돌아왔으면 할아버지 장례식엔 가지도 못했을 거다.

동기 언니는 비행으로 인도에 도착했는데 평소 편찮으시던 아버지께서 돌아가셨다. 언니는 곧장 회사에 연락하고 대체 승무원 인력을 구한 다음에야 한국으로 향할 수 있었다. 비행 편을 구하고 돌아가는 시간까지 꼬박 하루가 넘게 걸렸다. 그 시간 동안 얼마나 애가 탔을지, 한달음에 달려가고 싶어도 너무나 먼 거리감에 얼마나 큰 무력감을 느꼈을지 나는 짐작조차 할 수 없다. 그래서인지는 몰라도 언니는 비행을 나갈 때마다 입버릇처럼 말했었다.
"아버지가 돌아가실 거면, 내가 한국에 있을 때 돌아가셨으면 좋겠어."

가족 중 아픈 사람이라도 있으면 먼 곳으로 비행을 갈 때마다 발걸음이 무거울 수밖에 없는 모습이 승무원이라는 직업의 단면이다. 그래서 더욱 함께하는 시간의 귀중함을 느끼는지도 모르겠다. 나는 한국에서 가족과 친구들을 만나면 그 시간에 푹 빠져서 순간에 몰입했다. 사랑하는 사람들에겐 '시간 되면, 다음에, 나중에!'라고 말하면 안 되는 것임을 비행하며 알게 되었다. 부러 시간을 내서 만나고, 얼굴을 마주하며 마음을 훈훈하게 달구어 놓은 다음에야 안심하고 비행하러 갈 수 있었다. 한국에서 함께할 수 있는 시간과 기회가 부족한 만큼, 오히려 더 부지런하게 사랑하려고 몸과 마음을 다할 수 있었다.

Q5
스트레스 관리는 어떻게 하나요?

공항에서 지나가는 승무원을 붙잡은 다음 비행하며 받는 스트레스가 무엇인지 물어보면, 아마도 이런 답변이 술술 나올 것 같다. "승무원으로 비행하며 받는 스트레스요? 많죠… 유니폼은 몸에 딱 붙게 만들어져서 불편한데, 비행 내내 구두 신고 서서 일하느라 발은 불어 터지죠… 잦은 기압 차로 항공성 중이염과 이명 현상을 달고 살지, 불규칙한 식사 때문에 소화 불량은 계속 이어지지… 거기다 시차로 잠 못 들 때의 괴로움은 또 어떻고요…!"

개인마다 스트레스를 받는 요인은 조금씩 다를 수 있지만, 모든 승무원이 공감하는 비행 스트레스 유발 원인으로 소위 일컫는 진상 승객을 결코 빼놓을 순 없겠다. 나 역시 신입 시절 업무에 서툰 모습도 시간이 지나면서 익숙해졌지만, 감정은 무뎌지지 않았다. 승무원을 전혀 존중하지 않는 승객, 폭언을 내뱉는 승객, 모욕감을 느끼게 하는 승객을 마주할 때마다 요동치는 마음을 진정시키기 어려웠다.

2020. 04. 17

출발 준비로 한창 바쁜 와중에, 한 승객이 나를 불러 세우더니 발 언저리에 있는 큰 캐리어를 손가락으로 까딱까딱 가리키며 좌석 위 수납함에 넣으라는 제스처를 취했다. 키가 크고 몸도 건장해 보이는 남성 승객이었다. 실제로 많은 승무원이 승객들의 짐을 수납함에 넣어주다가 손목이나 허리에 무리가 가서 통증을 얻는다. 나 역시 그랬지만, 지금은 요령이 생겨 말끝을 한껏 끌어올리며 말한다.

"같이 들어주시겠습니까, 손님~?"

승객은 마뜩잖은 표정으로 자리에서 일어났다. 그는 같이 짐을 들어 올려 주는가 싶더니 이내 손을 떼버렸다. 나는 갑자기 묵직해져 버린 캐리어의 무게를 감당하지 못했다. 순식간에 짐이 손아귀에서 빗겨져 나와 떨어졌다. 혹여나 수납함 바로 밑에 앉은 다른 승객의 머리 위로 짐이 떨어지는 일은 막아야 했기에, 잽싸게 손끝으로 캐리어가 떨어지는 방향을 틀었다. 그러자 짐은 정통으로 내 얼굴을 향해 떨어졌다. 캐리어의 바퀴가 얼굴 광대와 볼을 날카롭게 할퀴었고, 얼굴에서는 선명하고도 붉은 피가 뚝뚝 떨어졌다. 짐 주인 승객은 내 얼굴에 맺힌 핏방울을 똑똑히 보았을 텐데도 미안한 기색이 전혀 없었다. 그는 그 와중에도 캐리어나 좀 알아서 넣어달라고 말했다. 그리고 유유히 그의 좌석으로 돌아가 앉았다. 도리어 다른 승객들이 얼굴에서 피가 난다며 걱정해 주었고, 보다 못한 몇몇 분이 벌떡 일어나 짐을 수납함까지 올려 주었다. 나는 도와주신 분들에게 감사하다는 말씀을 드리고 갤리로 돌아가 그제야 얼굴에 난 상처를 들여다보았다. 심하게 팬 것은 아니었기에 급한 대로 연고를 바른 다음 반창고를 두세 개 붙였다.

그렇게 어쩔 수 없이 얼굴 한쪽 가득 반창고를 붙인 채 이륙 후 기내서비스를 이어나갔다. 비행을 마치고 호텔에서 샤워하는데 방수 밴드가 아니어서 그런지 상처 부위가 따끔거렸다. 어쩌면 얼굴에 흉이 남을지도 모르겠단 생각이 들었다. 샤워기를 통해 쏟아지는 따뜻한 물에서는 김이 모락모락 피어올랐고 나는 샴푸나 비누가 상처에 닿지 않게 조심하며 씻었다.

승객들 때문에 화나거나 속상한 마음을 풀어냈던 나의 방법은 바로 글쓰기였다. 위에 쓴 일기를 블로그나 인스타그램에 올리면 내 글을 본 독자님들이 댓글을 남긴다. 도움주다 다친 직원에게 괜찮느냐고 확인하지 않는 태도가 화난다거나 그래도 흉이 지지 않아 다행이라는 댓글들 말이다. 그 당시의 나보다 더 크게 분노하고 걱정해 주는 독자님들의 말씀에 위로를 얻는 것은 물론 가슴까지 뻥 시원하게 뚫리곤 했다. 그렇게 나는 기내에서 겪은 일들을 쓰고, 그림으로 그린 다음 공유했다.

기내에서 어처구니없는 상황이 벌어질 때마다 그 자리에서 일일이 승객에게 따지며 가르칠 수도 없는 노릇이다. 그래서 나는 비행을 마치고 그날의 장면을 글로 적으며 한 발 물러나 바라보려고 했다. 승객이 그렇게까지 화내기 이전에 뭔가 다른 조치를 취해야 했을까. 승객은 내게 그렇게까지 무례해야 했나. 다음번에도 비슷한 상황이 벌어지면 그땐 어떻게 대처해야 할까. 둥둥 떠다니며 여기저기 흩어져있는 생각을 눈에 보이는 활자로 적어두면, 그제야 마음이 진정되었다. 그런 뒤에는 어느 정도 태연해진 모습으로 다음 비행을 준비하고, 조금 더 유연하게 승객들을 받아들일 수 있었다.

TIP.

왓츠인 마이백

가습 마스크

마스크 안쪽이 촉촉한 패드로 돼 있어 일종의 가습기 효과를 얻을 수 있는 승무원의 애용품이다. 가습 마스크가 없다면 마스크 안쪽에 물에 적신 티슈를 대는 방법도 효과가 좋다.

괄사

비행을 마치면 온몸이 붓는다. 호텔에서 비행으로 쌓인 부기를 빼기 위해 꼭 챙기는 게 바로 괄사다. 종아리나 승모근에 크림을 듬뿍 발라서 괄사로 마사지한다.

레토르트 식품

장거리 비행에서 레토르트 식품은 빠트리지 않는다. 컵라면, 3분 카레 매운맛부터 시작해 요즘엔 고추장 나물 비빔밥, 강된장 보리밥까지 메뉴 구성이 화려하다. 호텔 룸서비스도 안 되는 새벽 시간에 시차로 깨어있는 데다가 배까지 고프면, 컵라면 하나가 얼마나 귀중한지 모른다. 한두 개라도 가방에 넣어두어야 비행 나갈 짐을 살뜰히 챙긴 기분이다. 믿음직스러운 식량과 함께 비행을 떠나는 길. 또각또각 구두 소리를 내며 도도한 척 걷지만, 캐리어의 내용물만은 구수하다.

바셀린

비행하다 보면 승객 중에서도 승무원의 피부 관리법을 궁금해하는 분이 많다. 사막보다도 건조하다는 기내에서 어떻게 장시간 '꿀피부'를 유지할 수 있느냐고 물어오신다. 그럴 때마다 바셀린을 추천해드린다. 기내에서 틈날 때마다 바셀린을 살짝 덜어내 손바닥 온도로 녹인 다음, 볼이나 이마에 틈틈이 찍어 발라준다. 기내에서 피부가 푸석푸석해질 때마다 촉촉한 '물광 피부'를 유지하는 비법이다. 바셀린을 면봉에 찍어 코안에 발라두면, 코안이 메마르고 허는 것까지 예방할 수 있다.

압박스타킹

비행 후 몸의 부기를 살짝 풀어준 다음에는 압박스타킹을 종종 착용한다. 승무원은 장시간 서서 일하기에 다리로 피가 많이 쏠리기 마련이다. 의료용 압박스타킹은 혈액 순환을 도와주어 발의 통증이나 피로감도 풀어주고, 다리 붓기 완화에 효과적이다. 그뿐만 아니라 하지정맥류나 혈전을 예방하는 차원에서도 꼭 착용해 준다.

E-BOOK 리더기

해외에서 체류하는 시간이 긴 비행에는 E-BOOK 리더기를 챙긴다. 시차로 잠 못 드는 밤이면 누워서 전자책을 읽는 것이 유용하다. 핸드폰으로 SNS나 유튜브에 접속하는 순간, 잠을 잘 자기는커녕 그대로 밤을 새우기 좋으니 다른 대체 수단이 필요하다. 전자책은 무게 부담도 적고, 원하는 책을 얼마든지 읽을 수 있어서 안성맞춤이다.

온수 팩

장거리 비행 시 승무원들은 벙커에서 교대로 휴식하는데, 그때마다 품에 안고 있던 게 온수 팩이다. 목베개, 수면 양말, 안대 등 저마다 기내 꿀잠을 위한 아이템이 있지만, 내게는 온수 팩이 가장 효과적이었다. 기내 온도는 보통 24도에 맞춰져 있어 서늘한 편이다. 온수 팩을 끌어안으면 따뜻해서 기분이 좋고, 체온이 올라가면서 비행 피로를 풀어주어 잠깐의 수면에도 큰 도움이 됐다. 휴대도 간편하다. 납작한 물주머니로 태블릿PC 정도의 크기다. 승객으로 탑승할 때도 기내가 조금 춥게 느껴진다면 온수 팩이 도움 될 것이다. 승무원에게 요청하면 물주머니에 뜨거운 물을 받아준다.

Part 4 승무원으로 산다는 것

1 승무원과 사람

1 승무원과 사람

'답답하다, 답답해…. 아, 그게 아닌데!'

입사한 지 일 년도 안 된 후배와 함께하는 비행이었다. 후배는 비즈니스 클래스 서비스 교육을 막 수료한 후 처음으로 비즈니스 클래스 승무원 담당을 배정받은 날이었다. 당연히 서툴 수밖에 없었다. 후배는 서비스 패턴을 잘 따라오지 못했고, 서비스 물품을 다룰 때도 어설프기만 했다. 보고만 있을 수 없던 나는 조곤조곤한 말투로 지적하고 가르쳤다. 후배에게는 그저 가르침을 가장한 잔소리로 들렸으리라.

그래도 후배는 매번 "네, 알겠습니다, 선배님. 정말 몰랐습니다. 가르쳐 주셔서 감사합니다!"라고 씩씩하게 대응했다. 깍듯한 후배 모습에 마음이 누그러지다가도 지적해야 할 부분이 보이면 기어코 열을 내며 참견해야 하는 내 모습에 나도 지겨울 지경이었다. 그래도 비행하면서 배울 실무를 누군가는 가르쳐야 했고, 후배가 비즈니스 클래스를 담당한 첫 비행이니만큼 선배로서 바로잡아 줘야 한다고 생각했다. 비즈니스 클래스 승객은 까다롭고 날카로운 부분이 있기에 후배도 초반부터 확실히 알아두어야 앞으로의 비행이 수월할 터였다.

너무 열의를 가지고 잔소리해서인지 비행을 마칠 즈음 나는 진이 빠질 대로 빠져 있었다. 싫은 소리를 하는 것도 한 번 해보니 좋기만 한 건 아니었다. 빨리 호텔로 돌아가 쉬고 싶은 마음뿐이었다. 호텔에선 비행 스트레스를 날려줄 불닭볶음면이 나를 기다리고 있었다. 비행기가 게이트에 도착하고 좌석벨트 착용 사인이 꺼지자 삼백 명 넘는 승객들이 일제히 일어나 짐을 챙기기 시작했다. 비즈니스 클래스에서부터 시작해 이코노미 클래스 승객들까지 하나둘씩 나를 스쳐 지나가며 비행기에서 내렸다. 나는 승객들에게 기계적으로 마지막 하기 인사를 읊었다. 생각해 보면 매번 같은 멘트로 비행의 마지막을 장식했다.

"감사합니다, 안녕히 가십시오."
"감사합니다~~~! 안녕히 가십시오~."
"감사합니다~~~~~~! 안녕히~ 가십시오~~~~~~!"

말을 점점 길게 늘어뜨리며 멘트 한 번에 승객 서너 명은 거뜬히 지나갈 수 있게 하는 수법이다. 삼백 명 승객에게 삼백 번 인사할 필요 없이 말이다. 나라고 처음부터 이랬던 것은 아니다. 비행 시작 전에는 의욕이 앞선다. 마음이 담긴 따뜻한 서비스를 해야지, 승객들 더 잘 살펴야지, 동료들과 좋은 팀워크로 즐거운 비행을 만들어야지…. 이윽고 승객 탑승 시간에는 불타오르는 의지와 함께 환한 미소로 탑승 인사를 한다. 내가 지어 보일 수 있는 가장 씩씩한 웃음으로 말이다. 하지만 이어지는 비행에서 까다로운 사무장 비위를 맞추느라 얼굴이 굳어가고, 진상 승객 때문에 부들부들 떨다가, 기압 차로 몸은 붓는데 타이트한 유니폼을 입어 속이 안 좋고, 부어오르는 발에 발가락이 저려온다. 씩씩하고 환하다는 웃음이 퍼석해진다. 게다가 그날 하루에 비행이 적어도 두 번, 많게는 네 번까지 있다면 말할 것도 없다. 승객을 태우고 뜨고 내리기를 반복하다 보면 땅에 도착했는데도 정신머리는 아직 하늘에서 둥둥 떠다니고 있다.

동료들도 마찬가지다. 승객들이 내릴 때 동료 승무원들을 살펴보면 다들 나사가 하나씩은 빠진 상태다. 한 동료는 잘못 찍힌 선배에게 된통 혼날 각오를 하고 있고, 다른 한 동료는 서비스 도중 벌어진 실수로 회사에 리포트 써야 하는 일을 걱정하고, 또 다른 동료는 시차와 기압 차로 얼굴이 망가졌거나, 나처럼 그냥 호텔 방에서 맥주와 불닭볶음면을 먹고 잘 생각뿐인 사람도 있다. 유독 피곤했던 그날도 나는 승객들을 얼른 비행기에서 내리게 하고 싶은 마음에 아무 생각 없이 외쳐댔다.

"감사합니다~~ 안녕히 가십시오~."

"감사합니다~~~~~ 안녕히~ 가십시오~~~~!"

말을 길게 늘어뜨리는 꼼수를 쓰는데도 목이 멨다. 잠시 목을 가다듬는데 건너편에서 후배의 목소리가 들렸다. 별안간 눈이 번쩍 뜨였다. 후배는 앞다투어 내리는 승객들에게 매번 다른 멘트로 마지막 인사를 드리고 있었다.

"한국보다 날이 춥습니다. 감기 조심하십시오."
"눈이 왔으니 조심해서 돌아가십시오. 감사합니다."
"행복한 주말 저녁 되십시오. 오늘도 이용해 주셔서 감사합니다."
"기내에서 다시 만나 뵙기를 희망합니다. 안녕히 가세요."
"오늘 함께 비행해서 즐거웠습니다. 조심히 돌아가세요."

나는 승객들에게 인사를 드리는 일도 잊고 얼마간 후배를 망연히 바라보았다. 일은 서툴지만, 승객을 향한 마음과 열정만은 전혀 서툴지 않던 후배였다. 승객들에게 마지막 인사를 드리는 그 순간만큼은, 후배가 우리 중에서 가장 큰 선배로 보였다. 그리고 나는 다음 비행에서 꼭, 이 '멘트왕' 후배를 잊지 않기 위한 각오를 했다. 그로 인해 이후의 나는 멘트 부자가 될 수 있었다. 기분 탓인지는 몰라도 안녕히 가시라고 반복 인사만 했을 때보다 승객들도 나를 향해 더 크게 웃으며 감사하다는 말을 전하고 내리는 것 같았다. 무엇보다 그날 도착지와 날씨, 상황에 따라 매번 다르게 멘트를 하는 내가 더 흥이 났다. 동료의 모습을 본받으려고 노력하자 비행에 임하는 나의 마음가짐에도 즐거운 활력이 돌았다.

Q1
아픈 승객이 나타났을 땐 어떻게 하나요?

예민한 기질의 사람은 고도 4만 피트에서 시속 900km로 날아가는 비행기라는 특수한 환경에 민감하게 반응하며 피로함을 느낀다. 잠을 자지 못하는 건 당연하고, 한숨도 잘 수 없었던 탓에 두통이 오고 속까지 메슥거리기 시작한다. 더부룩한 속에 잘 소화되지 않는 기내식을 먹었으니, 이내 구토감을 느끼고 화장실까지 미처 당도하기도 전에 좌석이나 통로 또는 갤리에서 고스란히 속을 게워낸다. 기내 오븐에서 데워져 모락모락 김이 피어올라 맛깔나게 보였던 기내식은 어느새 시큼털털한 냄새가 진동하는 토사물로 승무원인 우리 앞에 놓인다. 치워야 하는 것도 당연히 우리 몫이다.

그래서 밤 비행을 앞둔 브리핑에서 빠지지 않고 다루는 내용이 바로 승객들의 안색과 표정을 유의해서 살피라는 것이다. 특히나 돌아가는 비행 같은 경우에는 빡빡한 여행 일정이나 과도한 업무로 피로해진 몸이, 비행이라는 환경과 시차 및 기압 차에 적응하지 못해 갑자기 악화할 수 있기 때문이다. 실제로 낮 비행보다 밤 비행에서 아프거나 쓰러지는 승객이 훨씬 많이 발생한다. 열이 올라 오한을 호소하는 경우에는 재빠르게 온도계를 가져와 승객의 체온을 재고, 열을 식히기 위해 쿨 시트를 가져다 댄다. 승객이 요구하는 약을 제공하기도 한다. 심한 두통으로 현기증까지 일어나 비틀거리다 쓰러지는 승객도 있다. 이 경우 편안한 자세로 눕는 게 좋은데, 이코노미 클래스가 만석일 경우에는 몸을 눕힐 수 있는 자리가 마땅치 않다. 급한 대로 갤리에 담요를 몇 겹씩 깔아 누울 자리를 마련한다. 안색이 너무나 창백한 승객은 혈액 순환이 원활히 이루어질 수 있도록, 누워있는 승객의 발밑으로 수납함을 끼워 넣어 발을 들어 올린다.

아픈 승객이 발생했을 때, 승무원에게는 신속한 대처가 요구된다. 우리는 기내에 있는 모든 장비를 활용해 아픈 승객을 다룰 수 있어야 한다. 이를 대비해 기내에는 Medicine Bag각종 약품과 Medical Kit의료용 키트, Doctor's Kit의사만이 다룰 수 있는 의료 장비가 구비되어 있다. 아픈 환자가 나타났을 때 곧바로 가져와 사용할 수 있도록, 비행 전에는 이 장비들이 기내의 어느 곳에 탑재되어 있는지 꼭 확인한다.

비행 중 공황 장애로 인해 과호흡 증후군을 나타내는 승객도 많이 있다. 이런 경우에는 승객을 똑바로 눕힌 뒤, 꽉 조이는 옷이나 벨트를 느슨하게 하여 휴식을 취할 수 있도록 만든다. 그런 다음에는 안정된 심호흡을 하도록 지도하는

데, 이때 중요한 것은 코로 숨을 크게 들이쉬었다가 입을 오므리며 천천히 입으로 숨을 내뱉을 수 있도록 하는 것이다. 증상이 심하면 비닐봉지나 페이퍼 백을 너무 밀착되지 않는 범위에서 코와 입에 가져다 댄 뒤, 그 안에서 숨을 쉴 수 있도록 한다.

이처럼 과호흡 증후군, 발열, 두통, 복통부터 시작해 치통까지 아픈 승객의 증상은 참으로 다양하게 나타난다. 아픈 승객을 맞닥뜨렸을 때, 우리는 의사가 아니므로 치료 과정에 있어서 한계가 있을 수밖에 없다. 쓰러지더니 사지를 부들부들 떨며 눈이 돌아가고 입에 거품을 무는 승객, 심정지 증상이 심하게 나타나는 승객, 아예 심정지까지 발생해 심폐소생술을 해야 할 때, 우리는 일명 Doctor call을 한다. Doctor call이란 비행기 운항 중 응급 환자의 발생으로 승무원이 의사를 찾는 기내 방송을 말한다.

처음으로 Doctor call을 했을 때가 생각난다. 갤리에서 서비스 물품 정리를 하고 있는데, 잠꼬대같이 알아들을 수 없는 웅얼거림과 함께 한 승객이 등장했다.
"아아. 애 억이 아얐어오. 애 억이...!! 아. 어억애오."
뭐라고 하는지 도통 알아들을 수 없는 승객의 아래턱은 앞으로 비뚤어지게 튀어나와 있었다. 턱이 앞으로 툭 나온 탓에 입을 닫지도 못하는지, 벌려진 입의 한쪽에서는 고인 침이 흘렀다. 아뿔싸. 턱이 빠진 것이다. 나는 곧바로 갤리로 달려가 준비된 메모지와 펜을 가져와서 승객에게 건넸다. 승객은 여전히 다물어지지 않는 입으로 무어라 중얼대며 글씨를 적어나갔다. 턱이 빠졌어요. 하품하다가.

나는 승객에게 잠시만 기다리라고 말씀을 드린 뒤, 즉시 사무장과 기장에게 보고한 후 Doctor call을 했다. 의사가 없을 수도 있다는 불안감이 앞섰지만, 곧 한 백인이 자신이 의사임을 밝히며 갤리로 들어섰다. 나와 동료 승무원은 그제야 안도할 수 있었다. 의사는 승객의 턱이 제대로 빠졌다며 턱을 끼워 넣어야겠다고 했다.
"우아아…. 아악!"

승객은 탄식에 가까운 신음을 내뱉었다. 평범했던 승객이 하품하다 졸지에 기내 환자로 변모했다. 의사는 예의 카리스마 넘치는 표정으로 환자 승객의 앞에 똑바로 서서, 양 엄지손가락을 입안으로 넣고 어금니 부분에 가져다 댔다. 나머지 손가락으로는 턱을 감싸 쥐었다. 그러더니 엄지손가락 부분으로 어금니를 아래로 누르면서, 턱을 감싸 쥔 나머지 손가락으로는 아래턱 부위를 회전시켜 뒤로 보내버렸다. 신기하게도 순식간에 환자 승객의 아래턱이 제 위치를 찾아 들어갔다. 승객은 자신을 둘러싸고 있던 승무원들과 턱을 끼워 맞춰 준 의사에게 몇 번이고 고맙다는 인사를 하고는 자리로 돌아갔다.

다행인 점은 지금까지 매번 Doctor call을 할 때마다 꼭 한 명 이상의 의사 승객이 있었다는 점이다. 이는 정말 다행이기도 하고 신기하기도 한데, 늘 한두 명의 의사가 자진해서 손을 들고 등장했었다. 국적도, 인종도 다양했다.

Doctor call을 해야 할 만큼의 아픈 환자 승객이 없더라도 마지막까지 긴장을 늦추지 말아야 하는 게 하나 더 있다. 바로 앞에서 잠시 언급했던 '구토'다. 내가 술집을 운영하지 않는 이상, 비행할 때처럼 다른 사람의 토사물을 많이 볼 일은 없을 것 같다. 비행 내내 와인을 즐기던 승객의 토악질은 와인 특유의 시큼 떨떠름한 냄새가 토사물과 알코올에 더해져 진한 여운을 남긴다. 레드와인을 마셨던 승객의 구토를 치우며 그 냄새를 강렬하게 맡은 뒤로, 한동안 레드와인은 입에 갖다 대지도 못했다. 아무래도 승무원으로서는 비위가 강해야 일하기에 여러모로 편리할 것 같다.

Q2
유 · 소아나 노약자는 어떻게 에스코트 하나요?

기내에서 승무원은 유 · 소아 및 노약자 승객에게 더욱 주의를 기울인다. 노약자가 무거운 짐을 가지고 있는 경우 도움이 필요하다면 짐을 들어드린다. 좌석으로 안내한 뒤에는 객실 설비를 찬찬히 설명한다. 그들에게는 낯설고 생소할 수 있다는 점을 감안해 좌석 등받이와 팔걸이, 좌석 벨트 사용법을 설명한다. 또한, 승무원의 도움이 필요하다면 언제든지 승무원 호출 버튼을 누르면 된다는 말씀과 함께 버튼 위치 및 사용법도 안내한다. 마지막으로 좌석에서 가까운 위치의 화장실을 알려드리며 화장실 문을 열고, 닫는 법까지 설명한다. 노약자는 기내에서 몸 상태가 급격히 안 좋아질 수 있으므로 비행 중에는 수시로 들여다보며 확인해야 한다. 제때 의약품을 먹어야 하는 승객이 있다면 시간 통지와 더불어 물을 제공한다. 입국서류 작성이 어려운 승객을 보조하기도 하고, 하기할 때도 필요하다면 짐을 함께 든다.

대한항공은 보호자 없이 여행하는 만 70세 이상의 승객을 위해 '한가족 서비스'를 제공한다. 한가족 서비스는 장거리 해외여행이 익숙하지 않은 고객이 더 편안하게 여행할 수 있도록 돕는 안내 서비스이다. 탑승 수속부터 항공기에 탑승할 때까지 담당 직원이 안내하며, 목적지에 도착한 후에도 담당 직원이 도착장으로 안내하고 연결편을 이용한다면 연결편 탑승구까지 안내를 돕는다. 티웨이항공은 t'care 서비스로 연세가 많아 해외여행 및 공항 이용이 익숙하지 않은 승객에게 인천공항에서의 수속 과정을 보조하고 있다.

유 · 소아의 보살핌은 보호자 동반 여부에 따라 나뉜다. 유아를 동반한 승객의 유모차는 기내 좌석 위 선반이나 위탁수하물로 보관 처리한다. 국제선에서는 기내에서 유아용 요람을 제공하며, 기저귀 교환대는 기내 화장실에 설치되어 있어 보호자에게 위치를 안내한다. 항공사마다 조금 다르긴 하지만, 대한항공은 국제선 이용 시 24개월 미만 유아의 유아용 기내식 신청도 가능하다. 보호자를 동반하지 않은 소아 승객, 즉 혼자 여행하는 어린이 승객은 더욱 세심히 챙긴다. 항공업계에서는 UM Unaccompanied Minor 이라고 일컫는데, UM은 만 5세 이상부터 만 12세 이하의 어린이가 혼자 항공기를 이용할 시 의무적으로 신청해야만 한다. 항공사 직원들은 UM과 동행하며 출발 공항에서 탑승권을 받는 순간부터 비행기 탑승까지 안전하게 돕고, 도착지에서도 보호자에게 직접 인계하며 비행의 전 일정 동안 소아를 인솔한다. 대한항공과 아시아나항공, 제주항공 등 국내 항공사들을 비롯한 전 세계 항공사들이 이 서비스를 제공하고 있으며 별도의 서비스 비용 없이 성인 운임을 발권하는 것으로 대체하고 있다. 만 5세 미만 유아는 단독 이용이 불가하며 UM 서비스 대상에서 제외된다.

참고로 대한항공은 비동반 소아 승객과 보호자를 위해 플라잉 맘 서비스Flying Mom Service도 갖추고 있다. 보호자 없이 홀로 탑승한 어린이 승객을 걱정하는 보호자를 위한 서비스로, 담당 승무원이 '마치 엄마처럼' 어린이 승객의 식음료 섭취 내역, 수면, 휴식, 기분, 건강 상태 등 기내 생활 전반을 꼼꼼하게 살핀 후 편지를 작성하여 도착지의 보호자에게 전달하는 서비스다. 비행시간 5시간 이상의 중/장거리 항공편에 탑승하는 비동반 소아 승객에게 제공되고 있다. 에어프레미아 역시 혼자 여행하는 어린이와 청소년 승객에게 출발지부터 시작하여 기내와 도착지까지 보호하는 서비스를 운영하고 있다. 도착지에서는 담당 직원이 승무원으로부터 인계를 받아 수하물 수취와 도착 수속을 도운 다음, 보호자에게 인계한다.

이외에도 대부분의 항공사에서 노약자와 유 · 소아 승객을 위한 서비스와 대응 절차는 잘 마련되어 있어서 비행하면서도 큰 무리는 없었다. 오히려 곤란하고 힘들었던 점은 그들을 향한 다른 승객들의 원성과 불만이었다. 아기는 보호자가 지극정성으로 돌본다고 하더라도 울음을 터뜨릴 때가 있다. 좁은 기내에서 앉아있어야만 하기에 아이의 찢어지는 울음소리로부터 피할 수 없는 승객들의 고충도 이해는 한다. 하지만 눈살을 찌푸리거나 한숨을 내쉬며 아기나 보호자를 향해 불평하는 소리에 보호자는 더 위축되는 법이다. 설상가상으로 적대적인 분위기와 환경 때문에 아이는 울음을 그치지 않고 더욱 크게 울어댄다. 이는 비행하면서 종종 마주한 모습이다.

2022년 김포공항을 출발해 제주공항으로 향하던 에어부산 항공기에서는 아기의 울음소리가 시끄럽다며 옆자리에 앉은 남자가 아기와 부모에게 욕설과 폭언을 하는 사건까지 벌어졌다. 그 남성 승객은 승무원의 제지에도 불구하고 고성을 지르며 '교육할 자신이 없으면 아이를 낳지 말고, 비행기를 대절해서 다니라'는 등 폭언과 욕설을 수십 차례 퍼부었다. 그는 항공보안법 위반 혐의로 경찰에 입건됐다. 이렇게까지 극단적인 사례는 아니어도 비행기에서 우는 아기로 인한 논란은 늘 있었다. 그런 이유로 보호자들은 비행기에 탑승할 때부터 걱정하고 두려워한다. 방송인 샘 해밍턴은 2016년에 17개월 된 아들과 함께 호주행 비행기를 타면서 주변 승객들에게 돌릴 사탕과 귀마개를 준비해 화제가 되기도 했다. 편지에는 "요새 제가 말문이 트여서 조금 시끄러울 수 있어요. 착하게 타고 가도록 노력할게요!"라는 글도 덧붙였다.

2014년에도 미국에서 난생처음 비행기를 타는 유아를 데리고 탑승한 부모가 기내 승객들에게 초콜릿과 귀마개 등 선물을 돌리며 양해를 구했다. 작은 메모지에는 "곧 1살이 되는 제게 이번 여행은 첫 비행입니다. 할 수 있는 한 좋은 모습을 보이려고 하겠지만 무섭거나 귀가 아파서 침착함을 잃을 수도 있어요. 그 점에 대해 미리 사과드립니다. 엄마 아빠가 맛있는 선물을 준비했어요. 제 울음소리가 불편하신 분들을 위한 귀마개도 들어있어요. 즐거운 비행 되시길!"이라는 글이 쓰여있었다. 부모는 1살인 아이가 승객들에게 직접 건네는 말처럼 편지를 쓴 것이다. 선물과 카드의 사진이 인터넷에서 공유되며 훈훈하다는 이야기도 많았지만, 나는 한편으로 마음이 무거웠다. 아기와 함께 여행하는 보호자는 이렇게 눈치를 볼 수밖에 없는 것인지 의아했다. 똑같이 비용을 지불한 승객이 다른 승객들을 위한 간식과 귀마개를 제공하는데 이를 당연하게 받아도 되는 것인지 의문이 들었다.

반면 2018년에는 미국 국내선 기내에서 우는 아이를 달래기 위해 승객들이 동요 '아기상어'를 함께 부르는 영상이 화제가 되기도 했다. 영상 속 우는 아기는 아버지가 품에 안고 달래도 쉽게 진정되지 않았다. 몇몇 승객들이 아기를 위해 '아기상어'를 부르며 손뼉을 치기 시작하자 다른 승객들도 모두 노래를 따라 불러주었다. 그렇게 기내에 노랫소리가 울려 퍼지자 아기는 울음을 그치고 주위를 둘러봤다. 이처럼 비단 승무원뿐만 아니라 함께 탑승한 승객들이 너그러운 마음을 가지는 것만으로도 아이들의 비행 경험을 더 풍요롭게 만들 수 있다고 생각한다.

노약자와 유 · 소아를 빈틈없이 챙기도록 매뉴얼과 추가적인 절차 및 서비스가 마련되어 있는 이유는 이들이 교통 곤란자들이기 때문이다. 전철이나 버스에도 교통 약자석이 일정 비율로 배정되어 있다. 교통약자의이동편의증진법 제2조 제1항에 의하면 교통약자란 고령자를 비롯해 장애인, 임산부, 영유아를 동반한 자, 어린이, 환자와 부상자, 무거운 짐을 든 자 등 각종 일시적 교통약자들도 해당한다. 대중교통의 특성상 갑작스러운 흔들림에 넘어질 수 있고, 다른 사람과의 접촉이 불가피하며 사람이 많은 경우 몸이나 짐이 끼이는 등 여러 불편함이 따른다. 하물며 시차와 기압 차의 영향을 크게 받으면서, 여차하면 쉽게 내릴 수도 없는 상공의 기내에서 겪는 노약자와 유 · 소아의 괴로움은 상당할 터이다. 그러니 제도적으로 이들을 보호하는 것뿐만 아니라 승객들이 서로의 고통과 어려움을 알아보고 생각해 주는 기내 풍경이 만들어졌으면 한다.

Q3
장애인 승객은 어떻게 에스코트 하나요?

'신체적, 건강상의 이유로 몸이 불편하여 혼자 여행하기 어려운 고객께서 항공 여행과 활동에 불편이 없도록 다양한 서비스를 제공해 드립니다.'
'몸이 불편한 승객의 편리하고 안전한 여행을 위해 전담 직원이 안내해 드립니다.'

항공사 홈페이지를 살펴보면 장애인을 위한 기내서비스가 다양하게 준비되어 있어 장애인들이 여행하기에도 큰 무리가 없을 것처럼 보인다. 객실승무원의 업무 매뉴얼에도 시각, 청각장애가 있는 고객과 휠체어가 필요한 고객에게 응대하는 방법이 탑승 시, 비행 중, 하기 시에 따라 단계별로 마련되어 있다.

나 역시도 비행하던 시절 매뉴얼에 따라 고객을 응대했다. 청각장애 승객과 소통할 때는 적극적인 Body Language를 구사하며, 크고 정확한 발음과 입 모양을 유지하였다. 신속한 소통을 위해 서비스 선택 사항 및 필요한 물품을 직접 적은 카드도 늘 소지하고 다녔다. 카드를 보여드리면 승객이 손으로 가리키는 것만으로 승객의 요구 사항을 손쉽게 파악할 수 있었다. 거동이 불편한 승객을 위해서는 기내용 휠체어를 사용하여 화장실 이용을 도와드렸다. 그렇게 나는 기내에서 장애인 승객을 자주 마주하면서도 그들이 비행기를 이용하는데 큰 불편함이 없을 것으로 생각했다. 하지만 이는 지극히 비장애인의 시선에서 바라본 안일하고 오만한 관점이었다.

비행기가 예정된 시간보다 일찍 이륙한다는 방송을 듣지 못해 비행기에 오르지 못한 승객, 수하물 수취대가 변경되었다는 안내방송을 듣지 못해 엉뚱한 수취대에서 하염없이 기다려야만 했던 승객, 청각장애인에게 말을 하지 못하느냐고 대뜸 물으며 응대했던 승무원의 사례까지. 청각장애인들이 항공편을 이용할 때 겪게 되는 불편함은 계속되고 있었다. 공항에서는 다량의 정보가 안내방송, 즉 음성으로 제공되기 때문에 청각장애인은 변경된 정보나 실시간 상황 파악을 하기 어렵다. 기내에서도 수어 통역 서비스가 제공되지 않기는 마찬가지다. 비상 상황이라도 발생한다면 상황 대처에 대한 정보 제공이 제대로 이뤄지지 않아 안전까지도 위협받을 수 있는 환경이다.

전국장애인차별철폐연대는 2023년 10월 12일 인천국제공항에서 장애인 비행기 이동권 보장을 촉구하는 기자회견을 개최했다. 이들은 전동 휠체어를 탄 채 비행기에 탑승하지 못해 수차례 휠체어를 갈아타야만 비행기를 이용할 수 있고, 기내용 휠체어로 바꿔 타기 위한 보조 장치 등 제대로 된 설비가 없어 승무원이 직접 장애인 당사자의 신체를 옮기는 과정에서 부상이 발생한다고 지적했다. 심지어 기내에 탑재된 휠체어도 규격화된 한 종류로 이용자의 체격을 전혀 고려하지 않았다. 체격이 큰 사람은 기내용 휠체어도 사용하기 힘든 것이다.

2023년 10월 에어캐나다 항공편에서는 기내용 휠체어조차 준비되어 있지 않았다. 경련성 뇌성마비로 다리를 움직이지 못하는 남성 승객은 결국 상체 힘을 이용해 통로 사이를 기어갔다. 항공사는 장애인 승객이 요청하면 출발 전과 도착 후 이동 보조 기구와 좌석 사이에서 승객이 이동할 수 있게 서비스를 제공해야 한다고 규정돼 있음에도 불구하고 발생한 일이다. 2022년 9월 스페인 알바스타 항공에서도 하반신이 마비된 여성 승객이 기내에서 승무원들의 도움을 받지 못해 화장실까지 기어서 갔다. 그는 비행 중 화장실을 이용하려고 도움을 요청했지만, 승무원은 기내용 휠체어가 없다고 말하며 거절했다. 심지어 '장애인은 기내에서 기저귀를 착용해야 한다'라는 말까지 내뱉어 승객에게 큰 모멸감을 안겼다.

매뉴얼 상에서 승무원이 장애인 승객을 응대하는 방법이 쓰여있더라도 제도와 시스템, 장비가 제대로 갖춰져 있지 않으면 이렇게나 쉽게 무너져내리는 것이 현실이다. 그렇다고 승무원의 역량에만 기댈 수 없는 노릇이다. 인적 지원으로는 분명 한계가 있기 마련이고, 발 벗고 나서 적극적으로 도와주는 승무원도 있겠지만, 위 사례와 같이 외면하는 승무원도 나타날 수 있기 때문이다. 장애인이 비행기를 이용하는데 높은 장벽이 존재하는 것처럼 느껴지지 않도록, 공항과 항공사에서는 각종 설비와 편의 시설을 구축하며 꾸준히 개선해나가는 노력을 해야 할 것이다.

Q4
대응하기 어려운 유형의 고객이 있나요?

사람과 사람 사이에서 가장 어려운 일은 아무래도 소통일 것이다. 소통되지 않는데 무슨 말을 하고, 일을 함께하겠는가. 나 역시 비행하면서 말이 안 통하는 승객이 가장 힘들었다. 비행기 내부는 저기압, 저산소 상태로 술을 마시게 되는 경우 지상에서보다 3배 빨리 취한다. 술을 마시지 않더라도 고산증 증세와 유사하게 어지럽거나 판단력이 떨어지는 증상을 보이기도 한다. 고산증은 산의 높이가 2500m 이상으로 산소가 적고 기압이 낮아져 몸에서 생기는 이상 반응이다. 이처럼 기내에서는 몸이 정상적이지 않을 수 있기 때문에 계속해서 술을 마시려고 하는 승객이 있는 경우, 승무원은 저지할 수밖에 없다. 승객의 상태를 보며 술을 더 이상 제공하지 않고, 지상에서보다 빨리 취할 수 있다는 사실을 알려드리며 물이나 다른 음료를 권한다.

하루는 술을 달라고 고래고래 소리 지르는 승객이 있었다. 단호하게 더는 드릴 수 없다고 대처하자, 막무가내인 승객은 면세점에서 산 양주까지 몰래 마셨다. 안전벨트를 계속해서 푸는 승객도 있었다. 착용하라고 여러 번 말씀을 드려도, 승무원 앞에서만 매는 척하고는 다시 풀어버렸다. 큰 터뷸런스로 갑작스럽게 기체가 크게 흔들리는 순간, 그의 몸은 붕 떠올랐다가 내려오며 팔걸이에 허리를 부딪혀 결국 부상을 입었다. 승객과 승무원 관계에서 돈거래는 불가하다고 말씀드려도 계속해서 돈 좀 빌려달라고 우기는 승객도 있었다. 이렇게 말이 통하지 않는 승객도 많지만, 아예 소통 방식이 다른 문화의 승객을 응대할 때 가장 난감했던 경험이 있다.

생애 첫 인도 비행이었다. 처음이긴 하지만 서비스 패턴은 다른 장거리 비행과 동일했기 때문에 크게 긴장하지 않았다. 우리 항공사는 장거리 노선에서 기내식 서비스 이후 따뜻한 음료로 커피와 녹차, 홍차를 제공했다. 인도 비행 전에는 선배들로부터 인도인은 밀크티를 무척이나 좋아해서 홍차를 줄 때 프림 캡슐을 여러 개 챙겨줘야 한다는 말을 들었다. 나는 앞치마 주머니에 프림을 두둑이 챙겨 넣고, 식판을 회수하면서 커피나 홍차를 드시겠냐고 물었다. 인도 승객은 고개를 좌우로 크게 흔들었다. 나는 그를 향해 빙긋 웃어 보이며 다음 줄에 앉아있는 승객에게 향했다. 식판을 회수하며 다시 한번 커피나 홍차를 드실지 물었다. 이번에도 승객이 고개를 좌우로 흔들었다.

'오, 웬일로 커피랑 차가 안 나가지? 빨리 끝나겠는데?'
나는 속으로 쾌재를 불렀다. 뜨거운 음료를 서비스할 때는 화상의 위험이 있어 각별한 주의해야 하는데, 모두가 안 마신다고 하니 편하게 서비스 속도를 올렸다.

그렇게 한창 식판을 치우고 있는데, 앞쪽에 앉아있는 승객들이 뭐라고 하는 것 아니겠는가. 그들은 내게 왜 커피를 안 주느냐고 쏘아붙였다. 홍차는 언제 주느냐고, 왜 무시하며 그냥 가느냐고도 말했다.
'아니, 자기들이 안 먹겠다고 해놓고 갑자기 왜 저러지?'
이상하게 생각하는데, 한 동료가 다가와 다급한 목소리로 내게 속삭였다. 동료는 인도 사람들이 고개를 좌우로 까딱까딱 흔드는 건 긍정의 뜻이라고 말했다. 심지어 좌우로 크게 흔들수록 확실히 알겠다는 강한 긍정의 표시라고 했다. 그렇다면 아까 나는 좌우로 고개를 크게 흔들며 홍차를 마시겠다던 승객을 빙그레 웃으며 무시하고 간 것이었다. 나는 다급하게 다시 맨 첫 줄에 앉아있는 승객에게 돌아가 음료를 제공했다. 승객은 다시 고개를 흔들었다.

대부분의 나라에서 고개를 좌우로 흔드는 건 부정의 의미다. 하지만 인도에서는 정반대로 작용했다. 대화 중에 고개를 좌우로 흔들면 동의한다는 뜻이고, 대화하지 않아도 고개를 좌우로 흔드는 것은 상대방에게 고마움을 전한다는 제스처다. 머리를 팔자 모양으로 흔들면 상대방의 질문이나 요구에 수락한다는 소리다. 새로운 소통 방식을 알게 된 다음부터 나는 인도 비행에서 그들과 함께 세차게 고개를 젓는 승무원이 되었다. 이렇게 소통의 방식이 판이할 경우 처음에는 난처한 상황이 펼쳐지기도 한다. 하지만 그렇게 또 하나의 소통 방법을 익히게 되고, 그 과정에서 다른 문화를 존중하는 태도도 기르게 된다.

FSC 항공사인 대한항공의 인재상 중 하나는 국제적 감각의 소유자로, 자기중심적 사고에서 벗어나 다양한 문화를 이해할 수 있는, 열린 마음과 문화적 지식을 지닌 사람을 원한다고 명시되어 있다. LCC 항공사인 진에어는 열린 사고로 미래를 지향하는 사람, 티웨이는 열린 마음으로 소통하는 사람과 국제적 유머 감각의 소유자를 인재상으로 꼽는다. 이처럼 객실승무원은 다국적의 다양한 특성을 가진 승객을 응대해야 하는 만큼, 고정관념에서 벗어나 사람들을 적극적으로 이해하고 소통하고자 하는 의지를 다져야 한다.

Q5
기억에 남는
동료 승무원이 있나요?

비행을 마치면 늘 아쉬운 마음이 들었다. 후회되는 순간이 많았기 때문이다. 잘하고 싶은 마음과는 달리, 정작 비행 중에는 갑자기 안대라도 낀 것처럼 기내에서 도와야 할 승객들이 보이지 않았다. 어떤 때는 몸이 너무 피로해서, 그런 승객이 보임에도 불구하고 못 본 척할 때도 있었다. 그렇게 해서 내가 놓친 승객들이 갑자기 생각날 때면 후회하게 됐다. 거동이 어려웠기에 승무원의 도움을 받아 기내 휠체어를 타고 화장실에 가야 하는데, 누구 하나 다가오지도, 물어보지도 않아 장거리 비행 내내 화장실 한 번 못 간 승객. 승무원이 꿈이라며 빛나는 눈빛과 함께 갤리로 들어와 뭐 하나라도 물어보고 싶었지만 바빠 보이는 승무원들 모습에 눈치를 보며 돌아선 승객 등이 뒤늦게 떠올랐다.

분명 브리핑 때 장애인 승객 정보를 다 확인해놓고 비행 중에는 까맣게 잊어 청각장애 승객에게 건성으로 말을 건네거나, 서비스하는 과정에서 선택이나 행동이 느린 노약자 승객을 향해 작게 한숨을 내쉬던 내 모습이 떠오를 때도 부끄러웠다. 하지만 그런 장면들 또한 분명 내가 만든 순간들이었다. '다음 비행은 잘해야지', '조금 천천히 해도 괜찮으니까 승객들을 제대로 바라봐야지' 생각하다가도 번번이 중요한 걸 놓치고 말았다. 그래서 승객들에게 마음을 온전히 다하는 동료의 모습을 마주할 때면 그 순간이 유독 오래 기억에 남았다.

한 선배는 비행에서 만나게 된 승객과의 인연을 반가워하며 종종 카드를 썼다. 캐리어에는 손수 준비한 카드가 가득했다. 카드에는 즐거운 여행과 비행이기를 바라는 마음을 쓰거나, 도착지에 따라 승무원이 추천하는 꿀팁 또는 장거리 비행에서 승무원에게 요청할 수 있는 가능한 부분까지 섬세히 알려주었다. 카드 한 장으로 승객들을 신나게 만드는 선배의 모습을 본 뒤로는 비행을 마치고 팬시점에 바로 들러 아기자기한 편지지와 스티커를 잔뜩 따라 샀다. 기내에서 생일을 맞이한 승객, 첫 비행인 아기 승객, 신혼여행인 승객에게 기념 카드를 써주며 뿌듯해하던 어느 날, 이보다 더한 동기의 이야기를 접하게 되었다.

2018.8.30

일본인 승무원이 대뜸 다음 주에 한국으로 놀러 간다며 종이 한 장을 내밀었다. 나의 동기인 '안상(さん)'이 줬다고 했다. A4용지에는 서울의 맛집 리스트와 관광 명소가 빼곡하게 차 있었다. 주소와 약도는 일본어, 한국어, 영어 순으로 정리되어 있었다. 수기로 작성했으나, 원본이 아닌 복사본이었다. 일본인 승무원 말로는 안상이 비행 때 복사물을 여러 장씩 가지고 다니며 승객들에게 나눠준댔다. 대충 짐작이 갔다. 비행 중 내게도 많은 외국인 승객이 한국의 맛집 정보를 물어보았기 때문이다. 그때마다 나는 추천하는 장소가 바뀌거나 말끝을 흐리기 일쑤였다.

'언니는 그런 질문을 받을 때마다 쿨하게 이 종이 한 장을 슥 건넸겠구나.'
안 언니는 나보다 6살이 더 많았고, 이전에 아랍에미레이트 항공에서 근무한 경력이 있었다. 처음으로 항공사에 입사해 뭐든 서툰 나에 비하면 의젓한 어른 같기만 했다.
지금 내 앞에 놓인, 안 언니가 외국인 승객에게 주려고 만든 종이 한 장은 그간 언니가 어떤 모습으로 비행해왔는지를 파노라마처럼 보여주었다. 언니는 여전했다. 자기가 아는 것을 더 잘 전해주려 애썼고 그게 타인에게 도움이 되길 바랐다. 그 마음은 참으로 넉넉한 것이어서 받는 사람까지 풍요롭게 채워주는 마음이었다. 언니를 만나서 그 종이에 대해 물어본다면 언니가 뭐라 답할지 듣지 않아도 알 것만 같았다.

시간이 지나서도 기억에 남는 동료는 이렇게 자신만의 빛을 뭉근하게 뿜었다. 나에게는 늘 나보다 더 나은 동료들이 있었기에, 뒤처질 때마다 다시 앞으로 나아갈 에너지를 얻었다. 나 역시 누군가에게 도움을 주고, 위로할 수 있는 사람이 되고 싶다는 용기와 마음을 키우게 되었다. 정말 큰 행운이었다고 생각한다.

2 승무원의 온 · 오프

착륙까지 시간이 남아 밥을 먹기 위해 갤리에 들어가 커튼을 쳤다. 기압 차로 손발도 붓고 속이 더부룩해 가볍게 먹으려고 치즈 오믈렛과 요거트를 골랐다. 곧이어 이코노미 클래스의 사무장님도 들어와 오믈렛을 두 개 준비했다. 한 입 떠먹으려는 순간, 커튼 뒤로 듣기 싫은 소리가, 듣고도 못 들은 척하고 싶은 소리가 들려왔다.

"우읍! 스미마센…!"
예감할 수 있었다. 미안함에 떨고 있지만, 그만큼이나 급박하게 승무원을 찾는 소리. 그리고 곧바로 흘러들어오는 코를 찌르는 냄새. 나는 곧바로 커튼을 열어젖혔다. 한 남성 승객이 피토를 뿜으며 기내 바닥을 적시고 있었다. 잘못하면 나한테까지 튈 뻔했다.
'이 승객… 어쩐지 레드와인을 계속 마시더라니…!'
레드와인을 먹고 게워내면 피토를 하는 것처럼 보일뿐더러 냄새 또한 기가 막힌다. 사무장님은 피토를 뿜어대는 승객에게 다가가 증상을 묻더니 열을 재기 위해 체온계를 가지러 갔다. 자연스럽게 토사물의 처리는 내가 맡게 되었다.

나는 하는 수없이 비닐장갑을 낀 채로 오른손에는 봉투와 수건을, 왼손에는 감염 예방 및 냄새 제거 기능이 있는 스프레이를 들고 지독한 자태를 뽐내는 토사물에 다가갔다. 처음에는 냄새를 맡지 않기 위해 코를 막았으나, 따끈한 구토에서 올라오는 수증기가 섞인 공기를 입으로 들이마시자니 그건 더 고통스러울 것 같아서 그냥 포기하고 코로 숨을 들이마셨다. 고약한 냄새에 구역질을 참느라 혼났다.

어느 정도 정리가 되자 사무장님이 나타났다. 이제 그만 치우고 식사나 마저 하라고 했다.

'사무장님이라면 지금 밥이 넘어가게 생겼나요…'

그래도 배는 고팠기에 못 이기는 척 갤리로 들어갔다. 비행기가 착륙한 다음 디브리핑을 하고 호텔 방에 들어가기까지, 족히 두 시간은 걸릴 터였다. 주린 배를 채워야 했다. 사무장님도 곧이어 갤리로 들어왔다. 그런데 갤리로 돌아오니 하필이면 치즈 오믈렛과 요거트가 놓여 있었다. 아직도 내 콧구멍 속에서 맴도는 토사물의 냄새와 기운이 치즈 오믈렛과 어우러져 한없이 구수하게 느껴졌다. 나는 결국 수저를 내려놓았다. 한 입도 먹지 않은 오믈렛을 카트 안으로 밀어 넣는 내 모습을 보고는 사무장님이 걱정하듯 물었다.

"안 먹어요? 배고플 텐데. 조금이라도 먹지 그래요."

"아네요, 괜찮습니다. 이따 호텔 가서 먹죠, 뭐. 사무장님 많이 드세요."

사무장님도 한 입 먹는가 싶더니 고개를 저으며 입을 닫아 버렸다. 나도 모르게 실실 웃음이 새어 나왔다.
"흐흐, 사무장님도 못 드시겠죠. 흐흣…"
"네… 결국 호텔 가서 끼니를 때워야겠네요."

그렇게 우리는 고개를 저으며 함께 웃었다. 기내로 나와보니 승객들이 하나둘 잠에서 깨어나 양치를 하고, 화장을 고치고, 떡 지고 부스스해진 머리를 매만지고 있었다. 또 하나의 밤 비행이 그렇게 끝나갔다. 기내 창문을 통해 지상에서보다 아찔하게 눈부신 별이 들어왔다. 함께 하룻밤을 보낸 수많은 승객이 도착지까지 무사했다. 비록, 내 배는 고팠지만….

Q1
비행기 안에서 얻게 된 교훈이 있나요?

승무원들은 기본적으로 관찰력이 좋은 편이다. 그리고 장거리 노선 같은 경우에는 오랜 시간을 함께하다 보니 승객들의 특징이 두드러지게 잘 보이기도 한다. 그중에서도 나는 장거리 비행에서 살펴볼 수 있었던 비즈니스와 퍼스트 클래스 승객들의 특징을 이번 글에 소개해볼까 한다. 이들은 아무 계획이나 할 일도 없이 비행기에 탑승하지 않는다. 자리에 앉아 저마다 계획대로 제 할 일을 하는 모습을 보면, 영화 기생충의 대사가 절로 떠오른다. 각종 서류를 들여다보거나 책에 빠져 있는 모습은 기본이고, 노트북을 펼쳐 업무에 열중인 사람도 많다.

유독 기억에 남는 한 승객이 있다. 그는 테이블 위에 흰 종이 한 장만을 놓고 오랫동안 고심하는 모양새였다. 그러다 한 단어 또는 한 줄을 끄적인 다음 다시 골똘히 뭔가를 생각했다. 한두 시간 후 그가 따뜻한 홍차를 요청해왔고, 나는 홍차를 따르며 좌석 가까이 다가가 곁눈질로 흰 종이를 들여다보았다. 그가 종이 위로 그리고 있었던 건 마인드맵이었는데, 가지를 치고 또 쳐서 잎이 풍성한 나무 그림처럼 보였다. 그는 마인드맵을 완성하고 나서 일기를 한 시간씩이나 썼다. 그리고 영화 한 편을 보겠다며 치즈와 레드와인을 주문했다. 한결 여유 있어 보이는 그에게 슬쩍 물었다.

"이제 휴식을 취하시는 건가요?"
그는 소탈하게 웃으며 말했다.
"네, 오랜만에 생각 좀 정리하는 시간을 가졌네요. 일에 쫓기다 보면 오히려 생각할 시간이 없거든요. 덕분에 오랜만에 일기도 양껏 썼습니다."
혹자는 비행기에서 무슨 마인드맵을 그리고 일기를 다 쓰냐며 뭐라 할 수 있겠지만, 그는 '비행기니까' 그런 일을 일부러 한 것이다. 비행기야말로 외부와 완벽하게 차단된 상태에서 나 홀로 가만히 앉아 집중할 수 있는 곳이기 때문이다.

성공한 사람들일수록 무진 바쁘고, 쏟아지는 연락은 물론 찾는 사람들이 항상 줄을 잇는다. 외부와의 연결과 접촉이 시도 때도 없이 이어진다. 하지만 비행기에 탑승해있는 십수 시간 동안은 방해받지 않을 수가 있다. 전화할 수도 없고, 누가 불쑥 찾아오지도 않는다. 그들에게 비행은 자신에게 온전히 집중할 수 있는 소중한 시간과 장소다. 그걸 알기에 그들은 비행시간을 허투루 흘려보내지 않고 만끽하는 것이다.

가수이자 프로듀서인 박진영도 자신은 꼭 일등석을 타야 한다고 말했다. 그는 일등석에서 비행 중 평균 2곡 이상은 써내는데, 거의 모든 히트곡이 일등석에서 나왔다고 한다. 누군가에겐 그저 기내식을 먹고 영화나 보다가 내리 잠을 자고 일어나도 아직 한참이나 남아 무료하고 지루하게 느껴질 비행시간이, 누군가에겐 창작의 샘이자 타인에게 방해받지 않고 자신의 능력을 실현하는 시간이기도 한 것이다.

비행기에서 일해야 하는 승무원은 해외에 나가 있을 때, 혼자만의 시간을 만끽한다. 시차로 잠 못 이루는 밤을 유용하게 보내는 선후배들이 많았다. 그들은 조용한 호텔 방에서 공부를 하거나 책을 읽었다. 하고 싶었던 분야의 학업에 집중하거나 자격증을 준비해 한국으로 돌아와 시험을 보기도 했다. 언제부턴가 나도 호텔 방구석에서 할 수 있는 일들을 준비한 다음 비행을 나갔다. 책과 노트북을 캐리어에 넣고 다니며 많은 글을 세계 각지에서 써냈다.

바쁘게만 돌아가는 일상과 끊임없이 연결되는 온라인 시대 속에서 혼자만의 시간을 가지는 일은 꽤나 어렵다. 이 글을 읽는 당신도, 나 자신에게 혹은 내가 하는 일에 집중하는 환경을 만들기 위해 지상에서 일부러 '비행기 모드'를 설정해본 적이 있을 것이다. 정작 진짜로 비행기 모드를 해야 하는 기내에선 시간을 죽이기 급급한데 말이다.

다음번 비행기에 탑승할 때는 밀렸던 일기를 쓰거나 가만히 앉아 생각을 다듬는 시간에 빠져보는 건 어떨까. 당신을 방해할 것이라곤 때맞춰 기내식을 제공하는 승무원밖에 없다.

Q2
신입이 가장 많이 하는 실수는 무엇인가요?

누구나 실수를 한다. 신입뿐만 아니라 비행을 10년, 20년 한 승무원도 실수할 수 있다. 컨디션이 좋지 않아 하필이면 그날따라 하지도 않는 실수를 한다거나, 비행 노선이나 항공기 기종에 따라 실수하기 쉬운 환경이 비롯되기도 한다. 다만 선임 승무원들은 어떤 상황에서 실수할 가능성이 높은지 미리 파악하고 있기에 그럴 때 더욱 유의하거나 두 번 세 번씩 확인하는 절차를 거칠 뿐이다.

속도에 치중하기 쉬운 신입 승무원이 급한 마음으로 저지르기 가장 쉬운 실수가 있다. 바로 음료를 쏟아버리는 것이다. 내 동기는 토마토 주스를 승객의 어깨에 쏟은 경험이 있고, 나와 함께 비행한 후배는 레드와인을 승객의 흰 셔츠 위로 쏟아버리기도 했다. 회사에서 드라이클리닝 비용을 제공하는 일은 둘째치고, 남은 비행시간 동안 승객이 찝찝한 기분으로 앉아있을 걸 생각하면, 엉망이 된 옷으로 가만히 앉아 나를 바라볼 모습까지 떠올리면…! 정말이지 하늘에서 뛰어내리고 싶을 것 같다.

그래도 음료수나 술을 쏟으면 차라리 다행이지, 가장 두렵고 무서운 일은 뜨거운 커피나 차를 쏟는 일이다. 뜨거운 음료는 화상을 입을 위험이 있기에 특히 조심해야 한다. 실제로 기내에서 화상을 입은 승객들에겐 크고 작은 손해배상이 이루어진다. 몬트리올 협약에 따르면 항공기에서 발생한 신체적, 정신적 손해에 대해서는 승객 1인당 1억 8천만 원 범위에서 항공사가 무과실책임을 지게 되어있다.

국내에서 화상으로 인한 가장 큰 사건은 2015년, 한 여객기에서 모델 출신 여성 승객이 승무원이 쏟은 라면에 심각한 화상을 입었다며 항공사와 승무원을 상대로 2억 원의 손해 배상 소송을 낸 사건이다. 모델인 승객은 방송과 패션 관련 일을 화상으로 못하게 됐다며 주장을 했다. 게다가 다리와 성기 부근까지 심재성 2~3도 화상을 입어 계획된 임신은 물론 정상적인 부부생활이 어려워졌다고 주장하며 2억 원의 정신적, 물질적 손해 배상 소송을 제기한 것이다. 이 사례는 항공업계에서 크게 회자 되어 승무원들의 경각심을 일깨웠다.

비즈니스 클래스와 퍼스트 클래스에선 음료를 유리잔에 제공하는데, 유리잔에 금이 가 있거나 유리 조각이 있는 경우 부상을 입기 쉽다. 음료를 따르기 전에 잔의 상태를 꼼꼼히 확인하고 음료 서비스를 진행해야 하는 이유다. 2023년 국내 항공사에서는 한 승객이 아이스 커피를 마시다 날카로운 무언가가 입안을 찔러 이물질을 뱉었다. 이물질은 다름 아닌 길이 0.5cm 두께 0.1cm가량의 유리 조각이었다. 조사 결과 이물질은 커피를 담은 유리잔이 깨져 있던 것으로 파악됐다. 이후 항공사 측은 재발 방지를 위해 기내식 공급업체에 경위 조사를 진행하고, 기내식 기물 파손 여부에 대한 검수 절차를 강화하겠다고 밝혔다. 음료 서비스 전에는 승무원이 맨눈으로 추가 검수하는 규정을 지키도록 하겠다는 입장문을 발표했다.

이처럼 일반 승객들이 앉아서 보기엔 승무원이 기내식과 음료를 단순하게 제공하는 것처럼 보이지만, 그 이면에는 모두 안전이 자리 잡고 있다. 아름다운 하늘에서 근무하지만, 하늘이기에 위급 상황이 발생하면 긴박하고 위험하다는 사실을 알기에 승무원은 신중한 태도로 업무에 임해야 한다. 기내에서 우리가 하는 모든 일은 결국 안전과 연결되어 있기 때문이다.

Q3
승무원들이 가장 힘들어하는 비행은 무엇인가요?

승무원들은 기내에서 일어나는 모든 일을 제한된 자원으로 해결해 내야 한다. 아픈 사람이 나타났다고 해서 지상에서처럼 손쉽게 병원에 갈 수도 없다. 우리는 하늘 위 기내라는 특수한 공간에서 일하기에 최대한 사건, 사고나 실수가 일어나지 않도록 방지해야 한다. 그러다 보니 승무원들은 비행 시간이 길어지는 것을 꺼린다. 특히 기내에서 식사할 때는 더욱 신경을 써야 한다. 비행기에는 다양한 승객이 탑승한다. 특정 식재료에 알레르기 반응이 있는 승객, 건강이나 종교 및 신념 등의 이유로 채식을 고수하는 승객, 칼로리가 높은 기내식이 부담스러워 열량을 제한한 기내식을 원하는 승객까지. 이처럼 다양한 승객 요청을 기반으로 한 특별 기내식은 비행 전 종류에 따라 24시간 혹은 48시간 전까지 항공사 서비스센터로 전화 요청을 하거나 홈페이지에서 직접 주문할 수 있다. 승객들은 모두 저마다의 중요한 이유로 번거롭더라도 짬을 내어 특별 기내식을 주문한다.

그래서 특별 기내식이 많이 실리는 날엔 베테랑 승무원들도 긴장한다. 항공사에서는 건강각종 질병 및 특정 식품에 대한 알레르기 등, 종교, 연령 등의 이유로 정규 기내식을 먹지 못하는 승객을 위해 요청에 따라 다양한 특별 기내식을 제공하고 있다. 대한항공의 홈페이지에서도 기내식 카테고리에 들어가면 여러 종류의 기내식을 살펴볼 수 있다. 유아식 및 아동식부터 시작해 야채식한국식 채식, 서양채식, 인도 채식, 동양 채식, 생야채식, 식사 조절식저지방식, 당뇨식, 저열량식, 저자극식, 글루텐 제한식, 저염식, 유당제한식, 종교식이슬람교식, 힌두교식, 유대교식, 기타 특별식해산물식, 과일식, 알레르기 제한식 등이 있다. 특별 기내식은 여유분까지 실리지도 않는다. 그렇기에 식사 서비스 도중에 기내식을 잘못 제공하는 실수가 발생해서는 안 된다. 혹시나 채식을 고수하는 승객에게 소고기나 돼지고기가 포함된 기내식을 드리거나, 특정 식재료에 알레르기 반응이 있는 승객에게 그 식재료가 포함된 기내식을 제공해버리는 일은 생각만으로도 섬뜩하다.

특히 음식 알레르기 증상은 절대 가볍게 여겨선 안 된다. 음식에 있어서 알레르기 반응이 심한 사람은 온몸 혹은 특정 부위에 두드러기가 나거나 복통과 설사, 구토를 할 수 있다. 흔히 피부가 빨갛게 부어오르거나 가려움증을 호소하기도 한다. 심할 경우 생명을 위협하는 아나필락시스 반응호흡 곤란, 의식 저하, 혈압 강하, 쇼크까지도 나타날 수 있다. 아나필락시스처럼 외부에서 들어온 항원에 대해 매우 심각하고 전신적으로 나타나는 알레르기 반응의 경우,

빠른 시에 적절한 치료를 시행하지 않으면 사망에 이를 수도 있다.

그런 이유로 비행 도중 이러한 증상을 보이는 승객이 발생하면 재빨리 병원으로 이송하기 위해 불시착을 할 수도 있다. 이와 같은 사실을 주지하고 있는 승무원들은 특별 기내식을 배부하기 전에 승객의 좌석 번호 및 성함을 확인하고, 해당 승객이 주문한 기내식이 맞는지 다시 한번 꼼꼼하게 살핀 후 제공한다. 기내에서 알레르기 반응이 일어나지 않도록 각별하게 유의하고, 당뇨로 인한 응급 환자가 발생하지 않게 당뇨병을 지닌 승객에겐 당뇨식 또는 설탕이 함유된 음료수를 제공하며, 유당 소화에 장애가 있는 승객에겐 우유 및 유제품을 사용하지 않은 기내식과 음료를 권한다.

인도인들이 많이 탑승하는 인도 노선의 비행에서는 더욱 유의해야 한다. 인도의 종교는 인도인들의 80% 이상이 믿고 있는 힌두교부터 시작해 이슬람교, 불교, 자이나교, 시크교 등이 있다. 인도의 종교들이 갖는 공통적인 특성은 종교가 생활의 가장 중요한 지침이 된다는 것이다. 즉 인도인에게 있어서 종교는 삶의 방식이며 숨 쉬는 것과 같이 일상의 자연스러운 한 부분으로 자리 잡고 있다고 할 수 있다. 이들은 종교의 영향으로 소와 돼지고기 같은 고기를 금기 음식으로 여긴다. 그렇다 보니 인도 승객 대다수는 일반적인 정규 기내식을 먹을 수가 없어 특별 기내식 중에서도 채식이나 이슬람교식, 힌두교식을 사전에 신청한다. 인도 승객들의 탑승 비율이 높은 날에는 특별 기내식이 어마 무시한 양으로 탑재된다.

승무원들이 하나같이 입을 모아 '다른 비행보다 인도 비행의 기내식 서비스가 힘들다'고 말하는 이유가 바로 여기에 있다. 서비스 시간이 평소보다 배로 걸린다. 또 가장 예민한 종교적 문제로 기내식 제공에 많은 제한이 있다. 채식만을 먹어야 하는데도 불구하고 특별 기내식 신청을 깜박하거나 방법을 몰라 미처 신청하지 못한 승객들도 있다. 이런 경우 간편하게 일반 기내식을 제공하면 좋으련만, 이들에게는 그럴 수가 없다. 이들에게 음식은 종교를 향한 신념이자 삶의 방식이기 때문이다. 승무원들은 할 수 없이 다른 클래스에서 남는 채식을 급하게 구하거나 이런저런 채소를 모아 그 자리에서 직접 특별 기내식을 만들기도 한다. 서비스 시간이 지체되더라도 인도 비행에서는 마음을 비우고 임하는 편이다.

그런데 간혹 신입 승무원들은 늦어지는 서비스에 서두르다가 혹은 조바심으로 종종 특별 기내식을 잘못 배부하고 만다. 그래서 선임들은 특별 기내식 배부에 있어서만큼은 빠른 것보다 정확한 서비스가 중요하다고 강조한다. 대부분 승객은 인내심을 갖고 지연되는 서비스를 참는 편이다.

모든 승무원이 기내를 왔다 갔다 바쁘게 돌아다니며 서비스에 열중인 모습을 눈으로 직접 보고 있기에 이해하는 것이다. 그러나 자신이 요청한 서비스를 받지 못하거나, 서비스를 받는 과정에서 승무원의 실수로 손해나 피해를 얻었다고 생각하는 경우에는 참지 않는다. 승무원은 이런 점을 고려하여 서비스를 제공하기 전 늘 신중한 태도로 서비스 물품을 한 번 더 확인하고, 승객에게 제공할 때도 조심성을 유지해야 한다.

Q4
승무원들이 겪는 직업병이 있을까요?

승무원들끼리 종종 하는 말이 있다. “월급 많이 받으면 뭐 하냐. 병원비로 다 나간다.” 우스갯소리로 하는 말이었으면 좋겠지만, 슬프게도 사실이다. 시차와 기압 차의 영향을 수시로 받으며, 몸에 딱 붙는 유니폼과 딱딱한 구두를 신고 일하는 승무원들은 각종 잔병을 달고 산다.

불면증은 기본이다. 내과나 정신과에서 수면제를 처방받아 도무지 잠 못 이루는 밤에 먹기도 한다. 나 역시 내과에서 수면제를 몇 번이나 처방 받아먹었다. 수면제를 복용해도 잘 못 자고 일어나면 오히려 머리가 무겁고 아파서 미국에서 수면유도제인 멜라토닌 영양제를 사서 먹기도 했다. 방광염으로 고생하는 승무원도 많다. 화장실에 제때 가줘야 하는데, 오랜 시간 소변을 참아서 생기는 문제다. 이륙 후 기내식 서비스를 마치더라도 면세품 판매나 서류 작성 안내 및 승객들의 요청 사항 등으로 바빠 화장실을 못 가는 경우가 허다하다.

역류성 식도염에도 자주 걸린다. 기내식 서비스를 마치고 승무원들도 밥을 먹는데, 승무원 대부분이 빠른 속도로 먹는다. 승객들의 요청 사항이 많을 경우, 밥을 얼른 먹고 다시 기내로 나가봐야 하기 때문이다. 단거리 비행의 경우 곧 착륙 준비에 돌입해야 하므로 내가 천천히 먹으면 다른 동료가 식사를 못 할 수도 있다. 장거리 비행이라면 승무원들은 크루 벙크에서 교대로 휴식을 취한다. 벙크에는 승무원이 누워서 휴식할 수 있는 침대가 여러 개 있고, 이불과 베개도 준비되어 있다. 비행 내내 서서 서비스하느라 고된 몸을 누일 수 있고, 구두도 벗어 발을 숨 쉬게 해주니, 침대에 누울 땐 "크, 좋다…!" 소리가 절로 나온다. 하지만 보통 벙크에 올라가기 전 식사를 하기에, 먹고 바로 눕게 되니 이 정도면 역류성 식도염을 두 팔 벌려 반긴다고 봐야 할 것 같다.

발에 관련된 동료들의 괴로운 사정은 실로 다양했다. 엄지발가락이 두 번째 발가락 쪽으로 과도하게 휘는 무지외반증은 굽이 높은 구두를 신고 일하는 승무원의 발을 변형시킨다. 이 증상으로 계속해서 발가락이 겹치며 굳은살로 인한 압박성 피부궤양, 관절탈구 등이 발생하기도 한다. 무지외반증 증상을 예방하거나 완화하기 위해서는 발볼이 넓고 편안하며 굽이 낮은 신발을 착용해야 하는데, 승무원은 규정상 회사에서 지급한 구두만을 신을 수 있기에 실천하기 어려운 방법이다. 불편한 구두를 신고 오래 걷는 까닭에 발바닥에 반복적으로 충격이 가해져 족저근막염이 발생하기도 쉽다. 족저근막염이란 발바닥에 있는 족저근막에 미세한 손상이 발생하면서 염증과 통증을 일으키는 질환이다. 족저근막염 증상을 완화하기 위해서는 역시 쿠션감이 있는 편안한 신발을 신어야 하지만 매일 같이 신고 출근해야 하는 구두의 밑창은 딱딱하기만 하다. 구두를 신고 비행하다가 증상만 더 심해지는 게 현실이다.

서서 일하는 것뿐만 아니라 기체의 흔들림으로 인해 다리에 많은 힘을 줄 수밖에 없어 하지정맥류에 걸릴 확률도 높다. 하지정맥류란 다리 피부의 정맥이 확장되고 비틀리며 늘어나는 질환을 말한다. 오래 서 있을수록 발병률이 높아 간호사, 승무원, 미용사, 백화점 판매원 등의 직업군들이 많이 걸리는 질병으로 알려져 있다. 오랜 시간 서 있거나 앉아있을 경우 다리 아래쪽으로 혈액이 고일 위험이 크다. 이를 예방하고 정맥 순환을 돕기 위해서는 의료용 압박스타킹으로 다리의 혈액이 원활하게 위로 올라가도록 하면 좋다. 이미 발병했더라도 수술이나 레이저 치료 외에 압박스타킹을 신으면 늘어난 혈관의 직경을 일시적으로 줄여주고 더 늘어나지 않도록 막아줄 수가 있다. 2020년 하지정맥류로 수술까지 하게 된 KTX 승무원이 산재를 처음으로 인정받은 사례가 있다. 긍정적인 변화이지만, 산재 인정보다 중요한 것은 열악한 근무 환경으로 빚어지는 재해를 막는 것이라는 생각도 든다.

무좀도 빼놓을 수 없다. 무좀은 피부에 곰팡이가 감염된 질환이다. 높은 습도와 더불어 걸을 때 자극을 받은 손상된 피부 부위로 곰팡이가 감염되기 쉽다고 한다. 30대 여성 무좀 환자들이 꽤 많은 이유도 발에 꽉 끼는 하이힐과 스타킹의 잦은 착용이 원인이라고 한다. 발바닥에는 땀이 차기 쉽다 보니 통풍이 잘되지 않는 신발을 신었을 때, 균이 번식하기 쉬운 환경을 제공하는 것이다. 신입 시절, 비행을 마치고 구두를 벗을 때마다 내 발에서 나는 냄새가 내 것이라는 사실을 도무지 믿을 수가 없었다. 가죽 구두의 바닥이 땀으로 가득 차 축축한 지경이었다. 무좀은 뜨끈하고 시큼한 발 냄새에 익숙해질 때쯤 뒤따라 찾아왔다. 이 정도면 구두 하나 때문에 너무 많은 질환이 유발되는 것 같다.

발뿐만 아니라 손목에도 무리가 온다. 손목 염좌로 고생하던 동기는 찜질팩과 손 마사지기를 비행 때마다 가지고 다니며 호텔에서 애용했다. 손목 염좌란 손목 인대가 늘어나며 극심한 통증과 붓기, 멍 등의 증상이 발생하는 질환이다. 손목 인대가 늘어나는 원인은 매우 다양한데, 땅을 짚고 넘어지면서 충격이 발생하는 사고 또는 직업적으로 손목을 많이 사용하는 경우 피로와 긴장이 쌓여 나타나기도 한다. 승무원은 서비스를 준비하고 제공하는 과정에서 계속해서 손목을 쓰기에 피할 수 없는 직업병이기도 한 것이다. 음료나 기내식을 담은 서비스 카트는 그 무게가 100kg

이상이어서 카트를 밀고 당기며 손목에 무리가 간다. 승객들의 묵직한 짐도 좌석 위 수납함에 넣도록 도와주는 과정에서 손목 자체에 부담이 가거나, 갤리에서 크고 작은 물품을 옮기고 정리하다가 삐끗하기도 한다. 자칫 잘못하면 허리 디스크가 터질 수도 있다.

승객의 무거운 짐을 옮기거나 객실 내의 물품을 나르는 작업으로 허리 질환이 발생하기에도 쉽다. 역시나 또 가장 문제가 되는 '구두'를 신고 장시간 서 있기에 가지고 있던 허리 질환이 악화할 우려가 높다. 굽이 있는 신발을 신게 되면 허리를 꼿꼿하게 펴고 바른 자세로 서 있기가 어렵기 때문이다. 목 디스크나 목 통증을 호소하는 승무원도 많다. 승무원은 좌석에 앉아있는 승객에게 서비스를 제공하면서 자연스럽게 시선이 아래를 많이 내려다보게 된다. 이는 곧 거북목 자세로 이어진다. 거북목 증후군은 목을 앞으로 뺀 자세가 일으키는 증상을 말한다. 거북목이 발병하면 목덜미가 뻣뻣하고 어깨와 등에 통증이 나타난다. 더 나아가면 두통까지 생길 수 있고, 목 디스크로 번질 위험도 커진다.

마지막은 항공성 중이염이다. 항공성 중이염은 갑작스러운 주변 압력의 변화로 인해 중이염이 발생하는 질환이다. 비행기의 고도가 갑자기 높아지거나 낮아지는 이착륙 시 주로 나타난다. 처음에는 귀가 막힌 듯 먹먹하고, 말할 때

자기 목소리가 울리는 것처럼 느껴진다. 계속 진행될수록 고막 안쪽에 물이 차고 심한 경우 출혈을 동반하기도 한다. 귀의 통증이 심하고 귀에서 분비물까지 나오는 경우가 있다. 무엇보다 만성화될 경우 청력 소실의 원인이 될 수 있다고 한다. 국내선 비행 같은 경우에는 하루에 비행 스케줄만 4~5개씩 된다. 예를 들어 김포-부산, 부산-제주, 제주-부산, 부산-김포 이렇게 총 4개의 비행을 소화할 수도 있고, 마지막 비행으로 김포에서 다시 국내의 다른 도시로 향한 다음 그곳에서 숙박하기도 한다. 그러면 하루에만 8번~10번의 이착륙을 경험하게 된다. 이렇게 비행하는 승무원들은 이착륙으로 인한 갑작스러운 기압 변화로 이관의 압력이 균형을 잃어 불편함과 통증을 느끼는 것이다.

이렇게까지 다양한 직업병이라니. 읽으면서 뒷걸음질을 쳤을지도 모르겠다. 하지만 승무원이 되기도 전부터 너무 겁먹을 건 없다. 신체 조건은 사람마다 다르기에 직접 겪어보기 전에는 모를 일이다. 건강하게 운동하고 체력관리를 잘한다면 크게 아프지 않을 수도 있다. 모든 직업에는 장단이 있고, 원래 단점은 늘 더 크게 보이는 법이다. 분명한 건, 이러한 직업병에도 불구하고 여전히 비행을 즐기고 사랑하며 비행하는 승무원들이 훨씬 더 많다는 것이다. 너무 힘들어서 싫다가도 아무래도 이만한 직업이 없다며 슬그머니 돌아온다. 비행 내내 죽겠다는 소리를 속으로 내뱉으며 아우성을 치다가도 착륙 신호가 '띵띵띵띵-' 울리면 금세 화색이 돌며, 호텔에서 사각거리는 침대 이불에 뛰어들 생각에 행복해진다.

직업병은 그 직업에 종사하는 이상 떼려야 뗄 수 없지만, 감수하고 이겨낼 의지와 애정이 있는 사람에겐 직업병이 병으로만 남지는 않을 것 같다. 20년, 30년 비행한 승무원들은 아마도 직업병을 뛰어넘는 직업의식으로 저마다의 문제를 극복해냈을 거라고 생각한다. 하나의 일을 오랫동안 이어온 사람을 보면 절로 경외감이 생겼다. 자기 일을 꾸준히 좋아하는, 혹은 더욱 좋아하려는 마음으로 묵묵히 그 자리를 지켜온 사람들. 승객의 숙면을 위해 갤리에서 일할 때도 소음이 발생하지 않게 조심하는 사람들. 몇 시간 동안 앉지도 못하고 내내 서서 일하느라 발바닥이 퉁퉁 붓고 욱신거리지만, 승객의 호출 버튼에 바로 달려나가는 사람들. 짬이 나면 잠시 쉴 법도 한데, 기내 한 바퀴를 한 번 더 돌며 객실 서비스와 안전을 살피는 사람들. 몸이 아픈 승객의 상태를 계속해서 확인하고 보살피는 사람들. 내 동료들이 바로 그런 사람들이었다.

비행하며 지켜본 동료들의 모습은 어두운 기내에서 조용히 빛나고 있었다. 그 빛은 작게 느껴질 수 있어도 내 눈에는 너무나 선명하고 따뜻하게만 보였다. 다음 비행은 더 나아져야지, 운동해서 건강해진 몸과 마음으로 승객과 동료를 마주해야지, 나 역시 비행을 고행이 아닌 여행으로 즐겨야지. 동료들은 이런 다짐으로 늘 자신의 안위보다 타인의 안위를 위했다. 그런 동료들의 태도로 나 역시 마음의 문을 닫아걸지 않을 수 있었다. 비행을 거듭할수록 바꿀 수 없는 일은 받아들이고, 바꿀 수 있는 일은 바꾸는 용기를 가지게 되었다. 그런 마음은 늘 나를 조금 더 먼 곳으로 데려다주었다.

Q5
직업에 대한 주변 사람들의 반응은 어떤가요?

"라멘 먹으러 일본이나 다녀올래?"
ANA항공에 재직하던 시절, 하루는 엄마와 일본에 다녀왔다. 아침 비행기로 일본에 가서 라멘을 먹고, 돈까츠를 먹고, 초밥을 먹고, 우동을 먹은 다음 밤 비행기로 한국에 돌아왔다. 중간중간 쇼핑도 하고, 산책도 했지만 정말 말 그대로 일본에 '먹으러' 다녀온 것이다. 엄마는 그날의 에피소드를 이모나 친구들에게 말할 때 꼭 이렇게 말했다.
"내가 못 살아~ 그래~! 일본에서 진짜 라멘만 먹고 돌아왔다니까?!"
라멘만 먹지는 않았지만, 엄마는 그렇게 말해야 조금 더 가볍고 쉽게 일본에 당일치기로 다녀온 사람처럼 보일 거라고 생각한 것 같다.

"다음엔 콜로세움 보러 로마에 가자는데, 이태리는 하도 멀어서 찍고만 올 수는 없겠더라고~ 어쩔 수 없이 몇 박으로 다녀와야지 뭐~ 홍홍~!"
자식을 내세워 자랑할 땐 꼭 못마땅한 듯이 말해야 한다는 엄마들만의 공식이라도 있는 걸까? 이태리는 막내 이모가

지 동원해 다녀왔다. 여행 계획과 맛집을 혼자서 알아보며 상황에 따라 이동 동선까지 변경하느라 정신이 없었다. 그래도 오후 한나절, 자매 둘을 붙여놓으면 나는 따로 한숨 돌릴 수 있었다. 우리는 로마와 피렌체를 버스와 전철, 기차를 타고 구석구석 돌아다녔다. 매 순간 감탄하고 감동하는 자매의 모습이 귀엽기만 했다. 엄마와 이모는 몇 년이 지난 지금도 이태리 여행을 반추할 때면, 패키지여행이 아니라 두 발로 걸어 다녔던 그때 그 여행이 그렇게 재밌고 자유로웠다고 말한다. 그러면 나는 고생했던 기억은 하나도 나질 않고 금세 뿌듯한 마음이 들고 만다. 승무원 하길 정말 잘했구나, 이렇게 다시 한번 생각하고 마는 것이다.

하루는 쉬는 날에 전기장판을 사서 아빠 집으로 갔다. 엄마가 먼저 지방으로 내려간 이후 아빠는 줄곧 혼자 지내고 있다. 혼자 잠드는 잠자리가 유독 추울 것 같다는 생각을 했다. 1인용 전기장판 싱글 매트가 아빠의 침대 위에서 따뜻하게 데워지길 바랐다. 한 손에 두툼한 전기장판을 들고 있느라 뒤뚱거리며 현관으로 들어섰다. 우리는 그저께 만났었는데도 아빠는 나를 오랜만에 본 것처럼 반가워하며 맞았다. 나는 전기장판이나 건네며 오늘 밤에 한 번 써보고 쓸만한지 알려달라고 말했다.

"그래. 회사는 별일 없고? 비행은 어때."

나는 이틀 전에 아빠를 만난 뒤로 비행을 하지 않았기 때문에 딱히 할 말이 없었다.

"별일 있을 것도 없지 뭐. 아, 그러고 보니 공지사항 확인할 게 있는데… 아빠 노트북 좀 잠깐 써도 돼?"

노트북 전원 버튼을 누르자 화면이 바로 밝혀졌다. 전원을 끈 게 아니라 얼마간 사용하지 않아 화면만 자동으로 꺼져 있던 거였다. 인터넷 익스플로러를 더블클릭하니 이미 켜져 있던 창이 함께 열렸다. 그 창에는 '98명 태운 카자흐스탄 여객기 이륙 직후 추락 사고. 최소 12명 사망'이라는 헤드라인의 기사가 띄워져 있었다. 내가 비행을 시작하자 아빠는 항공기 사고 기사가 유독 눈에 띄고, 찾아보게 된다고 했었다. 나는 모니터에 띄워진 기사를 읽으며 말했다.
"아빠 아직도 항공 사고 기사 찾아봐?"
"너 승무원 한 뒤로 매일같이 보고는 있지."
"아빠! 내가 비행이 몇 년째인데 그래. 자동차 사고 사상자에 비하면 항공기가 자동차보다 180배나 안전하다고 그랬잖아. 확률적으로도 사고 자체는 매우, 매우, 매우, 매우… 드물다고."
"그게 꼭 그렇지만도 않은 게… 이동 거리로 볼 때는 비행기가 가장 안전한 게 맞아. 그런데 기준을 여행시간으로 바꾸면 버스가 가장 안전하고 그다음이 기차, 그다음이 비행기야. 이걸 또 여행객 숫자 대비 사망자 수로 보면 버스-기차-자동차 순이고, 항공기는 순위가 더 낮아."
또 어디서 항공 관련 기사를 보고 하는 말이었다.
"그리고 비행기는 사고 한번 나면 기장이나 승무원은 물론이고 승객 대부분, 혹은 전원이 사망할 수밖에 없잖아."
내 입에서 웃음이 터져 나왔다.

"아빠 지금 딸이 승무원인 거 알고 그렇게 말하는 거지? 안 죽어, 안 죽어! 그래서 내가 비행기 사고 안 나게 하려고 타는 거잖아. 하여간 걱정하지 좀 말아."
나는 그렇게 말하고 아빠의 얼굴을 빤히 쳐다보았다. 표정이 진지해서 더 웃기기만 했다. 카자흐스탄 항공기 사고 기사가 띄워진 창을 닫고 회사 홈페이지에 들어가 업데이트된 공지사항을 확인했다. 내일 아침 비행 전에 숙지해야 할 사항을 메모하고 일어섰다. 아빠는 지하철역까지 나를 바래다주었다. 내일 비행도 잘 다녀오라며, 힘들겠다고 얼른 들어가서 쉬라고 했다. 내가 별생각 없이 당연하게 소화해내는 비행 스케줄도 아빠 앞에서는 엄청나게 대단하고 힘든 일로 그 덩치가 커졌다. 아빠는 기압 차가 몸에 미치는 악영향이라던가, 우주 방사능 수치가 가장 높은 항공경로 같은 것을 나보다 더 잘 알았다. 가끔은 관련된 인터넷 기사 링크가 카카오톡으로 왔다. 클릭해서 볼 때도 있었지만 안 볼 때도 많았다.

집으로 돌아가는 길, 평일 오후라 지하철은 한산했다. 나는 빈자리에 앉아 아빠와 카카오톡으로 그간 주고받은 대화를 빠르게 훑었다. 내가 비행으로 외국에 나가 있을 때, 한국에 들어와 보고 싶었던 남자친구를 제일 먼저 만날 때, 언니들과 밤늦게까지 수다 떨 때, 그럴 때마다 먼저 오는 아빠의 카톡들은 한결같았다.
'딸. 비행은 잘 하고 있나. 별일 없지?'

전철이 마곡대교를 지나며 창문으로 하늘과 한강이 한눈에 들어왔다. 나의 일터인 하늘은 한국에서 보아도, 일본이나 미국에서 보아도 매번 아름답기만 했다. 나는 에어팟으로 음악을 들으며 얼마간 하늘을 바라보았다. 그리고 생각했다. 아빠는 하늘을 올려다보면 틀림없이 나를 떠올릴 테지. 어쩌다 비행운을 만들며 지나가는 비행기를 보아도 나부터 생각할 텐데. 지금쯤 딸이 어디를 날아다니고 있을지 가늠하며 마음을 졸일 텐데…. 자식인 나는 아마도 평생 아빠를 완벽하게 안심시켜드릴 수는 없겠지만, 내가 태연하게 안심하고 비행할 수 있는 까닭은 아빠의 마음 덕분이란 생각이 들었다. 그 마음 때문이라도 나는 별 탈 없이 안전하게 비행을 이어나가게 된다. 오늘 밤은 전기장판이 안전하게 작동돼 아빠의 심신을 따뜻하게 해주기를 나 역시 바라본다.

Q6
승무원은 쉬는 날을 어떻게 보내나요?

비행하면서 승무원 직업병과 멀어지기 위해서라도 자연스럽게 운동을 시작했다. 일을 잘하고 활력이 돌며 승객과 동료 모두에게 에너지를 주는 선배들의 공통점이 바로 '운동'이었기 때문이다. 나이가 지긋한 사무장들도 늘 운동과 체력관리를 강조했다. 비행에 서툰 시절에는 그저 손을 쭈뼛대며 방황하던 나였다. 반면, 마치 문어와 같이 손이 8개인 양 손놀림이 화려한 그들처럼 되고 싶은 마음에 노하우를 물어보곤 했다. 그들은 하나같이 이렇게 말했다.
"일은 하다 보면 손에 익어. 중요한 건 체력이다? 체력을 길러둬. 그래야 손에 익을 때까지 비행할 거 아냐?"

맞는 말이었다. 100:1, 200:1이라는 높은 경쟁률을 뚫고 어렵게 승무원이 됐건만, 비행한 지 1~2년 만에 그만두는 동료들도 있었다. 체력이 약한 친구들은 비행 스케줄 자체를 소화하는 것이 감당하기 힘들다고 했다. 3~4년 차 이상으로 이후에도 오랫동안 비행하는 선배 승무원들은 쉬는 날에도 운동을 빼먹지 않았다.

운동 종목은 다양했다. 구기 운동인 축구와 테니스부터 시작해 클라이밍, 복싱, 헬스, 스쿠버 다이빙까지. 나도 비행을 하면서 요가와 수영, 달리기를 이어나갔다. 운동하지 않으면 당장 다음 비행에서 몸이 삐거덕대는 기분이었다. 해외에 나가서도 호텔 부대시설인 헬스장과 수영장을 만끽했다. 매번 다른 시설과 환경에서 운동하는 것도 비행의 묘미였다. 운동화를 챙겨서 간 날이면 무작정 호텔 바깥으로 나가 달리기도 했다. 운동하고 돌아온 뒤에는 그간 보고 싶었던 사람들과 시간을 맞춰 얼굴을 마주한다. 그렇게라도 하지 않으면 승무원들은 한국에서 자주 부재중으로 뜨기 때문에 얼굴 한 번 보기가 힘들다.

아끼는 사람을 만나러 나가는 길, 해외에서 사 온 크고 작은 선물들을 품에 지니고 향할 때면 무척이나 설레는 마음이다. 신기해하거나 고마워하는 친구의 표정을 보게 되면 어깨가 한껏 치솟는 기분도 든다. "사실 그때 너무 졸려서 더 자고 싶었는데, 피곤하더라도 시내에 나가서 사 오길 잘했네?"라고 말하며 괜한 생색도 내본다. 그렇게 싱가포르에서는 카야 잼을, 일본에서는 동전 파스를, 캐나다에서는 메이플 시럽을 매번 사 와서 건넨다. 일본 항공사에서 근무했던 나는 일본의 드러그 스토어에서 각종 파스를 수시로 구매해 부모님에게 선물했다. 엄마가 친구나 이모들에게 파스를 다 나누어주었기 때문이다. 좋은 걸 나누고 싶었던 것인지, 아니면 "우리 딸이 이번에도 비행 나가서

사 왔어~!" 힘차게 외치며 자랑하고 싶었던 것인지 의문이 들었지만, 어쨌거나 그런 모습도 승무원으로 일하며 갖게 되는 뿌듯함이었다.

여전히 비행하고 있는 동료들은 이제 나를 만날 때마다 지난 비행에서 사 온 것들을 꺼내놓는다. 얼마 전에는 LCC 항공사에 다니는 언니를, 저녁에는 FSC 항공사에 근무하는 친구를 만났다. 낮에 만난 언니는 필리핀에서 공수해온 망고 젤리와 바나나칩을 종류별로 늘여놓고는 진지한 표정을 지어 보였다.
"같은 망고 젤리가 아니야. 이건 식감이 진짜 쫄깃해. 근데 저건 조금 퍽퍽한 식감이지만 훨씬 달아. 바나나칩도 이 작은 봉투가 더 맛있거든? 그래서 작나? 아무튼 감자칩처럼 얇은데 무작정 바스러지는 게 아니라 와드득, 와드득 씹히는 맛이 있어."
그는 망고 젤리와 바나나칩, 비슷하게만 보이는 그것들의 차별점을 세세히 알려주었다. 그 모습이 퍽 귀엽고 고마워서 나는 더욱 호들갑을 떨며 좋아하는 기색을 보였다. 이 책을 쓰면서도 당 떨어진 기분이 들 때면 망고 젤리를 하나씩 까먹거나 바나나칩을 입에 한가득 넣었다.

같은 날 저녁에 만난 FSC 항공사에 다니는 친구는 강렬한 주황색 박스에 담긴 드립백 커피와 초콜릿을 주었다. 싱가포르에 비행 갈 때마다 내가 좋아해서 자주 사 오던 것들이었다. 이를 기억하고 있던 친구가 커피의 향과 초콜릿의 맛까지 그대로 사 온 것이다. 일부러 쇼핑몰에 들르고, 캐리어 한구석에 자리를 만들어 고이 가지고 왔을 정성에 고마운 마음이었다. 역시나 책을 쓰며 글이 막힐 때마다 괜히 한 번 일어나 커피와 초콜릿을 가지고 다시 노트북 앞에 앉았다. 입안의 초콜릿을 쌉싸름한 커피로 녹여서 먹으면 그저 달콤했다. 그렇게 보고 싶었던 사람을 만나고 집으로 돌아오면, 밀린 집안일이 기다리고 있다. 혼자 살 때는 급하게 비행하러 나가느라 엉망이 된 화장대부터 물때가 낀 화장실, 캐리어에 묵혀둔 옷가지들의 빨래까지 부지런히 움직여야 한다.

집안일이 어느 정도 마무리가 되면 몸 상태를 보고 병원에 간다. 이전 비행에서 불편한 곳이 있었거나 컨디션이 좋지 않을 때는 병원에 들러, 다음 비행에서 악화되지 않도록 미리 관리하는 것이다. 이외에도 은행이나 관공서의 볼일을 미루지 않고 본다. 한 번 때를 놓치고, 다음 쉬는 날이 평일이 아니거나 영업시간대와 맞지 않게 되면 계속해서 미뤄지기 때문이다. 취미 생활도 한다. 다만 뭔가를 배우거나 클래스를 수강해야 할 경우, 승무원은 쉬는 날이 일정하지 않아서 단체 수업이나 정기적으로 같은 요일에 배우는 건 어렵다. 그래서 1:1 수업을 받거나 혼자서 사부작사부작 취미 활동을 이어나가는 편이다. 요리나 베이킹을 집에서 소소하게 즐기는 동료들도 있었다. 나는 글쓰기가 취미였기에 주로 혼자 카페에 가서 지난 비행에서 있었던 일을 쓰고 그랬다.

취미 생활까지 야무지게 만끽하고 나면 곧 다음 비행을 준비해야 한다. 회사 홈페이지에 들어가 최신 지시 공지사항을 살펴본다. 다음 비행의 기종과 서비스 패턴도 다시 한 번 확인하며 공부한다. 내일 입을 유니폼과 스카프를 빳빳하게 다리다 보면 한숨이 절로 나온다. 입사하기 전에는 그토록 입고 싶었던 유니폼인데, 그새 지겨워진 모양새가 우습기도 하다. 잘 다린 유니폼을 옷걸이에 걸어두고, 체류지에서 입을 옷을 챙긴다. 한국은 겨울이지만 비행하러 가는 곳이 동남아시아라면 여름옷을 꺼낸다. 그래서 승무원의 옷장에는 사계절용이 다 나와 있다. 언제 어디로 떠날지 때문이다.

한국에 온 지 얼마 되지도 않은 것 같은데, 다시 또 떠나야 하는 마음에 아쉽기도 하지만 마음 한편으로는 설렘이 올라온다. '이번 비행에선 뭘 먹지, 호텔 근처 칠리크랩 레스토랑이 그렇게 맛있다는데. 막내 승무원한테 같이 가자고 꼬셔볼까. 그리고 뭘 또 사 오지? 그 친구가 지난번에 라탄 백 선물한 거 너무 잘 들고 다니던데, 이번엔 라탄 슬리퍼를 사다 줄까. 코코넛 과자는 단 거 싫어하는 엄마도 맛있다고 잘 먹었으니까 듬뿍 사 와야겠다!' 이런 생각을 하고 있노라면 갑자기 비행하러 가고 싶기도 하다. 침대에 누우며 알람을 여러 개 맞춰놓고 잠을 청한다. 그렇게 승무원의 일상이 반복되고 이어진다.

3 승무원의 전망

오랜만의 베트남 하노이 비행. 도착하자마자 옷만 갈아입고 동기 언니가 추천한 레스토랑을 찾아갔다. 비행 후에도 일본인 승무원과 일본어와 영어로 번갈아 가며 얘기하느라 피곤함을 느끼고 싶지 않아 혼자서 나갔다. 쌀국수와 반 쎄오, 맥주는 물론, 볶음밥까지 주문했다. 흐뭇한 마음으로 메뉴를 기다리는 동안 한국인 관광객 무리가 들어왔다. 주로 사오십대의 아주머니들로 이루어진 관광팀이었다. 그들은 바로 내 옆 테이블에 앉았다. 주문한 음식이 나오자 아주머니들은 일제히 내 앞 테이블에 놓인 메뉴들을 흘끗거리며 한 마디씩 거들었다.

"저건 뭐지? 파전 같다, 꼭."
"양이 꽤 많은데, 저 아가씨 혼자서 다 먹을 건가 봐."
"아니 근데, 요즘엔 젊은 아가씨들이 혼자서도 여행을 참 잘 다니더라고."
내가 한국인인 걸 아시는 건지 모르시는 건지… 대답을 해야 하나 못 들은 척해야 하나 고민됐다. 대한민국 중년 여성의 특징 중 하나가 바로 혼잣말을 하는 것인지 말을 거는 것인지 헷갈리게 얘기한다는 점이다. 며칠 전에도 전철 문이 닫히기 직전 아슬아슬하게 탑승한 아주머니가 내 옆에 앉으며 "하마터면 못 탈 뻔했잖아!"라고 말한 적이 있는데, 그때도 무어라 대꾸해야 할지 몰라 주저했다. 곧 가이드로 보이는 사람이 들어왔다. 그는 아주머니들에게 메뉴는 좀 보셨냐고 물으며 자리에 앉았다. 그리고 시선을 돌리다 옆 테이블에 앉아있는 내가 한국인임을 단박에 알아보고 말했다. "한국 분이시죠? 혼자 여행하시는 거예요?" 순간 당황해서 그냥 "네."라고 답했다. 그는 내게 혼자서는 쓸쓸할 텐데 같이 식사하는 건 어떻겠냐고 물었다. 괜찮다고 사양하는데 덩달아 옆에 있는 아주머니들도 같이 자리하자며 거들었다. 사실 바로 옆 테이블이라 테이블만 살짝 가깝게 붙이면 바로 합석이 될 터였다. 계속 거절하기도 민망한 데다가 아주머니들의 기세에 눌려버린 나는 얼떨결에 나란히 앉아 함께 먹기 시작했다.

옛 시절, 혼자서 하는 해외여행은 꿈도 못 꿔 본 아주머니들이 나를 빤히 쳐다보며 '나 홀로 여행'은 어떻냐고 물었다. 그제야 나는 여행이라기보다는 승무원이어서 비행으로 나온 거라 말했다. 그러자 한 아주머니가 자기 딸도 승무원 학과에 재학 중이라며 반가워했다. 핸드폰 배경화면에 설정된 딸의 사진도 보여주셨다. 다른 한쪽에서는 가이드가 볶음밥을 먹으며 다음 일정을 설명하고 있었다. 아주머니들은 오전에 방문했던 베트남 사찰이 너무 아기자기하고 예뻤다는 말을 쏟아냈다. 가이드는 본인이 안내했으니 당연한 것을 굳이 말씀하신다며 아주머니들을 나무랐다. 꺄르르, 하는 웃음이 터져 나왔다.

"저야 여기서 살고 있지만, 여러분은 언제 또 오시겠어요. 다른 데도 가보셔야죠. 물론 이곳에서의 시간이 좋았으면 한 번 더 오실 수도 있겠지만. 어쨌거나 저는 제가 가이드한 나라를 두 번 다시 가고 싶지 않은 여행지로 기억하게 만들 수는 없으니까요."

짧은 말이었지만 그의 내공을 느낄 수 있었다. 나는 반 쎄오를 우적대며 가이드에게 이 일을 얼마나 오래 하고 있는지 물었다.

"오늘이 532번째 가이드하는 날이에요. 내일 맞이할 고객들은 533번째 맞이하는 분들이고요."

경력을 1년, 3년 같은 기간이 아닌 횟수로 말해 놀랐다.

"그걸 다 세면서 이어오신 거예요?"

그는 대수로운 일이 아니라는 듯 싱겁게 웃었다.

"별다른 생각 없이 할 때는 안 셌어요. 우연히 횟수를 세보다가 '오늘은 내 가이드 경력에서 100번째로 만나는 고객이다'라고 생각하며 나가니까 마음가짐이 그렇게 달라지더라고요. 그때 이후로 쭉 혼자서 마음속으로 손님들을 임명하기 시작했죠. 나의 500번째 손님, 501번째 손님, 이렇게요."

그 말이 너무 멋있어서 나도 나중에 써먹어야겠다고 생각했지만, 최근 3년간 몇 번의 비행을 했는지 대강 헤아려보다가 정확히 가늠하기 어렵기도 하고 귀찮아서 이내 그만두었다. 이게 나의 한계였고 그와의 차이였다. 직업의식을 고취하는 방법을 아는 이와 모르는 이의 차이는 크다. 〈생활의 달인〉에 나오는 달인만 보더라도 그렇다. 그저 단순 노동의 반복일 수 있는 일에서도 그들은 남다르게 생각하고 행동한다. 같은 일을 하더라도 자신만의 가치를 찾아 그 일을 자기가 가장 즐겁고 잘 할 수 있는 일로 만드는 비결을 안 것이다. 내 앞에 있는 그는 가이드의 달인이었다.

비행기에서 나는 승객들 여행길의 든든한 배경으로 존재했다. 때로는 반복되는 비행으로 그저 무미건조하게 비행기에 탑승해 몸이 움직이는 대로 안전 체크를 하고 승객을 응대했다. 컴플레인을 받지 않을 만큼, 딱 그만큼의 서비스를 하며 승객들의 눈치를 살폈다. 거기에 진심으로 즐겁게 일하는 모습은 없었다. '최고의 서비스는 고객에게 미소 짓는 것이 아니라, 고객이 당신에게 미소 짓게 만드는 것이다'라는 말이 있다. 겉핥기식의 비행을 하는 마음가짐으로는 아무리 어여쁘게 미소 지어봤자 소용없었다. 본인이 제공하는 서비스 속에서 자신만의 가치를 찾고 스스로가 먼저 즐거울 수 있다면, 그 마음은 고스란히 승객에게도 전달될 테니 억지로 웃을 필요도 없을 터이다. 하노이에서 만났던 가이드는 자신이 이끄는 가이드 생활에 도취된 듯 그저 기쁘게 보였다. 무엇보다 그와 함께하는 아주머니들도 즐겁게만 보였다. 식사를 마치고 헤어지기 전 딸의 꿈이 승무원이라는 아주머니와 함께 사진을 찍었다.

"따님이 승무원 되면 직원 티켓으로 여행 더 많이 다니실 거예요."
아주머니는 그러면 너무 좋겠다고 소탈한 웃음을 지어 보였다. 그렇게 그들과 헤어졌다. 다시 혼자가 된 나는 하노이의 중심지인 호안끼엠호숫가를 걷다 마사지 숍으로 향했다. 기내에서 열심히 걸어 다니기 위해서는 뭉친 다리를 풀어줘야 했다. 돌아가는 비행은 내일 오전이었다. 오랜만에 몸과 마음을 다하는 비행을 하고 싶어진 나는 갑자기 마음이 두근거렸다. 다리 마사지를 받기 전인데도 벌써 발걸음이 가벼워진 기분이었다.

Q1
코로나 이후 망한 항공사가 많다는 게 사실인가요?

COVID-19의 확산으로 항공업계는 큰 타격을 받았다. 경영상 어려움을 겪고 심지어는 파산까지 갔다. 영국의 저가 항공사인 플라이비Flybe는 자체 재무 문제와 COVID-19 피해까지 겹치면서 COVID-19 발생 후 첫 번째로 파산한 유럽 항공사가 되었다. 2020년 5월 태국의 국영항공사 타이 항공도 파산 보호 절차를 밟았다. 오스트레일리아의 2위 항공사였던 버진 오스트레일리아는 파산 위기 중에 사모펀드에 매각되었다. 콜롬비아의 최대 항공사였고 중남미 2위 항공사였던 아비앙카 항공도 2020년 5월 파산보호 신청을 했다. 노르웨이 항공과 남아프리카 항공도 코로나로 인한 여행 제한과 수요 감소로 파산 신청을 했다.

이외에도 2020년에만 40여 개 항공사가 파산 보호 절차에 들어갔고, 그중 일부는 파산하거나 합병, 매각 등의 절차를 밟았다. 이탈리아 항공사인 알이탈리아는 매각을 추진하던 중에 COVID-19에 처했다. 정작 매입하겠다는 곳도 없고 회생 가능성도 없자, 이탈리아 정부가 국영 전환을 하여 ITA라는 국영항공사로 재탄생하기도 했다. 국내 항공사의 경우 이스타항공이 2020년 3월 파산하게 되었다. 이스타항공은 최대주주 변경과 자금 조달 문제로 경영 안정성을 유지하기 힘든 데다가 코로나로 인한 여파까지 겹치며 결국 전 노선 운항을 중단했다. 이후 사모펀드에 인수되어 운항증명AOC을 재발급받아 운항을 재개했다.

나는 항공업계 종사자로서 COVID-19 팬데믹 시기를 거쳐왔다. 회사로부터 승무원들에게 라텍스 장갑과 마스크가 지급되고, 보호복을 입게 되면서 긴장감을 가지게 되었다. 하루는 김포-제주 비행의 승객이 0명인 적도 있었다. 하지만 제주에서 김포로 돌아오는 비행의 승객들이 있었다. 그마저도 두세 명 정도였지만, 모셔야 할 승객들이 있기에 비행을 전진했다. 공항과 항공기 기내는 삭막했다. 승무원은 살균 티슈로 손잡이나 팔걸이를 꼼꼼히 소독했다. 전날 탑승한 승객 중에 코로나 확진자가 나왔다는 소식이 전해지면, PCR 검사 결과가 나올 때까지 해당 승무원의 운항업무가 금지되기도 했다. 수시로 열 체크를 하고 코로나 검사를 하는 것은 물론이고, 백신이 나온 이후로는 백신 접종이 완료되어야만 탑승이 가능한 노선도 많았다.

승무원들은 보통 한 달에 80~90시간을 비행하는 것이 평균적인데, COVID-19 유행 시기에는 30~40시간대로 줄어들었다. 국제선 비중이 높은 대형항공사는 무급휴직 제도를 시행하고 상여금을 유보했다. 객실승무원을 대상으로는 처음으로 1년간 장기 무급휴직 신청을 받아 시행하기도 했다. 신입 승무원의 경우에는 이제 막 승무원으로서의 꿈을 실현하려는 찰나, 입사했지만 비행을 하지 못하는 기간이 길어지는 상황이었다. 비행하더라도 비행시간 자체가 줄어들면서, 수당이 크게 줄어들거나 항공사마다 월급이 밀리는 경우도 빈번했다.

나 역시 COVID-19 확산 과정에서 퇴직하게 되었다. 열정을 바쳤던 승무원 직이었지만, 월급이 3개월 이상 밀리고 비행 수당은 6개월이 넘도록 지급되지 않는 형편이었다. 그저 좋아하는 비행으로 생계를 이어갈 수 없게 된 나는 과감히 결단을 내리고 먼저 회사를 나왔다. 중국동방항공의 신입 한국인 승무원 70명은 COVID-19 상황에서 집단해고 통보까지 받기도 했다. 이처럼 COVID-19 팬데믹이 항공업계에 미친 영향은 매우 크다. 지금은 언제 그랬냐는 듯 다시 하늘길이 열리고, 공항과 항공기 역시 많은 사람으로 붐비지만, 또 어떤 질병이 부지불식간에 우리를 덮칠지는 모를 일이다.

Q2
4차 산업혁명이 비행에 미친 영향도 있을까요?

한 대학교의 항공 산업 종사자들의 특강으로 기장, 정비사 그리고 승무원인 내가 모인 자리였다. 특강을 마치고 질의응답 시간을 가졌다.

"4차 산업혁명으로 조종사도 AI로 대체되진 않을까요?"

똑똑하게 보이는 고등학생이 물었다. 질문을 받은 기장님은 슬며시 미소를 띠며 답했다.

"맞습니다. 이미 AI가 비행 조종을 할 수 있는 시대입니다. 하지만 AI가 완전히 인간을 대신해서 조종할 일은 없을 겁니다. 무슨 말인지 의아하실 텐데요. 무엇보다 승객들이 원하지 않기 때문입니다."

이어지는 기장님의 말은 이러했다. 이미 몇 년 전부터 미국에서는 AI의 비행 조종 관련 설문조사가 이뤄졌다. AI가 조종하는 비행기에 탑승하겠느냐는 질문에 응답자 대부분은 부정적인 반응을 보였다. 응답자들은 '비행'이라는 특수한 환경에서 사람이 없는 비행기에 타고 싶지 않다고 답했다. 예측할 수 없는 상황이 무수히 많을 하늘 위에서, 인간은 인간에게 더 큰 믿음을 가지며 의지하기 원한다는 심리적인 부분 또한 크게 작용했다. 기장님은 학생을 향해 역으로 질문을 던지셨다. "학생도 지금 당장 비행기를 타러 간다면, 사람이 한 명도 없는 AI가 운항하는 비행기에 타고 싶나요. 아니면 안전 훈련을 철저히 받은 기장과 승무원이 있는 비행기에 타고 싶나요?" 학생은 조용히 고개를 끄덕였다. 기장님의 말씀대로 나 역시 아직은 사람의 보편적인 심리가 AI 비행 조종을 받아들이긴 힘들 것이란 생각이 들었다.

이처럼 운항 부문에서는 AI에 조종을 완전히 맡기진 않더라도 훈련 및 시뮬레이션에 VR, AR 기술을 도입하여 조종사들의 훈련을 개선하고 비용을 절감하고 있다. 정비 부문에서는 항공기 제조 및 유지 보수 측면에 로봇 기술을 도입하여, 정교한 작업과 안전한 유지 보수를 이어나가고 있다. 티켓 발권할 때 사용하는 키오스크 기기와 모바일 체크인의 활용 등으로 지상직의 업무 또한 대폭 줄었다. 그렇다면 객실승무직은 어떨까. 과연 AI가 승무원을 대체할 수 있을까? 승무원의 역할을 단순히 서비스 제공자로만 본다면 대신할 수 있을 거라고 생각할지도 모르겠다. 하지만 거듭 말했듯이 객실승무원은 승객의 안전을 위한 업무를 수행하는 사람이다. 특히 하늘 위 기내라는 특수한 환경과 다국적의 승객이 모인 객실에서 비행의 안전을 책임져야 한다. 이를 잘 보여주는 하나의 사례가 있다. 아끼는 후배가 기지를 발휘한 사건이다.

비행 중 갑자기 한 승객이 쓰러졌다. 경련을 일으키더니 당장이라도 기절할 것처럼 보였다. 이런 경우 머리를 심장의 높이보다 낮추어 눕힌 후, 혈액 순환을 위해 발을 20~30cm 들어 올린다. 머리보다 심장이 높은 자세를 '역자세'라고도 일컫는다. 평상시에는 가장 위에 있던 머리가 아래로 향하고, 낮게 위치했던 심장이 가장 위로 향하게 하면 혈액 순환을 돕는 것으로 알려져 있다. 꽉 조인 옷은 느슨하게 만들어 몸에 가해지는 압박이나 긴장을 풀어야 한다. 문제는 쓰러진 승객이 히잡을 쓴 여성 승객이었다. 얼굴과 머리의 경계선 전체, 거기에다 목과 턱을 조이는 히잡을 풀어야 했다.

그런데 이 여성 승객이 정신없는 그 와중에도 히잡을 풀지 않으려 했다. 숨이 꼴딱꼴딱 넘어가는 와중에도 히잡을 벗지 않으려 저항하는 모습에 후배는 순간 번뜩이는 아이디어가 떠올랐다. 담요를 들어 올려 다른 승객들이 그의 모습을 보지 못하게 막은 것이다. 히잡을 쓰는 종교적 · 문화적 배경까지 자세히는 모르지만, 어쨌거나 이슬람 여성이 목과 머리카락을 타인에게 노출하지 않으려 한다는 점을 간파해 취한 후배의 행동이었다. 후배를 본 다른 승무원들도 일제히 담요를 들어 올려서 쓰러진 승객 주변을 둥그렇게 에워쌌다. 그러자 정말이지 다행히도 승객은 히잡을 벗고 편안한 자세로 호흡을 가다듬었다. 동시에 다른 승무원은 기장에게 보고하였고, 의료진을 호출해서 진찰을 받게

했다. 승무원들이 승객의 문화적인 배경과 상황의 맥락을 모두 살피며 행동한 것이다.

이런 순간적인 판단 능력이나 동시다발적인 응급조치를 AI가 할 수 있을 것 같지는 않다. 또한, 승무원은 이미 벌어진 사건 사고를 처리할 뿐만 아니라 철저한 안전 의식으로 위험을 예방하는 역할도 맡고 있다. 비행을 둘러싼 위험 요소는 늘 존재할 수밖에 없다. 승무원의 역할도 항공 산업이 활성화될수록 축소되긴커녕 확대될 것이다.

Q3
출산 후에도 다시 비행할 수 있을까요?

여성이 출산과 육아휴직으로 인해 경력 단절이 발생하는 것은 대한민국 산업 전반의 여전한 문제이다. 오죽하면 '경단녀'라는 신조어가 생겼을까. 경단녀는 경력 단절 여성을 줄여서 부르는 말이다. 특히 경제활동인구인 취업자에서 비경제활동인구인 가정주부로 상황이 바뀐 여성을 일컫는다. 경단녀의 대부분은 결혼 후 임신과 육아로 일을 그만둔다. 법적으로 출산휴가 3개월, 육아휴직 12개월이 보장되어 있음에도 불구하고 마음 놓고 휴직하지 못하는 경우도 비일비재하다. 이와 같은 문제를 해결하기 위해서는 눈치 보지 않고 제도적 지원을 충분히 쓸 수 있도록 하는 회사의 배려, 그리고 이를 용인하는 사내 문화가 필수적일 것으로 보인다.

그렇다면 여자 직원의 비중이 높은 항공사는 어떨까? 대부분 항공사에서는 육아휴직, 산전후휴가, 가족 돌봄 휴직 등 법적 모성 보호제도를 자유롭게 사용하도록 권장하고 있다. 특히 대한항공의 육아휴직 평균 사용률은 95%에 육박한다. 객실승무원의 경우 임신을 확인한 순간부터 임신휴직을 사용할 수 있으며, 출산 · 육아휴직까지 포함하면 최대 2년 휴직을 사용할 수 있다. 복직 후에는 바로 복직 교육을 진행한다. 장기간의 휴가에도 업무 공백의 걱정 없이 비행에 참여할 수 있도록 돕는 등 경력 단절을 미연에 방지할 수 있도록 힘쓴다. 출산, 육아휴직을 사용한 이후에도 아이를 위한 시간을 보내고 싶다면, 필요에 따라 최대 3년까지 상시 휴직도 가능하다. 육아뿐만 아니라, 자기계발과 리프레시Refresh가 필요한 직원은 언제든지 사용할 수 있는 셈이다.

실제로 2022년도 대한항공 여성 직원의 육아휴직 복귀율은 99%에 달했다. 제주항공도 2021년도 여성 직원의 육아휴직 복귀율이 95%로 높은 편이었지만, 대한항공은 사실상 100%에 가까운 수치다. 과거에는 '항공사 승무원들은 결혼하면 퇴사해야 한다'는 편견 및 관례가 있었지만, 지금은 전혀 그렇지 않은 모습을 볼 수 있다. 특히 객실승무원은 여성이 많은 직군이기에 항공사에서는 다른 사람 눈치를 보지 않고 자유롭게 육아휴직 사용을 할 수 있도록 권장하며, 육아휴직 기간 종료 후에도 복직 및 지속 근무 가능한 사내 문화를 형성했다. 이와 같은 복지는 항공사의 지원동기로 답변할 때 활용하기에도 적합하다.

질문 : 왜 OO항공에 지원하였나요?

답변 : 저는 10년, 20년 후에도 객실승무원으로 비행을 하고

싶기에 OO항공에 지원하였습니다. OO항공은 많은 여성 직원들이 근무하기 원하는 회사입니다. 육아휴직 평균 사용률은 95%이며, 육아휴직에서 복귀하는 비율도 99%에 육박합니다. 이처럼 여성의 안정적인 직장생활이 가능하도록 다양한 제도와 지원을 아끼지 않는 기업 문화에 크게 감동했는데요. 저 또한 일에서 얻는 보람과 즐거움이 큰 사람입니다. 그래서 나이가 들어서도 계속해서 비행을 이어나가며, 지팡이 대신 캐리어를 끄는 할머니 승무원이 되고 싶습니다. 그 꿈을 OO항공과 함께 실현할 수 있을 것 같아 지원하였습니다.

Q4
보통 언제 은퇴하고, 이후에는 어떤 일을 하나요?

"저는 여러분을 모시고 있는 객실사무장 박경진이라고 합니다. 오늘 비행을 마지막으로 39년간의 객실승무원 직을 내려놓게 됩니다. 제가 이 긴 시간 동안 비행을 할 수 있었던 것은 모두 승객분들이 계셨기 때문이라고 생각합니다. 항상 건승하시기 바라며, 행운이 가득하시길 바랍니다."
지난 2022년 3월, 대한항공을 60세에 정년 퇴임한 객실사무장의 기내 방송이다. 그는 39년 동안 3만 5800시간을 비행하며 지구를 745바퀴 돌고, 그간 4번이나 바뀐 유니폼을 모두 경험했다.

내가 근무했던 ANA항공에도 2018년에 사상 처음으로 65세에 정년 은퇴한 승무원이 있었다. 그는 44년간 비행하며 3만 750시간 동안 전 세계 하늘을 날았다. 대한항공의 정년은 60세이지만 ANA항공은 지난 2006년 승무원 정년을 60세에서 65세로 변경하여, 객실승무원 오바 쿠니코는 최초의 65세 은퇴 승무원이 되었다. 미국의 경우에는 정년에 대한 개념이 없기 때문에 회사의 방침이나 본인의 의사에 따라 고령에도 현직에 종사하는 승무원이 많은 편이다. 유나이티드 항공의 Ron akana는 63년을 비행하며 83세의 나이에 퇴직하였고, 델타항공의 Robert Reardon은 62년 근속으로 90세에 퇴직하였다. 우리나라 객실승무원의 평균 재직기간은 불과 10년 내외인 것에 비하면 상당한 근속연수다. 최근 국내 항공사에서는 정년까지는 아니더라도 4~50대 중년의 승무원이 근속하는 비율이 높아지는 추세다.

한편, 퇴사 후 다른 진로를 찾는 승무원들도 있다. 나는 그간 비행하며 쌓아둔 기록들을 모아 책을 출간했다. 인스타그램에서는 승무원 웹툰을 그리며 인스타 툰 작가로 활동했고, 나만의 기록 비법을 바탕으로 중고등학교와 대학교에 직업 및 글쓰기 강사로 출강도 하였다. 그렇게 작가와 강사로 프리랜서 생활을 만끽하던 나는 안정적인 직장을 가지고 싶은 마음에 다시 재취업을 마음먹고 은행원에 도전했다. 제1금융권의 은행원으로 이직에 성공하여 발령받은 지점에 출퇴근하던 때였다. 사내 메신저로 이전 직업이 항공사의 객실승무원이었던 선임들이 응원의 메시지를 보내왔다. 나뿐만 아니라 승무원에서 은행원으로 이직하는 경우가 더러 있다는 걸 실감하게 된 순간이었다. 하지만 나는 1년 가까이 근무하다가 은행원의 업무가 적성에 맞지 않아 결국 퇴사하였다.

현재는 인스타그램과 유튜브에서 크리에이터로 활약하며,

작가로서 글과 그림을 쓰고 그린다. 동시에 강연과 승무원 면접 컨설팅을 진행하고 있다. 강사 역시 승무원들이 많이 진출하는 분야다. 특히 서비스 강사, 이미지 메이킹 강사, 비즈니스 매너 강사 등 비행하며 배우고 몸에 밴 습관들을 토대로 강사 활동을 이어간다. 작가라는 직업 또한 요즘에는 SNS에서 직접 연재하며 손쉽게 자신의 작품을 선보일 수 있다. 비단 승무원이 아니더라도 조종사와 정비사 출신의 작가님들도 꽤 있다. 하늘 위 기내에선 워낙 황당하고 재미있는 일이 많이 벌어지다 보니 이를 공유하고 싶은 마음에 항공업계 관련 작가님들이 등장하게 된 것 같다.

내가 작가, 강연가, 크리에이터까지 이 모든 일을 할 수 있었던 군센 비결은 바로 객실승무원으로서 비행한 시간이다. 나는 비행하면서 자연스럽게 서비스 마인드와 비즈니스 매너를 갖추고, 세계 각국의 승객들을 응대하며 소통하는 능력을 키웠다. 기내에서 예기치 못한 상황을 대처하면서 순발력도 기를 수 있었다. 그리고 그 모든 과정과 장면을 기록하여 이야기를 많이 가진 사람이 되었다. 이는 곧 다른 기회로 나를 데려다주었다. 언변이 좋고 설득하는 능력이 뛰어난 동기는 승무원 퇴사 후 쇼 호스트가 되었고, 발음이 정확하고 목소리가 안정적이어서 기내 방송을 곧잘 하던 동기는 아나운서가 되었다. 이외에도 자신의 적성에 따라 바버샵을 차린 후배, 레터링 케이크 숍을 꾸려나가는 선배, 꽃집 사장님이 된 후배, 애견미용사로 변신한 후배까지. 함께 비행할 때는 전혀 몰랐는데, 뒤늦게 알게 된 이들의 눈부신 재주에 여러 번 놀랄 수밖에 없었다. 소방관이나 경찰관이 된 승무원도 있으며, 간호사로 이직한 승무원도 있다.

승무원은 하늘에서 불법방해행위를 일삼는 승객에게 경찰처럼 제재를 가하거나 체포할 수 있고, 기내에 화재가 발생하면 소방관이 되어 소화기로 직접 불을 끄며, 아픈 승객이 나타나면 마치 간호사와 같이 비행 내내 승객을 보살핀다. 그렇게 여러 역할을 소화하던 승무원이 퇴사 후 하나의 역할을 전면으로 내세우며 소방관, 경찰관, 간호사로 아예 변모한 것이다. 분명 비행할 때는 똑같은 승무원이었는데, 승무원 이후의 삶은 너무나 천차만별이어서 신기했다. 승무원으로서 업무상 지적을 많이 받거나 스스로 일을 잘하지 못한다고 생각하며 기가 죽어있던 사람이 자기 적성에 더 잘 맞는 일을 찾게 되는 경우도 있다. 그런 모습을 보면서 나는 역시 모든 사람에게 다 자신만의 무대가 있다는 것을 느꼈다.

ANA항공에서 만났던 동기는 사업가로 변신하기도 했다. 그는 입사 전 아랍에미리트에서도 비행한 승무원이었지만, 지금은 호텔과 고시원, 에어비앤비 숙소를 비롯해 쇼핑몰까지 운영하고 있다. 사업가로서 큰 즐거움과 수익을 낸 동기에게 어떻게 새로운 부분에도 도전할 마음을 얻게 되었는지 물어보았다.

“한 번은 비즈니스 클래스 화장실 앞에서 스트레칭을 하는 승객과 사업에 관한 이야기를 나눈 적이 있어. 그날의 대화로 나는 처음으로 사업에 흥미가 생겼고, 마음이 열리는 계기가 되었어. 사업가였던 그 승객이, 나에게서 사업가의 기질을 보았는지 이전에 그 누구도, 한 번도 건네주지 않았던 말을 해주고 용기를 주었거든.”

현재 사업가로서 승승장구하는 동기가 사업에 눈을 뜨게 된 시작점이 기내에서 만난 승객과의 대화였다니. 나는 이것이야말로 승무원이라는 직업의 묘미이자 진가라는 생각이 들었다.

“생각하지도 못했던 의견과 아이디어를 듣게 되고, 인생의 변화를 일으킬만한 뜻깊은 대화를 나눌 수도 있다는 것. 비행기라는 제한된 공간 속에서 매일 다른 승객들과 함께 하는 시간이 어떻게 보면 답답할 수도 있겠지만, 다른 직업이었다면 일어나지도 않았을 열성적인 일이 펼쳐지는 것 같아.”

맞는 말이었다. 승무원을 그만둔 이후의 삶을 더욱 역동적이고 흥미진진하게 일궈나가는 선후배들의 모습만 봐도 알 수 있는 사실이었다. 비록 승무원 직을 내려놓더라도, 승무원으로 비행하며 하늘 위에서 혹은 세상 곳곳에서 보고 듣고 고개를 끄덕이고 감탄하던 그 순간들은 고스란히 우리에게 남아있었다. 출근할 때마다 매번 다른 목적지와 환경과 동료와 승객들을 마주하기에 매 비행이 하나의 도전이기도 했던 우리는 또다시 새롭게 도전하는 일을 주저하지 않을 수 있었다. 그래서 나는 비행을 그만두면 무슨 일을 할지 괜히 두려워하는 동료들을 딱히 걱정하지 않는다. 그들은 다시 그 자리에서 자신만의 비행을, 힘찬 이륙을 이어나갈 것이기 때문이다.

Q5
승무원을 꿈꾸는 사람들에게 조언하자면?

첫 번째, 외모 때문에 좌절하지 않기. 물론 외형적인 이미지를 중시하는 국내 항공사의 면접 방식에서 떨어지면 본인의 몸과 얼굴을 탓하기 쉽다. 하지만 그럴수록 먼저 승무원이란 직업의 역할을 바로잡도록 하자. 승무원은 승객을 안전하게 도착지까지 모시고, 비상시 승객의 긴급 탈출을 돕는 일을 하는 사람이다. 기내에 화재가 발생했을 땐 소방관이 되어 빠르게 화재를 진압하고, 아픈 사람이 나타났을 땐 간호사가 되어 긴급처치를 해내고, 불법 행위가 일어나면 경찰이 되어 제재를 가하기도 하는 다양한 역할을 가지고 있다. 몸이 불편한 승객, 유 · 소아나 고령의 승객에게도 살뜰한 주의를 기울여야 한다.

나는 승무원 학과나 학원에 다니지 않았기 때문에 비교적 외모를 지적당하는 발언들에 자유로울 수 있었다. 대신 스터디를 정말 많이 했는데, 가끔 답변 내용이나 자세가 아니라 외모를 언급하는 친구들이 있긴 했다. 그럴 때마다 나는 내가 바꿀 수도 없는 외모 말고 노력해서 바꿀 수 있는 부분을 짚어달라고 강조했다. 물론 성형을 고려할 수도 있었겠지만, 그 당시 내게 성형은 선택할 수 있는 옵션이 아니었다. 자기만족을 위해서가 아니라 오로지 승무원이란 직업에 도전하기 위한 성형은 하고 싶지 않았던 것 같다. 이 글을 읽는 독자도 스스로 지키고 싶은 가치에 따라 살아가길 바란다. 나를 향하고 내게 영향을 미치는 선택이 누군가의 목소리나 압박에 좌우되어선 안 되니까 말이다.

두 번째, 친구들끼리도 외모 얘기를 하지 않도록 노력하기. 승무원을 꿈꾸는 독자라면 모의 면접에서 또는 승무원 학원 선생님이나 교수님으로부터 외모 지적은 충분히 받아왔을 것이다. 그들이 아니더라도 사회에서 만난 무례한 사람들은 우리 외모에 관심이 참 많고 묻지도 않은 의견을 이야기해 준다. 외모를 향한 이미지와 말은 이미 도처에 널려있다. 귀담아들을 필요가 없는 말이란 걸 알면서도 어떤 말은 시간이 지나도 전혀 무뎌지지 않은 채 머물러 있을 거다. 그러니까 친구들끼리라도 내가 요즘 살이 쪘네 마네, 피부가 좋네 안 좋네, 코수술을 할까 말까… 하는 식의 대화는 하지 않길 바란다. 그 말을 한 사람도 듣는 사람도 관심과 시선이 결국에는 한결같이 외모로 움직이게 되기 때문이다.

내게도 외모 얘기를 유독 과하게 하는 친구가 있다. 그럴 때마다 나는 대화의 화제를 돌려버린다. 나는 친구의 외모가 나아지길 바라는 게 아니라 친구의 마음 상태와 하는 일이 나아지길 바란다. 친구가 앞으로 나아가길 바란다. 마찬가지로 나는 내 외모가 나아지길 바라는 게 아니라 내가 중요하다고 생각하는 일과 사랑하는 대상에 집중하고 싶다. 외모 얘기를 하지 않으려고 애쓰는 순간 느낄 것이다. 지금까지 얼마나 쉽게 그리고 자주 외모에 관심을 두고 이야기를 해왔는지. 그리고 또 알게 될 거다. 외모 말고 상대와 나눌 수 있는 건강하고 유익한 대화 주제가 얼마나 많은지 말이다.

세 번째, 이미 승무원이 된 것처럼 살기. 승무원을 꿈꾼다면, 승무원 준비를 본격적으로 시작했다면, 스스로를 승무원 준비생으로 생각하기보다는 '나는 승무원이다'라는 확고한 마음가짐을 가졌으면 한다. 그래야만 승무원이 될 수 있다. 무슨 말인고 하면 마치 승무원인 것처럼 누구보다 밝게 웃으며, 타인에게 먼저 다가서고 도움을 주라는 말이다. 나는 승무원을 준비하던 10년 전에도, 지금도 버스를 탈 때마다 기사님에게 인사를 건넨다. 버스에 오를 때는 "안녕하세요!"라고 힘차게 외치며, 내릴 땐 "감사합니다!" 인사도 빼먹지 않는다. 오늘도 버스를 이용했는데, 나만 그렇게 인사했다. 경험상 아무도 인사를 하지 않는다. 10명 중 1명꼴이다. 기사님조차 인사를 받아주지 않는 경우도 허다하다. 그래도 나는 인사를 한다. 그런 사소한 행동 하나하나가 모여서 나라는 사람의 밝은 분위기와 아우

라를 형성한다고 믿기 때문이다.

아무도 보지 않을 때도 나는 나를 보고 있고, 나의 행동을 알고 있다. 그래서 스스로에게 먼저 웃고, 인사를 건네며, 감사한 마음을 표현할 줄 아는 사람이라는 것을 나 자신에게 주지시킨다. 나는 내 얼굴에 자신이 있고, 내가 하는 행동을 믿으며, 다른 사람이 나에게 호감을 느끼도록 만들 수 있다. 내가 절세미인이라서가 아니다. 내가 '잘' 살아왔다고 믿기 때문이다. 링컨 대통령은 말했다. 나이 마흔이면 자기 얼굴에 책임을 져야 한다고. 다행스럽게도 나는 나이가 들수록 나의 얼굴과 목소리와 언행이 내가 원하는 방향으로 갖춰져 가고 있는 게 보인다. 그렇게 되도록 뒤에서도 부단히 애를 쓰기 때문일 것이다.

그런데 가끔 승무원이 되고 싶다고 찾아온 학생 중에서 안타까운 마음이 들게 하는 얼굴이 있다. 웃음기가 전혀 없고, 상대방을 배려하는 화법은 갖추지 않은 채 자신의 이익만을 생각하는 모습을 마주할 때면 너무나 아쉽다. 과연 승무원이라는 직무에 대해 성실히 공부했는지, 아니면 정말 승무원이 되고 싶은데도 그렇게 행동하는 것인지 궁금하다. 평소에 가지고 있는 그 모습을 면접에서는 잘 감출 수 있을지도 의문이 생긴다. 웃고, 먼저 다가가고, 도움을 주는 삶. 나는 이게 바로 객실승무직의 가장 기본적인 면접 준비이자 태도라고 믿는다. 그렇게 갈고닦은 모습이 자기소개서와 면접에서도 자연스럽게 드러날 것이다. 훗날 승무원이 되어서도 더욱 즐겁고 편안하게 비행을 이어나갈 수 있음은 물론이다.

TIP.

승무원이 사용하는 비행 언어

승무원 관련 용어

기장 PIC, Pilot In Command

비행 중 항공기의 운항 및 안전을 책임지는 조종사로서 회사에 의해 지정된 자이다.

객실승무원 Cabin crew member

항공기에서 비상 탈출 시 신속하고 안전한 탈출을 진행하는 임무와 평상시 기내안전업무를 수행하는 승무원을 말하며, 객실승무원의 자격은 회사에서 정한 기준에 의한다.

부기장 F/O, First Officer

기장 이외의 조종 업무를 수행하는 자 중에서 회사에 의해 지정된 자로서 그 요건에 부합하는 자를 말한다.

사무장 Purser

객실사무장 임무를 행하는 자로서, 두 명 이상의 객실승무원이 탑승하여 근무하는 운항 편에서 안전 및 서비스를 책임지는 객실승무원을 말한다. 정상 및 비정상, 비상 상황 시 객실 안전 절차를 이행하고 조율하는 업무를 총괄하고 책임진다. 2년 이상 객실승무원으로서의 승무 경력을 갖추고 또한 임무 수행에 필요한 인가된 교육훈련프로그램을 이수한 자여야 한다.

승무원 Crew Member

비행 근무시간 (Flight Duty Period) 동안 항공기에 탑승하여 임무를 수행하도록 임무가 부여된 자(운항승무원과 객실승무원)를 말한다.

운항승무원 Flight Crew Member

비행근무시간(Flight Duty Period) 동안 항공기 운항에 필수적인 임무를 수행하기 위하여 책임이 부여된 자격을 갖춘 승무원을 말한다.

근무시간 관련 용어

근무 Duty

객실승무원이 회사 업무에 종사하는 것을 말한다. 브리핑, 승무, 편승, 지상 근무, 공항 대기 및 교육 훈련 등을 포함한다.

대기 Standby

모든 정기, 부정기편에서 결원이 발생할 시 이를 충원하기 위해 지정된 장소에서 대기함을 말한다. 회사 내 지정된 장소에서 대기하는 사내 대기와 거주지에서 대기하는 자택 대기(Home Stand-by)로 구분된다.

레이오버 LAY-OVER

현지에 도착해 항공기에서 내려 일정 시간 호텔에서 휴식과 수면에 들어가는 스케줄을 말한다.

모기지 Home Base

회사에 의해 승무원에게 지정되는 장소로 승무원이 정상적으로 하나의 근무시간 또는 연속근무시간(Series of duty periods)을 시작하고 끝내는 장소를 말한다.

비행시간 / 승무 시간 Flight Time

승무원이 비행 임무 수행을 위하여 항공기에 탑승하여 이륙을 목적으로 항공기가 최초로 움직이기 시작한 시각부터 비행이 종료되어 최종적으로 항공기가 정지한 시각까지 경과 된 총 시간을 말한다.

운항 중 During flight operations

승객이 탑승한 후 항공기의 모든 문이 닫힌 때부터 내리기 위하여 문을 열 때까지를 말한다.

퀵턴 Quick turn
도착지에 내리지 않고 바로 돌아오는 것을 뜻한다.

퍼듐 Perdium
해외에서 체류하는 동안의 체류비를 의미한다.

비행업무 관련 용어

공기 보안수색 Aircraft Security checks
무기, 폭발물, 그 밖의 위해물품을 발견하기 위해 객실 내부 및 외부 등 항공기 전부를 점검하는 것을 말한다.

객실 브리핑 Crew Briefing
객실승무원 브리핑은 사무장이 주관하며, 해당 비행 편에 관련된 모든 사항을 다룬다. 사무장은 객실승무원에게 임무 부여 및 정보 공유를 하며, 비상시 행동 절차에 대하여 모두 함께 확인하는 시간을 갖는다.

담당 구역
담당 구역이란 객실승무원의 정상/비상시 안전 및 보안업무를 수행하는 구역을 말하며, 본인이 객실 브리핑 시 배정된 담당 구역을 뜻한다. '담당' 및 '근무위치'도 동일한 의미를 가진다.

비상구 Emergency Exit Door
비상시 항공기 내부에서 외부로 탈출이 가능한 출구(Door)를 말한다.

비행 중요 단계 Critical Phases of Flight
순항비행을 제외한 지상 활주, 이착륙을 포함한 고도 10,000피트 이하에서 운항하는 모든 비행을 말한다.

승객 비상구 열 좌석 Passenger Exit Row Seat
비상구로 직접 접근할 수 있는 승객 좌석으로서 승객이 비상구로 접근하기 위하여 통과하여야 할 탈출구 내측 좌석에서부터 통로(Aisle)까지의 좌석 열을 말한다. 직접 접근할 수 있는 승객 좌석이라 함은, 통로를 거치거나 장애물을 우회함에 없이 똑바로 탈출구로 접근할 수 있는 좌석을 의미한다.

응급처치 First Aid

응급상황 발생 시 환자의 상태를 진단하거나 치료하는 것이 아니라 전문 의료진에게 환자를 인계할 때까지 환자를 보호하고 안전한 상태로 유지하는 행위를 말한다.

편승 Extra Flight

객실승무원이 다음 승무를 위해 또는 승무를 마치고 할당된 업무 없이 공항과 공항 간을 자사 또는 타사 항공편으로 이동함을 말하며 Ferry Flight를 포함한다.

합동 브리핑 Joint Briefing

객실승무원 브리핑을 마친 객실승무원을 대상으로 기장이 주관하는 브리핑이다. 기장은 모든 승무원에게 운항 관련 사항과 업무 수행에 필요한 정보를 제공한다.

항공기 보안 점검 Aircraft security check

항공기 안에 수상한 물품, 무기, 폭발물, 기타 위험한 물품이 있는지를 확인하기 위하여 항공기 객실 및 화물칸 등을 점검하는 것을 말한다.

Ferry Flight

항공기 정비 및 Delivery, 편도 전세기 운항 시에 발생하는 상업적인 여객이나 화물 없이 운항하는 비행 편수를 말한다.

승객 운송 관련 용어

기내 물품

항공기에 선적되는 기내식, 기내 용품 및 기내 판매 물품 등을 말한다.

액체, 분무, 겔류 Liquids, Aerosols and Gels, LAGs

물과 기타 음료류, 국 스프류, 시럽 · 즙류, 잼류, 스튜류, 소스류, 소스나 액체가 포함된 음식류, 크림류, 로션류, 화장품류, 오일류, 향수류, 스프레이류, 겔류, 압력용기품목, 반죽류, 액체 · 고체 혼합물, 마스카라, 립글로스, 립밤 및 상온에서 액체류 상태를 유지하는 모든 물질이다.

액체류 보안 봉투 Security tamper-evident bag, STEB
공항 및 기내 면세점에서 구매한 액체류 면세물품을 담기 위해 특수하게 제작된 보안 투명 비닐봉투를 말한다.

위탁 수하물
승객 또는 승무원이 여행을 위하여 항공운송사업자에게 운송을 맡긴 물품을 말한다.

위험물 Dangerous Goods
비행 중 승객과 승무원의 건강 및 재산에 심각한 영향을 미칠 수 있는 물품을 뜻한다.

재봉인 가능 투명봉투 Transparent re-sealable plastic bag, TRSPB
승객이 소지한 액체류 휴대 물품을 담아 운반하기 위하여 수시로 봉인이 가능한 zip-top 투명 비닐봉투를 말한다.

통과 승객 Transit passenger
공항에 도착한 승객이 입국하지 않고, 같은 항공기로 다른 공항으로 출발하는 승객을 말한다.

특별 승객 Special Situation Passenger
무장 보안요원, 국외 추방자, 호송되는 사람 및 특별진료가 필요한 사람을 말한다.

하기 승객
승객이 항공기에 탑승한 후 개인 또는 기타 사유로 해당 항공기에서 내리는 승객을 말한다.

환승 승객 Transfer passenger
공항에 도착한 승객이 입국하지 않고, 다른 항공기를 이용해 다른 공항으로 출발하는 승객을 말한다.

휴대 물품
승객이나 승무원의 물품 중 개인이 소지하여 항공기 객실 안으로 가지고 들어갈 수 있는 물품을 말한다.

휴대용 전자기기 PED; Portable Electronic Devices

통신 및 데이터 처리, 사용이 가능한 경량의 전자기기로 손에 쥐고 사용 가능한 태블릿 PC, 스마트폰, 전자책, MP3 플레이어, 전자게임기 같은 소형기기

문서 관련 용어

객실승무원 업무 교범 CCOM, Cabin Crew Operating Manual

객실승무원 비행 업무의 안전 기준 및 지침으로서 항공당국에 신고한 후 운영하는 운항규정

객실승무원 훈련 교범 CCTM, Cabin Crew Training Manual

객실승무원 안전 훈련 관련 기준 및 지침으로서 항공당국에 인가받은 후 운영하는 규정

운항기술기준 FSR, Flight Safety Regulations

항공당국의 항공 관련 고시로서 '항공운송사업, 항공기사용사업 및 일반 항공'에 적용되는 기준

Cabin Log

항공기 객실 시설이나 장비에 대한 정비를 위해 탑재되는 문서이다.

FOM Flight Operations Manual

회사가 정기항공운송사업을 수행하는데 필요한 항공기 운항에 관련된 정책, 절차, 기준, 지침 등을 수립하여, 운항 관련 업무 종사자들이 안전하게 임무를 수행하도록 하기 위한 운항 일반 교범을 말한다.

MEL Minimum Equipment List

최소장비목록을 말하며, 정해진 조건하에 특정 장비품이 작동하지 않는 상태에서 항공기 운항에 관한 사항을 규정한다.

S.H.R Special Handling Request

항공기에 탑승하는 승객 중 특별한 서비스 및 Handling이 필요한 승객 현황을 기록한 문서로서 VIP, CIP, UM, 특별승객, 임산부 등이 있으며, 항공기가 출발하기 전에 마지막으로 운송직원으로부터 탑재된다.

항공당국 관련 용어

운항규정

운항업무 관련 종사자들이 임무 수행을 위해서 사용하는 절차, 지시, 지침을 포함하고 있는 항공사의 규정이다.

항공당국

국토교통부, 서울지방항공청, 부산지방항공청 등을 말한다.

항공 안전 관련 중요 임무 종사자

운항승무원, 객실승무원, 비행 교관, 운항관리사, 항공정비사, 교통관제사(항공당국 항공정책실 또는 군 교통관제시설에 종사하는 자는 제외)

항공기 및 공항 구역 관련 용어

갤리 Galley

승무원들이 승객들을 위한 기내서비스 준비를 하는 장소이다. 기내식과 음료, 서비스 물품은 모두 갤리에 보관한다. 냉장고, 오븐, 커피 브류기 등이 설치되어 있다. 승무원들은 보통 갤리에서 식사하거나 휴식을 취한다.

계류장 Apron

공항 내에서 여객 승 · 하기, 화물/우편물의 적재 및 적하, 급유, 주기, 제/방빙 또는 정비 등의 목적으로 항공기가 이용할 수 있도록 설정된 구역을 말한다.

벙커 Bunker

장거리 비행을 하는 경우 승무원들이 수면 또는 휴식을 취하는 장소이다. 누워서 잘 수 있는 1인용 침실이 여러 개 마련되어 있다.

보호구역 Airside
공항의 이동지역, 이동지역과 인접된 지형 및 건물 또는 그 일부로서 일반인의 출입이 통제되어있는 지역을 말한다.

보안제한구역 Security restricted area
보안청정구역, 활주로, 계류장, 관제시설, 화물청사 등과 같이 엄격한 출입통제와 함께 보안통제조치가 필요한 보호구역을 말한다.

보안청정구역 Sterile
보안검색대로부터 일반인의 출입이 통제되는 항공기 사이의 모든 지역을 말한다.

이동지역 Movement area
항공기의 이착륙 및 지상 이동을 위해 사용되는 비행장 일부분으로써 기동지역 및 계류장으로 구성되는 지역을 말한다.

일반지역 Land side
공항지역 중 보호구역 및 보안제한구역 이외의 지역으로 일반인의 출입이 가능한 지역을 말한다.

점프 시트 Jump seat
항공기 내에 있는 승무원 좌석으로 비상구 옆에 위치 해있다. 1인용 또는 2인용으로 만들어져 있다. 인터폰이 있어서 기내 방송을 하거나 승무원 간의 연락을 취할 수도 있다.

청정구역 Clear Zone
조종실 출입문과 조종실 출입문 바로 앞에 있는 객실 지역을 의미한다.

C · I · Q
공항에서 이루어지는 세관(Customs), 입국(Immigration), 검역(Quarantine)을 뜻한다. 해외 출입국 시 반드시 거쳐야 하는 3대 수속 절차이다.

EPILOGUE

이 책을 다 읽은 지금, 승무원이라는 직업이 가깝게 느껴질 수 있겠고 더 멀고 막막하게 느껴질 수도 있겠다. 승무원이 되는 길은 쉬운 것 같으면서도 참 어렵다. 승무원으로 일하는 것 역시 매력적이면서도 힘들게 보인다. 어제는 금방이라도 승무원으로 합격할 것 같았는데, 오늘은 또 내가 무슨 승무원을 하겠다고 이러고 있는 것인지 낙담하기도 한다. 어쩔 수 없다. 앞으로도 그럴 것이다. "과연 제가 승무원이 될 수 있을까요?"라고 물어봐도 소용없다. 그것은 아무도 모른다. 그 답을 알아내는 유일한 방법은 승무원에 도전하는 것 뿐이다. 그러니 어쩌겠는가. 시도하고, 도전하며, 용기를 낼 수밖에.

하지만 한 가지는 확실하게 말할 수 있다. 승무원이 된다면 지금까지 그렇게 지나온 인고의 시간이 보상받고도 남을 만큼 가슴 벅찬 나날이 이어질 것이라고. 첫 장거리 비행에서 뉴욕 타임스퀘어로 달려가 화려한 전광판들을 올려다볼 때 두근거리던 가슴을 나는 아직도 생생하게 기억한다. 만석 비행에 빼곡히 들어찬 승객들을 보며 한숨 한 번 내쉬고 서비스하러 나가려는데, 비타민 하나를 건네던 선배의 작은 손바닥이 지금도 눈에 선하다. 자신이 언제 다시 또 여행을 가겠냐며 항공기에서 내리기 전, 고맙다고 내 손을 꼭 잡아주던 할머니 승객은 그 뒤로 비행기를 한 번 더 타보셨을지도 궁금하다. 승무원이 꿈이라며 수줍게 웃는 얼굴로 갤리에 찾아와 편지를 건네던 학생은 지금쯤 꿈을 이루었을지 상상해 본다. 그 모든 장면을 뒤로하고 하기할 때, 서로를 향해 "수고하셨습니다!" 힘차게 외치던 지상 직원들과 정비사님, 기장님들의 모습까지. 모두 내 안에 고스란히 남아 있는, 가슴 먹먹하게 벅차오르는 장면들이다.

승무원이 된다면 정말이지 매일 같이 새로운 사람들과 낯선 장소에서 흥미진진한 경험을 쌓아나갈 것이다. 지금 하는 도전은 승무원이 된 후에도 계속해서 이어지는 셈이다. 그럴듯한 승무원의 모습으로 멋있어 보이다가도 어떤 때에는 우스꽝스러운 상황을 연출하며 얼굴을 붉힐 수도 있다. 남몰래 가슴이 뛸 때도, 미소를 짓게 될 때도 있을 것이다. 결국은 그 힘으로 매번 하나의 도전인 비행을 이어나간다. 이 책을 끝까지 읽어낼 정도의 열정과 의지를 가진 당신이라면, 분명 승무원이 될 수 있으리라고 나는 믿는다. 나의 비행은 멈추어도 당신의 비행과 여행은 계속되길 바라는 마음으로 이 책을 썼다.

당신이 근사하고 힘차게 나아가기를 응원하는 마음을 담아,
"준비되셨으면, 이제 곧 이륙하겠습니다!"

승무원, 눈부신 비행

초판인쇄 2024년 12월 13일
초판발행 2024년 12월 13일

글 우은빈
발행인 채종준

출판총괄 박능원
책임편집 구현희
디자인 김예리 · 홍은표
마케팅 안영은
전자책 정담자리
국제업무 채보라

브랜드 크루
주소 경기도 파주시 회동길 230(문발동)
투고문의 ksibook13@kstudy.com

발행처 한국학술정보(주)
출판신고 2003년 9월 25일 제406-2003-000012호
인쇄 북토리

ISBN 979-11-7318-045-3 03040

크루는 한국학술정보(주)의 자기계발, 취미 등 실용도서 출판 브랜드입니다.
크고 넓은 세상의 이로운 정보를 모아 독자와 나눈다는 의미를 담았습니다.
오늘보다 내일 한 발짝 더 나아갈 수 있도록, 삶의 원동력이 되는 책을 만들고자 합니다.